Norwegen
Traumziel nicht nur für Kreuzfahrer

Der etwas andere Reiseführer

Ein Traumziel, ein Land, in das man eine Reise unternimmt, sollte man nicht nur besichtigen und vielleicht bestaunen, um danach mit vielen Fotos und Erinnerungen wieder ins Alltagsleben zurück zu kehren. Ich habe bei meinen Reisen die Erfahrung gemacht, dass die Erlebnisse und Begegnungen in der Fremde viel intensiver und bereichernder waren, wenn ich ein wenig wusste über das Land und die Menschen, ihre Gewohnheiten und aktuellen Themen. Meine Freude darüber gilt vor allem meinem „Traumziel Norwegen".

Die Erzählungen, Informationen und Schilderungen in diesem Buch eröffnen den Leserinnen und Lesern die Möglichkeit, das Reisen im Norden intensiv und vielfältig zu erleben. Und ich bin sicher – das Lesen wird dazu beitragen, dass eine Norwegenreise zum unvergesslichen Erlebnis wird.
Claudia Kugelmann www.claudia-kugelmann.de

Claudia Kugelmann

Norwegen
Traumziel nicht nur für Kreuzfahrer

Der etwas andere Reiseführer

Bibliografische Information der Deutschen Nationalbibliothek:
Die Deutsche Nationalbibliothek verzeichnet diese Publikation in der Deutschen
Nationalbibliografie; detaillierte bibliografische Daten sind im Internet über
http://dnb.dnb.de abrufbar.
1. Auflage 2018
4. stark überarbeitete Auflage
© 2022 Claudia Kugelmann
Umschlag und Illustration:
Claudia Kugelmann (außer Fotos mit anderem Namen)
Umschlagfoto: Fischerhafen in Kamøyvær, nahe Nordkap
Herstellung und Verlag: BoD – Books on Demand, Norderstedt

ISBN: 9783756874835

Inhaltsverzeichnis

VORWORT

.Seit über 40 Jahren reise ich immer wieder nach Norwegen. In Spitzbergen habe ich als junge Frau mit einer befreundeten Bergsteigergruppe 3 Wochen am Kongsfjord gezeltet und die umliegenden Berge und den Kongsfjordgletscher bestiegen. Später war ich klettern und wandern auf den Lofoten. In zwei kleinen Schlauchbooten mit Außenborder tuckerten wir zu acht rund um den Ostteil der Austvagsøya, mit Raftsund und Trollfjord als Höhepunkte, und erstiegen die Gipfel des Trolltind und seiner Nachbarberge.

Das Rondane-Gebirge und die Hardangervidda habe ich erkundet, den Galdhøpiggen in Jotunheimen bestiegen, den Klarelv mit dem Kanadier befahren, Pilze und Multerbeeren gefunden, im Meer und in wunderschönen Seen geschwommen. Auch Städte wie Oslo, Bergen, Stavanger, Trondheim, Tromsø und andere mehr habe ich kennen gelernt. Was mich damals interessiert hat, waren also vor allem die Natur Norwegens und ein wenig die Kultur.

Das hat sich grundlegend geändert, als ich im Jahr 2016 an einer Segel-Wander-Reise um das Spitzbergen-Archipel teilnahm. Ich lernte bei Rolf Stange (www.spitzbergen.de), unserem Reiseleiter, und seinem Team nicht nur eine Menge über die Flora und Fauna dieser grandiosen arktischen Gegend, ich begeisterte mich nicht nur für die Schönheit der Eisberge, Gletscher und Fjorde, ich genoss nicht nur das Glück der Beobachtung von Vögeln, Eisbären und Walrossen. Ich entdeckte noch etwas anderes, für mich Neues: Die Spuren der Polarforscher aus dem 19. und 20. Jahrhundert., die von Spitzbergen aus gestartet waren. Ihre Geschichte und Geschichten und die abenteuerlichen Erinnerungen, die im Geiste hinter den Häuserruinen und Hangarresten zum Vorschein kamen, weckten ein heftiges Interesse an Norwegen insgesamt, an seiner Vergangenheit und Gegenwart. Ich wollte nun wissen, was für Menschen das sind und waren, deren Heimat soweit im Norden liegt, dass die Sonne im Sommer nicht untergeht. Menschen, die im dunklen Winter mit Schnee und Eis und Einsamkeit fertig werden müssen. Meine Faszination für das Land und seine Bewohner hat sich erst damals entzündet.

So begann ich zu lesen, mich im Internet zu informieren, Bibliotheken zu besuchen, Fernsehsendungen auszuwerten und Menschen zu befragen, die sich in dieser Thematik besser auskennen als ich. Ich nahm Kontakt auf zur Deutsch-Norwegischen Gesellschaft (www.dng-bonn.de) in Bonn, von deren Zeitschrift ich ungemein profitierte. Ich fing an, die norwegische Sprache zu lernen – online mit einem Sprachprogramm, analog mit einem Lehrbuch, bei einem Sprachkurs in Norwegen und ganz persönlich durch eine Norwegerin, die in meinem Heimatort wohnt und mich unterrichtete. Alle Norwegerinnen und Norweger, die ich treffen konnte, fragte ich über ihr Geburtsland aus. Kurz, ich befasste mich mit dem Themengebiet „Norwegen – seine Vergangenheit und Gegenwart" sehr intensiv.

Doch damit nicht genug. Weil ich, als ehemalige Sportwissenschaftlerin im Fach Bewegungs- und Sportpädagogik, gewohnt bin, mit anderen Menschen mein Wissen und meine Forschungsergebnisse zu teilen, beschloss ich, das neue Wissen auch an andere weiter zu geben. Meine Bewerbung als Lektorin bei einem Kreuzfahrtunternehmen war erfolgreich. Ich erhielt einen Vertrag für zwei Routen von Hamburg über Bergen nach Trondheim und zurück. Diese Verpflichtung beflügelte mich enorm. Ich nahm die Aufgabe ernst, die Mitreisenden für das Land Norwegen zu begeistern und so ihre Reiseerlebnisse zu vertiefen und zu bereichern.

Und so verfasste ich vier Vorträge zunächst für Kreuzfahrtgäste, schrieb sie jedoch auch für alle anderen Nordlandfans auf, die sich auf die Reise nach Norwegen machen.

Der erste Vortrag „Bergen und die Deutsche Hanse" bereitet auf den Besuch von Norwegens heimlicher Hauptstadt Bergen vor. Im Mittelpunkt stehen hier die Geschichte der Kaufmannssiedlung „Tyske Bryggen", der Einfluss der Pest auf die Erstarkung der Hanse, und das Alltagsleben der Bewohner. Ein heutiger Spaziergang durch die engen Gassen - mit diesen Erzählungen im Hinterkopf - wird so zur lebendigen Geschichte.

Das nächste Kapitel „Norwegen – Land im Glück?" sucht Antworten auf die Frage, was dran ist an den UN-Berichten der letzten Jahre, die Norwegen zu einem der glücklichsten von 155 Ländern der Erde erklärt haben. Durch die Ölmilliarden wurde das Land reich. Doch Wohlstand allein macht nicht glücklich, wie der Vergleich mit anderen Ländern zeigt. Man muss genauer hinschauen, um zu verstehen, warum kluge Politik und intelligente Geldanlagen, aber auch die Geschichte und Mentalität der norwegischen Nation der Grundstock für ein besonders positives Lebensgefühl der Nordländer sind.

Der dritte Vortrag hat die Vorfahren der Nordländer zum Thema. Unter dem Titel „Wikinger! Abenteuer, Geschichten, Irrtümer" wird erzählt, warum die Nordmänner mit ihren schlanken Schiffen so weit gen Westen segeln konnten, bis Island, Grönland, ja sogar Amerika, und dort siedelten; wie sie als Räuber und Piraten Europas Klöster verwüsteten; wo sie als Bauern, Fischer und Handwerker mit ihren Familien wohnten und arbeiteten; womit sie Handel trieben und welche Götter sie verehrten. Schließlich geht es um die Frage, wo die Wikinger geblieben sind, als sie aufhörten, von sich reden zu machen.

Das vierte Kapitel, „Auf zum Nordpol. Abenteurer, Forscher, Hasardeure unterwegs in der Arktis", führt 1000 km - vom Nordkap aus gemessen - weiter nach Norden nach Spitzbergen. Von dort starteten oder endeten gegen Ende des 19. und am Anfang des 20. Jahrhunderts einige Polarexpeditionen. Mehr oder weniger glücklich. Ihre Spuren in Ny Ålesund und am Strand von Danksøya regten mich bei meinem Besuch dort zu diesem Thema an. Bei meinen Recherchen stieß ich auf unglaubliche Geschichten und faszinierende Persönlichkeiten. Ihre Abenteuer, Erlebnisse und Schicksale werden faktenreich erzählt und durch authentische, persönliche Texte aus Tagebüchern und Romanen ergänzt.

Weil ich im Jahr 2019 ein Engagement für eine Reise nach Island, Spitzbergen, Noreg (dem Nordteil Norwegens) und die norwegische Küste entlang erhielt, ergänzte ich mein Repertoire um zwei weitere Kapitel: „Island – wo wilde Kerle hausen" und „Spitzbergen – an der Schwelle zum Nordpol". Da die Geschichte und Besonderheiten beider Zielregionen vielen Reisenden noch relativ unbekannt sein dürften, habe ich sie in aller Kürze, aber möglichst umfassend beschrieben: Menschen, Land, Kultur und Natur. Island vor dem Hintergrund seiner Mythen und Sagen. Spitzbergen, genauer gesagt Svalbard, in seiner grandiosen arktischen Schönheit als polares Paradies für Tier- und Pflanzenfreunde.

In der vorliegenden, stark überarbeiteten Neufassung meines „etwas anderen Reiseführers" finden sich nochmals zwei neue Kapitel.

„Sapmí – Ein besonderes Land in Nordnorwegen" ist der Text über die Geschichte und Kultur der Urbevölkerung Nordnorwegens überschrieben. Den Spuren ihrer historischen und gegenwärtigen Herausforderungen begegnen Reisende nördlich des Polarkreises an vielen Orten. Wer Norwegen ein bisschen tiefer kennen lernen will, und verstehen möchte, warum die Menschen im hohen Norden oft ganz besondere Persönlichkeiten sind, kommt am Schicksal der Samen nicht vorbei.

Ähnliches, wie nämlich kollektive Erinnerungen an die Vergangenheit die Mentalität der Bewohner eines Landes prägen, gilt für die Geschichte der Erschließung dieser einsamen Gegend für den Verkehr zur Wasser und zu Lande und schließlich auch für die Ereignisse des zweiten Weltkriegs, in dessen Verlauf die deutschen Besatzer großes Leid über die Bewohner gebracht haben. Informationen und Gedanken dazu habe ich im Kapitel „Nordland – Faszination Arktis" aufgeschrieben.

Nun wünsche ich meinen Leserinnen und Lesern viel Freude beim Entdecken von Dingen, die sie bisher nicht oder nicht so genau gewusst haben. Ha det bra! Machen Sie es gut!

Claudia Kugelmann

Im Kreuzschiffhafen von Manhattan

KREUZFAHRTREISEN – ERINNERUNGEN UND NOTIZEN

Dem Reisen mit einem Kreuzfahrtschiff wohnt anscheinend ein besonderer Zauber inne. Warum sonst schwärmen so viele Kreuzfahrtfans davon?

„Die Melodie von Sail away im Autoradio – und unmittelbar fühle ich mich versetzt auf „mein" AIDA-Schiff, als wir letzten Sommer in Hamburg ablegten. Gänsehaut." Oder auch: *„Verrückt nach Meer – so fühle ich mich nach meiner letzten Kreuzfahrt mit der Albatros jedes Mal, wenn ich zuhause die Serie schaue."* Und: *„Wenn ich mit Mein Schiff einen Hafen verlasse und die Hymne ertönt – da geht mir jedes Mal das Herz auf."* In meinem Bekanntenkreis höre ich immer wieder solche und ähnliche Sätze, die mir zeigen, wie faszinierend für viele das Reisen mit Kreuzfahrtschiffen ist und wie intensiv die Erinne-

rungen an Stimmungen, Erlebnisse, Gefühle auf dem Schiff, an Land und auf dem Meer nachwirken. Kein Wunder, dass immer mehr Urlauber eine Reise mit dem Schiff buchen. In den letzten zehn Jahren steigerte sich die Zahl der Kreuzfahrttouristen weltweit um 30% auf über 30 Millionen Passagiere im Jahr 2019.

Expeditionsreisen, Clubreisen, Themenreisen – das Angebot ist überwältigend und ein zunehmend wichtiger Faktor der modernen Art, Urlaub zu machen. Durch die Corona-Pandemie ist in den Jahren 2020/21 zwar vieles unmöglich geworden, die meisten Schiffe mussten lange im Hafen bleiben, die Menschen zu Hause ihre Reisesehnsucht im Zaum halten. Doch, da bin ich sicher, trotz aller Schwierigkeiten haben Kreuzfahrtschiffe seit 2022 wieder Fahrt aufgenommen, vielleicht verändert, vielleicht nicht mehr so sorglos wie bisher, aber sicher nicht ohne die alte Faszination der Seefahrt.

Geschichte

So modern, wie es scheint, ist die Idee der Kreuzfahrt gar nicht. Mit einem Schiff auf dem Meer unterwegs zu sein, sich in gleichgesinnter Gesellschaft zu bewegen, immer neue Häfen anzufahren und Städte und Länder zu erkunden – das Hotelbett stets dabei - das hat schon im 19. Jahrhundert wohlhabende Leute gereizt.

Die erste Reederei, die einen „Cruiser", ein kreuzendes Schiff für Passagiere, anbot, war die *Peninsular & Oriental Steam Navigation Company*. Zunächst waren nur Reisen von England zur iberischen Halbinsel im Angebot. Aber ab dem Jahr 1844 gab es schon einen Luxusdampfsegler, der von England nach Gibraltar und Ägypten fuhr.

In die Weltliteratur eingegangen sind die Erlebnisse, die *Mark Twain* im Verlauf zweier Dampferreisen sammelte. Er war im Jahr 1867 von New York nach Europa und in den nahen Osten unterwegs und 1895 mehrere Monate von Vancouver aus über den Pazifik. Damals musste jeder Passagier seinen eigenen Klappstuhl mit an Bord bringen, wenn er während der Fahrt auf Deck sitzen und aufs Meer schauen wollte. In seinen Büchern „Die Arglosen im Ausland" (1869) und „Reise um die Welt" (1897) hat er seine Eindrücke nieder geschrieben. Mit seinem Humor, seinem Scharfsinn und seiner

Beobachtungsgabe kann Twain auch heute als lohnende Lektüre während einer Kreuzfahrt empfohlen werden.

In Deutschland war es der Reeder Albert Ballin, der von Cuxhaven aus als Erster eine Vergnügungsfahrt zur See anbot. Die *Augusta Victoria*, ein Schiff der Hamburger Reederei *HAPAG*, stach 1891 in See, nicht ohne vorher von Kaiser Wilhelm II., einem großen Fan der Kreuzfahrt, mit einem Besuch geehrt worden zu sein. Zwei Monate dauerte die Luxusreise, die keinen der berühmten Häfen im östlichen und westlichen Mittelmeer ausließ. An Bord waren unter den 241 Passagieren auch Ballin selbst und ausgewählte Gäste aus der zeitgenössischen Wirtschaft, Politik und Kultur. Ansonsten bevorzugten auch ältere, wohlhabende Damen Seereisen, weil sie dabei leicht Anschluss fanden, sich weniger langweilten als zuhause, und rundum bedient wurden.

Zwar galten Reiseziele ins Mittelmeer und andere wärmere Gebiete damals wie heute als am meisten begehrte Destinationen, doch auch Kreuzfahrten nach Norwegen waren bei der deutschen Bildungsschicht des 19. Jahrhunderts sehr angesagt – einerseits, um die Schönheiten der nordischen Natur zu bewundern, andererseits auch, um die originalen Orte und Landschaften der altnordischen Literatur und Kultur kennen zu lernen. Für Wagnerverehrer war das fast ein Muss – denn Odin/Wotan, Baldur und die Walküren wurden als Figuren germanischer Kultur angesehen.

Der bekannteste Kreuzfahrtreisende dieser Zeit war Kaiser Wilhelm II. Er war viele Sommer, bis zum Ausbruch des 1. Weltkriegs 25 mal, auf Tour entlang der norwegischen Küste und in den Fjorden Norwegens - mit seiner Yacht *Hohenzollern* und einer kleinen Flotte von Begleitschiffen der Marine. Deutsche Kreuzfahrttouristen folgten seinen Spuren und suchten eine Gelegenheit, „ihren" Kaiser zu sehen. Wenn er im Herbst nach Hause fuhr, war auch für sie die Saison vorbei.

Weil die Norweger seine Majestät und seine Entourage schätzten, kann man heute noch an vielen Orten Statuen und Gedenktafeln entdecken, dazu auch Hinweise auf einen Stuhl oder ein Bett, auf dem der Kaiser einst saß oder schlief. Oberhalb von Geiranger, gleich neben der Straße, befindet sich so ein Stein, und auch das Berghotel Stalheim, eine ehemalige Poststation auf der Bahnstrecke zwischen Bergen und Oslo, erinnert mit einer Tafel an seinen Aufenthalt. Das bekannteste Beispiel einer Gedenkstätte findet sich in der Hafenstadt Ålesund, im Fjordland südlich von Trondheim. Dort steht eine 7m hohe Pyramide mit des Kaisers Konterfei und seinem Namen, zur Erinnerung daran, dass er der Stadt in größter Not half. Als die 800 Holzhäuser des Orts durch einen Brand im Jahr 1904 zerstört wurden, schickte er Schiffe mit Hilfsmitteln für die Bevölkerung. Und aus eigener Kasse leistete er einen beachtlichen finanziellen Beitrag zum Wiederaufbau der Stadt. Die Bürgerhäuser dort wurden, im damals in Deutsch-Österreich-Ungarn verbreiteten und vom Kaiser geschätzten Stil der Gründerzeit, wieder aufgebaut, häufig mit Jugendstilelementen, wenn auch in nordischer Variation, verziert. So entstand in Norwegen eine Stadt, wie der Kaiser sie sich wünschte.

Ein paar Jahrzehnte später, zur Zeit des Nationalsozialismus, erlebte die Kreuzschifffahrt einen Aufschwung durch das Programm „Kraft durch Freude". Staatlich finanzierte Ferienreisen sollten die Gesundheit und Bildung der einfachen Bevölkerung fördern, die sich solche Unternehmungen niemals selbst hätte leisten können. Und ganz nebenbei sollte auch die Bindung der Bürger an den nationalsozialistischen Staat verstärkt werden. So wurden zwischen 1934 und 1939 neben Wanderreisen, Eisenbahn- und Busfahrten auch Schiffsreisen in befreundete Länder angeboten - an die Ostsee, nach Italien, Griechenland, Madeira und eben auch nach Norwegen.

Dafür gab es eine Flotte von 6 eigenen und 6 gecharterten Schiffen, die vor dem Zweiten Weltkrieg über 700.000 Passagiere beförderten. Das bekannteste Schiff war die Wilhelm Gustloff. Sie unternahm 6 Passagierreisen nach Norwegen, stand aber seit Kriegsbeginn im Dienst der Kriegsmarine und war 1940 beim Überfall auf Norwegen beteiligt. (Am 30. Januar 1945 wurde sie mit vermutlich über zehntausend Flüchtlingen und 1500 Angehörigen der Wehrmacht an Bord von einem russischen U-Boot in der Ostsee versenkt.)

Im Laufe des wirtschaftlichen Aufschwungs der Nachkriegszeit wurde auch die Kreuzfahrt immer beliebter, anfangs vor allem beim älteren, betuchten Publikum. Luxus-Liner fuhren über den Atlantik von Europa nach Nord- und Südamerika, aber auch Kreuzfahrtschiffe mit erschwinglichen Preisen wie die TS Maxim Gorkiy waren unter sowjetischer Flagge unterwegs, besuchten Afrika und Australien, kreuzten im Mittelmeer und steuerten die Færøer Inseln, Island und sogar Spitzbergen an. Einsame, arktische Ziele dort wurden traum- und märchenhaft inszeniert. Meine Schwiegermutter nahm 1981 an einer solchen Reise teil und erfüllte sich damit einen Lebenstraum. Am Ufer des Magdalenenfjord, dort oben weit im Norden, am 80. Breitengrad, wurde eine aus heutiger Sicht eher skurrile Strandkulisse aufgebaut. Es gibt ein Bild von einer rotweiß gestreiften Strandbar namens „Gorki Bar", davor Plastikstühle und –tische, ein Abfalleimer, ein Wegweiser zum „Beach", im Hintergrund die Maxim Gorkiy und der Magdalenengletscher. Zum Ende des Landaufenthalts wurde alles wieder abgebaut und zurück aufs Schiff verbracht, erzählte meine Schwiegermutter. Es war nicht das einzige Mal, dass dieses Schiff arktische Gefilde erreichte - im Svalbardmuseum in Longyearbyen hängt ein ähnliches Foto. Sehr, sehr eindrucksvoll der Gegensatz von beinahe unberührter Natur und klischeehaft konstruiertem Urlaubsglück.

Das Luxusleben, das die Damen und Herren damals ersehnten, konnten die nicht so vermögenden Zeitgenossen seit 1981 in der ZDF-Serie „Traumschiff" bestaunen und dabei ein bisschen mitträumen.

Kreuzfahrt heute – ein Erfahrungsbericht

In der Zwischenzeit hat sich die Zahl der Kreuzfahrttouristen nicht nur deutlich erhöht, auch die Interessen und Vorlieben der Gäste haben sich verändert und ausdifferenziert. Die Anbieter stellten sich auf die unterschiedlichen Bedürfnisse ein und spezialisierten sich entsprechend.

Wer eine Kreuzfahrt plant, sollte deshalb genau überlegen, was ihm oder ihr wichtig ist. Meine persönlichen Erfahrungen können dabei eine Anregung für diejenigen sein, die erstmals so verreisen.

Da ich als Gast oder Lektorin bisher nur mit wenigen Schiffen unterwegs war - eine Kurzfahrt in der Ostsee, eine Transferroute von Hamburg ins Mittelmeer als Städtereise, eine Atlantiküberquerung nach New York über Island und Grönland, eine Woche im arabischen Golf, mehrere Törns ins norwegische Fjordland - kann ich allerdings nur eine grobe Orientierung geben. Meine eigenen Erfahrungen sind nur teilweise auf andere Schiffe zu übertragen.

So kann es anfangen

Immer wieder werde ich im Bekanntenkreis gefragt, welche Vorzüge denn so eine Seereise eigentlich habe. Na ja, das kommt auf die Sichtweise an, sage ich dann, und darauf, was dir selber wichtig ist. Jede Reederei, jede Route und jedes Schiff hat spezielle Eigenheiten. Nach dieser Vorrede fange ich aber meistens an, von den positiven Eindrücken meiner Kreuzfahrten zu schwärmen. Hier also meine persönlichen Erinnerungen:

Zuallererst fällt mir schon der Beginn meiner Schiffsreisen ein. Wenn das Schiff in Hamburg, vom Cruiseterminal Altona aus startet, dann ist es für mich ein Muss, mit der Bahn bis zu den Landungsbrücken anzureisen. Dort besteige ich stilvoll ein sogenanntes „Bügeleisen", eine Hafenfähre der Linie 62 Richtung Finkenwerder, und lasse mich auf der Elbe zum Anleger „Docklands" bringen, direkt neben dem Liegeplatz (Derzeit geschieht die Abfahrt - nicht ganz so elegant zu erreichen – auch vom Hafen Steinwerder aus.). Von unten zu dem mächtigen Schiff hochzuschauen, das in den nächsten Tagen mein Zuhause sein wird, lässt mein Herz höher schlagen. Die Einschiffungsprozedur, bei der es zugeht wie in einem Flughafen – Sicherheitscheck, Pass und Fahrkartenkontrolle (derzeit PCR-Test) - ist bald überstanden und die obligatorische, wenig romantische Rettungsübung vor dem Start lasse ich geduldig über mich ergehen. Die Zeit vertreibe ich mir dabei mit der Beobachtung meiner Mitreisenden. Sehr unterhaltsam kann das sein.

Dann aber, im Abendlicht, beim so schön kitschigen Klang der Auslaufmelodie, langsam die Elbe hinunter zu fahren, vorbei an den Containerterminals links und den alten Kapitänshäusern rechts, beim Sundowner auf Deck ein Blick zurück auf den Turm des Michel und die Elbphilharmonie – das empfinde ich jedes Mal als den Beginn einer wunderbaren Reise. Von Kiel aus in die Nordsee zu reisen ist auch nicht zu verachten. Man schippert je nach Route und Schiffsgröße sogar durch den Nord-Ostsee-Kanal. Das ist ein Erlebnis, das ich in vollen Zügen genießen kann – rechts und links ganz nah das Ufer mit den kleinen Orten vorbeiziehen zu sehen, in engen Schleusen mit dem „Wasser Aufzug" zu fahren und von Deck aus zu beobachten, wie die fast 120 Jahre alte schmiedeeiserne Levensauer Hochbrücke langsam über mir hinweg gleitet. Mit ein wenig Glück fährt gerade der Zug zwischen Flensburg und Kiel darüber. Und wessen Schiff von Bremerhaven aus startet – vorbei an den Docks und Containeranlagen – erlebt die Ankunft im Hafen natürlich ebenso eindrucksvoll.

Seetag

Am Konzept der Kreuzfahrt gefällt mir zudem, dass das Schiff meist nachts unterwegs ist und Strecke macht, während ich eine Show genieße, mein Glas Wein trinke, meine Vorträge überarbeite oder schlafe. Und tagsüber kann ich irgendwo selbständig oder bei einem organisierten Ausflug einen Ort oder eine Gegend kennenlernen und mich an Land per Bus, Fahrrad oder zu Fuß bewegen. Mein Hotelzimmer ist, im Gegensatz zu Busreisen, immer dabei. Ich muss nicht täglich den Koffer aus- und einpacken. Wenn ich zurück komme an Bord, ist das jedes Mal ein wenig so, als käme ich nach Hause. Und später, zum Abschied von jedem Hafen, erklingt wieder die schöne Auslaufmelodie. Sentimental – ja. Verzichtbar – nein. Klassische Musik oder Jazz kann man bei anderen Gelegenheiten hören.

Meine kreuzfahrtskeptischen Bekannten fürchten sich am meisten davor, seekrank zu werden. Sie erinnern sich an entsprechende Erlebnisse vor 30 Jahren mit moribunden, griechischen Fähren oder an Segeltörns mit kleinen Yachten im Mittelmeer und behaupten, sofort zu „erkranken", sobald sie ein Schiff betreten. Auf Kreuzfahrtschiffen passiert das nicht so leicht, versprochen! Seekrankheit ist keine Krankheit, sondern ein Zustand. Die modernen Schiffe sind mit Stabilisatoren ausgestattet, die bei Seegang zumindest die Rollbewegungen (die „seitlichen Schiffsbewegungen") etwas dämpfen, sodass die Passagiere meist wenig vom Auf und Ab der Wellen merken. Wenn es geht, ändert der Kapitän auch mal die Route, um einem Schlechtwettergebiet auszuweichen. Das habe ich auf der Fahrt nach Island aber auch im Skagerrag selbst erlebt. Und wenn es wirklich mal etwas mehr wackelt, dann helfen bis zum nächsten Hafen bei den Einen Tabletten, bei den Anderen Globuli oder Akupunktur-Armbänder. Gute Ratschläge in dieser Richtung findet man in vielen einschlägigen Kreuzfahrt-Foren.

An Seetagen, wenn also weite Entfernungen ohne Zwischenstopp zurück zu legen sind, wird der Weg, wie man so schön sagt, zum

Ziel. Ich genieße die Zeit, die ich zum Ausschlafen, zum Lesen, zum gepflegt Speisen, zum aufs Meer Schauen habe. Besonders dieser Blick rundum zum Horizont, die entspannte Sicht auf Wolken, Wellen und Gischt, die Beobachtung vorbei ziehender Schiffe, all das kann viele Stunden füllen. Am Abend kann ich, wenn ich will, Shows und andere Veranstaltungen besuchen, die übrigens sehr abwechslungsreich und meist qualitativ recht hoch stehend und professionell sind. Wenn ich das nicht möchte, ist es auch gut. Keiner zwingt mich. Ich hätte vor meiner ersten Kreuzfahrt nie gedacht, dass ich am Seetag soviel Ruhe finden kann. Mit ein wenig Erfahrung gelingt es mir nämlich, auch auf Schiffen mit vielen Gästen einsame Ecken und stille Winkel für mich zu finden. Schwierig ist das allerdings bei gutem Wetter auf dem Sonnendeck, wenn dort den ganzen Tag Musik erschallt. Gottseidank ist das nicht überall so.

Guten Appetit

Kaum etwas ist so wichtig bei einer Kreuzfahrt wie das Essen. Die Auswahl, die Qualität, der Service. Mit dem Frühstück fängt es schon an. In den ersten zwei Tagen erlaube ich mir, in exquisiten Früchten, Speck mit Spiegeleiern, Heringssalaten, Lachs und verschiedenen Brotsorten zu schwelgen. Dann aber haue ich „die Bremse rein". Ab Tag drei gibt's nur noch Joghurt und Obst. Schließlich will ich ja nicht am Ende der Reise neue Jeans kaufen müssen. Auch das Mittagessen lasse ich, bis auf eine Kleinigkeit, lieber aus – dann schmeckt es am Abend umso besser. „Zwar hab ich ja eigentlich für alles mit bezahlt" – solche Gedanken gehen mir schon auch durch den Kopf. Ich schiebe sie aber entschlossen wieder weg.
Nach einem gemütlichen Seetag oder einem erlebnisreichen Landausflug freue ich mich also über die reichliche Auswahl vielfältiger Speisen in den Buffet-Restaurants. Sie sind mir ebenso lieb wie die Lokale mit Bedienung samt ihrer Bequemlichkeit. Jeden Tag kann ich mich neu zwischen Fisch und Fleisch, zwischen Gemüse und Salat, zwischen Nudeln, Kartoffeln, Reis oder für alles, von jedem ein bisschen, entscheiden. Ob es schmeckt, hängt selbstverständlich vom Chefkoch des jeweiligen Restaurants ab. Wie überall gibt es auch hier Unterschiede. Bis ich mit dem zweiten oder dritten Gang

zurückkomme, ist der gebrauchte Teller abgetragen. Die Kellner sind da in der Regel sehr aufmerksam.

Besonders die Wahlmöglichkeiten bei den Hauptmahlzeiten schätze ich. Ich entscheide selbst zwischen unterschiedlichen Buffet-Restaurants, je nachdem ob ich eher klassisch deutsch, mediterran oder asiatisch speisen will. Und wenn ich es vornehmer will, buche ich eben zu verträglichen Preisen in einem der Restaurants, in denen ich bedient werde.

Wer sich mit dieser Regelung nicht so wohl fühlt, kann mit der Konkurrenz auf Reisen gehen. Da herrscht dann vielleicht ein noblerer Stil vor, wie man es sehr gut in den Serien „Traumschiff" oder „Verrückt nach Meer" beobachten kann. Mittag- und Abendessen kann, wer möchte, mit Bedienung genießen. Die Portionen der Menüs sind so bemessen, dass man sich nicht vor dem nächsten Gang zur Waage fürchten muss. Meist werden für den Abend Kleidungsvorschläge gegeben, insbesondere wenn Galaabend oder Käptns Dinner ist. Das Ereignis hat dann Stil und gefällt dem Publikum. Wer das nicht mag, kann eine andere Kreuzfahrtfirma auswählen, wo das Leben an Bord ungezwungener ist. Die Drinks in den verschiedenen Bars kosten oft extra. Man kann sie aber auch im Paket günstiger buchen. Bei einigen Reedereien sind alle Getränke im Gesamtpreis inbegriffen. Wie gesagt – was wem besser behagt, hängt vom persönlichen Geschmack und Bedürfnis ab.

Personal und Freundlichkeit

Überall fühle ich mich von der freundlichen Belegschaft verwöhnt. Manchmal wirkt das fast ein wenig aufgesetzt, denn die Belastung der Angestellten, die zum großen Teil von den Philippinen und aus anderen asiatischen Ländern kommen, ist für jeden, der die Augen aufmacht, sichtbar. Doch in den meisten Fällen scheint mir das Lächeln echt. Das fällt dem Personal vermutlich nicht immer leicht, denn Kreuzfahrtpassagiere sind manchmal sehr anspruchsvoll, ungeduldig bis unhöflich, leider sogar knickerig. Es gibt sogar Gäste, die das – bei manchen Reedereien - im Gesamtpreis enthaltene Personal-Trinkgeld verweigern, wobei sie sich auf ein entsprechendes Gerichtsurteil berufen. Von einer zusätzlichen finanziellen Anerkennung für besonders freundliche Dienste ganz zu schweigen. Sehr traurig.

Obwohl auch ich mich gern auf dem Schiff verwöhnen lasse, mache ich mir immer wieder Gedanken über die Arbeitssituation der Angestellten und frage mich, ob ich als Gast deshalb ein schlechtes Gewissen haben sollte. Man liest ja einiges darüber, wie sich Reedereien um das deutsche Arbeitsrecht drücken, indem sie unter sogenannten Billigflaggen fahren. Man kann als Mitreisender höchstens erahnen, wie lange die Arbeitszeiten für die Mitarbeiterinnen und Mitarbeiter in den verschiedenen Abteilungen – Nautik, Hotel, Technik – sind, wie eng die Gemeinschaftsunterkünfte sind, wie viele Monate diese Menschen von ihren Familien getrennt sind. Und man ahnt, dass sie nach deutschen Maßstäben wenig verdienen.

Auf der anderen Seite habe ich auch erfahren, dass auf einem Schiff innerhalb einiger Jahre relativ viel Geld angesammelt werden kann. Man hat erstens kaum Gelegenheit zum Ausgeben. Das Angesparte kann in der Heimat gut angelegt werden und trägt deshalb häufig zum sozialen Aufstieg bei. Durch das Währungsgefälle reicht es für ein Haus aus Stein statt einer Blechhütte, für ein Auto oder Motorrad als Basis für ein eigenes Start-up-Unternehmen oder für die Gründung einer Familie und die bessere Bildung der Kinder.

Im Übrigen haben auch das Führungspersonal des Schiffes, die Offiziere, Hotelmanager, Entertainmentchefs, ja sogar der Kapitän, eine Sieben-Tage-Woche und niemals eine geregelte Arbeitszeit, wie das viele aus dem Büroalltag kennen. Es ist immer etwas los. Entweder spielt das Wetter verrückt, ein alkoholisierter Gast zerlegt um Mitternacht eine Bar, ein Raucher löst in seiner Kabinendusche den Feueralarm aus oder der Lotse für den nächsten Hafen kommt im Morgengrauen an Bord oder die Mannschaft muss für eine Seenotrettung üben. Kreuzfahrtschiffe haben für alle – für Gäste wie für Dienstleistende - ihren eigenen Rhythmus und ihre eigenen Regeln.

Auch an Land bei uns gibt es übrigens nicht wenige Branchen, in denen die Arbeitsverhältnisse nicht fair sind – Erntehelfer, Großschlachtereien, Friseurgeschäfte, Restaurants zum Beispiel. Wer von uns geht mit ungutem Gefühl in ein Lokal essen oder verzichtet ganz darauf, nur weil und obwohl man weiß, dass auch in der besten Gastronomie oft miese Arbeitsbedingungen herrschen? Warum also nur die Kreuzfahrt schlecht reden?

Wenn ich mich mit der einen oder anderen Servicekraft unterhalte, entstehen oft nette Kontakte. Als ich einmal allein unterwegs war, suchte ich wiederholt denselben Tisch auf. Bald wurde ich wieder erkannt, nach meinem Namen gefragt und fortan vom zuständigen Ober und seinen Kollegen bestens betreut.

Ein Schiff für unterschiedliche Passagiere

Womit ich beim Thema „Alleinreisende" angekommen bin. Allein zu verreisen ist ja für viele Betroffene eine echte Herausforderung. Bei einer Busfahrt kann es passieren, dass man jeden Tag allein oder aber neben einem unsympathischen Schwätzer beziehungsweise einer hypochondrischen Seniorin sitzt, und sich bei Tisch neben Paaren wie das fünfte Rad am Wagen fühlt. An Bord eines Schiffes ist das anders. Auf einigen Kreuzfahrtreisen kann man sich für jede Mahlzeit ein anderes Restaurant, einen anderen Tisch und neue Tischgenossen aussuchen. Bei anderen sorgt der Hoteldirektor für eine passende Nachbarschaft am Tisch. Und man kann das Angebot des Hotelmanagers annehmen, sich mit anderen Alleinreisenden beim Single-Treff bekannt zu machen und zum Essen oder zu den Ausflügen zu verabreden. Zumindest bei den Schiffen, die ich kenne, war das so. Es braucht also nur ein wenig Mut, nicht allein zu bleiben.

Ein Faktor für die Qualität einer Schiffsreise besteht im Verhältnis von verfügbaren Aufenthaltsflächen zur Zahl der Passagiere. Dieser Quotient ist beispielsweise bei Phoenix oder Mein Schiff höher als bei AIDA, deshalb sind auch die Reisen teurer. Bei anderen Reedereien sind die Reisen günstiger, der Raum für den Einzelnen dann auch kleiner. Doch das variiert von Schiff zu Schiff.

Aufgrund des – im Vergleich zu anderen organisierten Reisen – doch recht zahlreichen Servicepersonals, sind auch ältere und alte Menschen, solange sie gesund und selbständig sind, auf einem Schiff gut aufgehoben. Wenn sie sich einmal zurecht gefunden haben in dem anfangs verwirrenden Dschungel von Treppen, Gängen, Bug und Heck, Steuerbord und Backbord, Restaurants und Bars, können sie sich sozusagen im geschützten Raum des Schiffs bewegen, sich auf die Hilfsbereitschaft des Personals verlassen und mit Mitreisenden Kontakt aufnehmen. Betreutes Wohnen de luxe!

Mutter und Tochter, beide nicht mehr ganz jung, sah ich besonders häufig an Bord, aber auch erwachsene Söhne mit ihren alten Eltern – ein Schiff hält für alle Generationen etwas bereit. Die Familienmitglieder können leicht einmal getrennte Wege gehen, eigene Interessen verfolgen und sich später wieder treffen, erholt vom Stress des möglicherweise engen Beisammenseins in der Kabine.

Was mir außerdem immer wieder besonders angenehm auffiel, egal auf welchem Schiff ich unterwegs war, ist die relativ hohe Anzahl von Mitreisenden mit Handicap. Blinde Menschen orientieren sich an den Schildern mit Brailleschrift, und Rollstuhlfahrer können sich fast überall barrierefrei bewegen. Wo das nicht möglich ist, sind sofort hilfsbereite Mitarbeiter zur Stelle. Oft habe ich beobachtet, dass Rollstühle samt der zugehörigen Person mit vereinten Kräften von zwei bis vier Crewmitgliedern getragen wurden, zum Beispiel beim Tendern, wenn das Schiff nicht anlegen konnte und deshalb auf Reede lag, oder wenn die Pier nur über eine steile Gangway zu erreichen war. Die „Fußgänger" haben derweil geduldig gewartet, bis der Weg für sie wieder frei war. Sehr entspannt alles! Bei Busreisen gibt es, im Vergleich dazu, zwangsweise weniger Personal, das, wenn nötig, einfach mal zupacken kann.

Kinder auf Kreuzfahrt – ist das zu empfehlen? Jein, würde ich sagen, es kommt auf das Schiff und auf das Ziel an. Mittelmeer im Sommer ist eher geeignet als Herbst in Nordnorwegen. Und ein Schiff mit Planschbecken und Rutsche ist besser als eins, wo die meisten Passagiere die Ruhe an Deck genießen wollen. Trotzdem, Kinder waren, zumindest bei meinen Reisen, immer willkommen. Und haben fast nie gestört. Ich hatte das Gefühl, dass sie zufrieden und glücklich waren mit all den Möglichkeiten, die ein Schiff so zu bieten hat. Gerne beobachte ich zum Beispiel die kleinen Gäste dabei, wie sie sich beim Frühstück von Theke zu Theke durchwuseln, sich dort ein Würstchen und ein Ei und hier ein Kuchenteilchen schnappen, dazu noch Limo am Automaten zapfen und alles kunstvoll auf einem Tablett zum Familientisch balancieren - sichtlich erfreut über etwas, das sie zu Hause niemals geboten kriegen. Die Kreuzfahrtunternehmen bemühen sich um den Nachwuchs als spätere Kunden. Für Kinder und Jugendliche gibt es oft überraschend günstige Preise. Animateure übernehmen die Betreuung tagsüber und bieten ein buntes Programm, sodass man von der ganzen Bande fast nichts merkt. Und nachts ist für die ganz Kleinen ein Babyfon in der Kabine eingeschaltet, sodass die Eltern gemeinsam das Abendprogramm und die Bars sorglos genießen können, solange sie wissen, dass ihr Kind schläft. Und wenn es ruft, sind sie gleich zur Stelle. Dass bei Phönix, wo das Publikum in der Regel älter ist, das Kinderprogramm nicht so reichhaltig ist, versteht sich von selbst. Und dass Expeditionsreisen in die Arktis oder Antarktis für Kinder nicht unbedingt geeignet sind, auch.

Welches Schiff? - Auswahlkriterien

Wer will im Urlaub ständig in einer Fremdsprache angesprochen werden? Nun ja, sicherlich diejenigen, die ins Ausland fahren, um dort Land und Leute näher kennen zu lernen und dabei ihre Sprachkenntnisse zu trainieren. Auf einem Schiff aber möchte ich mich nicht unbedingt wie im Ausland fühlen. Und deshalb bin ich froh, dass auf den Schiffen, die ich kennenlernte, Deutsch die erste Bordsprache war. Die philippinischen Kellner, die thailändischen Zimmermädchen sprechen zwar einfaches Englisch, lernen aber Deutsch, so gut das geht. Auf manchen Schiffen wird ihnen sogar Sprachunterricht in der Dienstzeit angeboten. Nicht nur das Servicepersonal, auch die Durchsagen des Kapitäns, die Ausflugsinformationen, die Lesungen, all das verstehe ich leichter in meiner Muttersprache. Mein Aufenthalt ist auf die Dauer einfach weniger anstrengend. Bei Costa und MSC ist, entsprechend der Herkunft der Firmen und des Publikums, italienisch bzw. englisch die Umgangssprache, bei den amerikanischen Schiffen wie Carnival Cruise oder Celebrity Cruise natürlich englisch. Zwar bemüht man sich, die Ansagen für die internationale Klientel mehrsprachig zu machen. Das führt jedoch leicht zu langen Reden, bis alle Sprachen durch sind.
Wer eine Kreuzfahrt plant, sollte sich also vor der Buchung klar darüber werden, wohin die Reise gehen soll und unter welchen Bedingungen man sich wohl fühlt. Je nachdem, ob man in südliche oder in nördliche Länder reist, ob man eine Städtereise oder eine Freizeitunternehmung wählt, entscheidet das gewählte Ziel auch über die Möglichkeiten der Freizeitgestaltung, über die Orte, die man besucht, über die Menschen, denen man begegnen wird. Wer nach Norwegen reist, muss wissen, dass es dort im Sommer kühl

und regnerisch sein kann. Dafür sind die Abende hell und lang - und warm, wenn die Sonne scheint. Das Naturerlebnis - die Fjorde, Seen, Wasserfälle, Wälder, Berge - steht im Vordergrund. Aber auch interessante Städte werden angesteuert, deren Bauwerke, Museen und Bewohner einen Besuch wert sind.

Auch die Größe des Schiffs und der gebotene Luxus sind ein Auswahlkriterium. Auf ganz großen Exemplaren geht es unpersönlicher zu als auf kleineren. Die Einen bieten Bier, Tischwein und Softdrinks nur zum Essen inclusive an oder verkaufen Getränkepakete extra, bei anderen sind auch die meisten Getränke an den Bars im Preis inbegriffen. Unterschiede bestehen auch in Bezug auf die Länge der Liegezeiten im Hafen und bei den Showprogrammen. Es gibt vornehme Schiffe für Leute, die nicht auf den Euro schauen müssen, wie die Schiffe der Flotte von Hapag Lloyd. Wer sich in einem schwimmenden Casino vergnügen will, wird die amerikanischen Riesenpötte bevorzugen, die relativ günstige Reisen anbieten. Die sind aber mehr in der Karibik und weniger in Norwegen unterwegs. Und dazwischen gibt es viel Auswahl, auch Sonderangebote für den schmäleren Geldbeutel.

Expeditionsreisen in den Norden haben in den letzten Jahren ein immer breiteres Publikum gefunden. Die Möglichkeit dazu bieten zum Beispiel die eistauglichen Schiffe von Hapag-Lloyd-Cruises. Sie sind klein genug, um auch in Fjorde oder in flachere Küstengewässer zu fahren, was natürlich seinen Preis hat. Für die bis zu 200 Passagiere stehen Naturbeobachtungen und Fotografieren im Vordergrund, Unterhaltungs- und Vergnügungsveranstaltungen sind nicht so angesagt.

Eine besondere Stellung unter Nordlandreiseanbietern nimmt die Postschifflinie "Hurtigruten AS" ein (mehr dazu im Kapitel „Nordland"). Zwar kenne ich deren Schiffe nicht aus persönlicher Erfahrung, möchte sie aber hier in einem Norwegenreiseführer nicht unerwähnt lassen. Denn die berühmte Marke ist nach wie vor vom Geist des norwegischen Postschiffverkehrs umschwebt und macht damit kräftig Reklame, obwohl sie seit 2015 nicht mehr in norwegischer Hand ist, sondern von einer internationalen Kapitalinvestmentfirma aufgekauft wurde. Elf Schiffe sind derzeit noch auf der traditionellen Route entlang der norwegischen Küste unterwegs, wo sie an fast jedem Hafen anlegen, Post liefern und in Empfang neh-

men, Passagiere ein- und aussteigen lassen und nach kurzer Liege-
zeit wieder weiter fahren. Hunde dürfen mitgeführt werden. Das
einfachere Ambiente und der Verzicht auf den Schnick-Schnack anderer Kreuzfahrtlinien macht das Reisen mit Hurtigruten für viele
interessant. Wer sich für diese Linie entscheidet, muss allerdings
ein wenig mehr Geld ausgeben als beispielsweise auf klassischen
Kreuzfahrtschiffen, obwohl das Unterhaltungs-, Ausflugs- und In-
formationsprogramm nicht so reichhaltig ist.
Hurtigruten AS hat sich in den letzten Jahren, im Zuge der wachsenden Arktisbegeisterung, neue Geschäftsfelder eröffnet und bietet
nun auch Expeditionskreuzfahrten in die Arktis und Antarktis an,
mit der *Fram* und der *Nordstjernen* zum Beispiel. Seit kurzem hat
die Firma Konkurrenz bekommen. Havila fährt mit seinen neuen,
umweltfreundlichen Schiffen auf der gleichen Route, ein wenig ele-
ganter, ein wenig feiner, ein wenig teurer.
Und wer sich noch genauer informieren möchte, sollte die „Gebrauchsanweisung für Kreuzfahrten" von Thomas Blubacher lesen.
Das Buch enthält sehr amüsante und detaillierte Beschreibungen
angesagter Schiffe!

Kreuzfahrt und Umwelt

„Aber diese Schiffe sind doch die reinsten Dreckschleudern!" So o-
der so ähnlich höre ich viele meiner Bekannten sprechen, um zu
begründen, warum sie niemals so eine Kreuzfahrt unternehmen
würden. Der Vorwurf, dass Kreuzfahrtschiffe viel zu viel Schadstoffe
und Feinstaub ausstoßen, ist neuerdings fast immer Thema bei Diskussionen über Ökologie und Umweltverträglichkeit im Kreuzfahrt-
geschäft. Deshalb hier noch ein paar Worte dazu.
Leider wird im Zuge der Kritik vieles vereinfacht und eher oberflächlich behandelt. Ich fand sehr widersprüchliche Informationen
dazu und bin schließlich zu folgendem Ergebnis gekommen: Der
Schadstoffausstoß in der Schifffahrt – und zwar in der gesamten
Schifffahrt - ist auf jeden Fall in Bezug auf den Klimawandel ein
ernst zu nehmendes Problem. Aber wenn sogar seriöse Medien wie
die Süddeutsche Zeitung und der NDR durchwegs mit dem allgemeinen Begriff „Dreckschleudern" auf Kreuzfahrtschiffe losgehen,
dann ist das undifferenziert und irreführend. Die Berichterstattung

zum Thema greift dabei die aufgeregten Beobachtungen von Vereinen, denen es nicht nur um die Umwelt sondern auch um Spenden geht, gläubig auf. So werden zum Beispiel Behauptungen von Vertretern des Naturschutzbundes Deutschland übernommen und gebetsmühlenartig wiederholt, ohne deren Messungen, Berechnungen und Schlussfolgerungen einer kritischen, wissenschaftlich sauberen Prüfung zu unterziehen. Wissenschaftler und Journalisten, die genauer hinschauen, finden dabei oft interessante Gegenargumente.

Mich ärgert, dass es die Medien mit ihrer Kritik häufig darauf anlegen, bei den Kreuzfahrtreisenden ein schlechtes Gewissen zu erzeugen und ihnen den Urlaub zu vermiesen, ohne danach zu fragen, wie diese vielleicht ihren persönlichen Beitrag zum Umweltschutz leisten, indem sie Fernflüge vermeiden, mit dem Zug statt mit dem Flieger anreisen, zuhause das Fahrrad statt den PKW nutzen und beim Lebensmittelkauf auf regionale Waren setzen. Angesichts der Anzahl von derzeit knapp 400 Kreuzfahrtschiffen weltweit (Januar 2022), weniger als 0,5 % der 95.000 Fracht-, Passagier- und Serviceschiffe auf den Weltmeeren (Angabe Umweltbundesamt 2019), sollte das Thema „Umwelt und Kreuzfahrt" etwas gelassener betrachtet werden. Kreuzfahrtschiffe nehmen heute eine Vorreiterrolle bei der Entwicklung und Einführung sauberer und nachhaltiger Antriebe ein, die auch für die restlichen 99,5% der Seeschifffahrt eine Richtschnur sein können.

Nicht im Blick haben einige Naturschützer und Journalisten zudem häufig, dass Umweltschutz in der Schifffahrt mehr ist als die Wahl des Treibstoffs. Er umfasst nämlich auch die Müllvermeidung und -entsorgung, die Wasserzubereitung, die Klärung des Abwassers, die Lebensmittelverschwendung. Auf diesen Feldern zumindest sind die meisten Kreuzfahrtschiffe heute auf einem guten Weg.

Franz Neumeier hat auf seiner Website www.cruisetricks.de seit Jahren die Fakten zum Thema Kreuzfahrt und Ökologie recherchiert und veröffentlicht. Wer mehr wissen möchte, mag dort unter dem Link „Umweltschutz in der Kreuzfahrt" nachsehen.

Noch ein Problem soll nicht verschwiegen werden: Schwierig aus Sicht der betroffenen Bevölkerung ist es, wenn mehrere Schiffe gleichzeitig in kleinen Häfen anlegen und tausende von Kreuzfahrtpassagieren in einen kleinen Ort strömen, um dort die Souvenirläden, Cafés und Boutiquen zu stürmen. Doch auch hier muss man genauer hinschauen, um sich ein Urteil bilden zu können. Zum Einen besteht der moderne Massentourismus, der aus verschiedenen Gründen zu Recht kritisch zu sehen ist, nicht nur aus Schiffspassagieren. In Venedig machten diese zum Beispiel vor der Coronakrise nur etwa 5% Prozent der knapp 30 Millionen Touristen pro Jahr aus. Zum anderen stimmt es nicht, dass nichts an ihnen verdient ist, weil sie ja an Bord essen und trinken. Wer mit offenen Augen durch die Stadt geht, wird sehen, wie viele ihr Geld dalassen, nicht zum Nachteil der Einwohner, auch wenn sicherlich nicht alle davon profitieren. Und drittens haben Schiffsreisende den Vorteil, dass sie auf ihrem Schiff schlafen – und nicht, mit Hilfe von airbnb, den Menschen, die in Venedig, Dubrovnik, Barcelona oder Oslo wohnen, die knappen Mietwohnungen wegschnappen.

Insgesamt finde ich, dass all diese Probleme nicht nur für den einzelnen Reisenden eine Herausforderung bedeuten, sondern auch für die verantwortlichen Politiker. Die könnten mit entsprechenden Vorschriften und Gesetzen das Verhalten der Reedereien steuern. In einigen norwegischen Häfen geschieht dies bereits: Seit in den Nationalparks Spitzbergens die Fahrt für Schiffe mit Schweröl an Bord verboten ist, geht eben für diese ab der Hauptstadt Longyearbyen nichts mehr weiter Richtung Norden. Und in Geiranger wurde die Größe und Zahl der Schiffe pro Tag drastisch reduziert. Venedig dagegen jammert über Schäden durch die Schiffsriesen, verdient aber anscheinend gut an den hohen Liegeplatzgebühren, sonst würde es nicht so lange dauern, bis endlich der Ausweichhafen weit außerhalb fertig gestellt wird. Überall wo politischer Rückenwind fehlt, herrscht Flaute an der ökologischen Wetterfront.

Leinen los!

Wer sich bisher noch nicht so recht auskennt in der Kreuzfahrtszene, aber Interesse daran hat, ist deshalb am besten beraten, wenn er ein dafür spezialisiertes Reisebüro aufsucht und sich auf einschlägigen Kreuzfahrtportalen informiert. Hier wird den Greenhorns und alten Hasen der Seefahrt weitergeholfen. Eine gute Beratung ist in Zeiten der Pandemie besonders wichtig, um für alle Verbote und Gebote und möglichen Schwierigkeiten vorbereitet zu sein. Bleibt nur zu hoffen, dass sich dieses Thema bald erledigt hat.

Nun, wo (fast) alle relevanten Fragen geklärt sind, können wir nach Norwegen aufbrechen und uns auf die Spuren der Wikinger, Polarforscher und Nordmänner und –frauen begeben. Mein Buch soll all die begleiten, die sich auf den Weg machen. „Gute Fahrt!" oder „Leinen los!" heißt es – übrigens ein Schauspiel, das ich immer wieder gerne und ausgiebig beobachte, bevor mein Schiff in einem Hafen ablegt. Dann ertönt die „sail away"-Melodie..., oder die „Hymne".

Lesetipps

Blubacher, Thomas : Gebrauchsanweisung für Kreuzfahrten. Piper Verlag 2016 Der Autor war mit zahlreichen Schiffen von unterschiedlichen Reedereien unterwegs und berichtet kenntnisreich und humorvoll.

Berlitz Cruises &Ships Guide www.kreuzfahrtnews.net Aktuelle und umfassende Informationen

www.cruisetricks.de Ist für mich die beste Informationsquelle für aktuelle, interessante, auch kritische Berichte über die Kreuzfahrt.

www.kreuzfahrtberater.de Unterstützt Kreuzfahrtinteressierte in ihrer Entscheidung. Enthält viel Werbung

Bergen: Tyske Bryggen

BERGEN UND DIE DEUTSCHE HANSE

Eine Hafenstadt als Tor zur Welt

Wer in Norwegen unterwegs ist, entlang der Küsten, auf schmalen Straßen, in wunderschönen Orten oder mit dem Schiff übers Meer und in die Fjorde, der wird sich der Faszination durch die Schönheit der Landschaft kaum entziehen können. Deshalb gleich zu Beginn dieses Kapitels erst einmal ein bisschen Genuss, eine Einstimmung auf eine wunderbare Zeit in Bergen. Wer die Chance hat, sich mit einem Kreuzfahrtschiff, einer Fähre oder einem Segelboot in aller Frühe der Stadt zu nähern, wird von der Stille und der Schönheit der Insellandschaft beeindruckt sein.

Man gleitet vorbei an kleinen Inseln am Eingang des Fjords. Sie heißen in Skandinavien Schären und sind überall an der Küste und in norwegischen Fjorden anzutreffen. Im Morgengrauen sieht man ziemlich nah einige Ölplattformen – Zeugen der neueren Geschichte

Norwegens, die vom Reichtum durch Gas- und Ölförderung geprägt ist (vgl. Kap. 2).

Gleich danach wird es wieder eher nostalgisch – man gleitet leise an dem einen oder anderen malerischen Holzhäuschen vorbei. Hier haben norwegische Familien vielleicht schon seit Jahrzehnten ihre Wochenenden und Ferien verbracht. Unter der Askøy-Brücke geht es durch. Hoch über dem Schiff überspannt sie in weitem Bogen den Fjord. Hoch genug, dass auch große Schiffe hindurch passen.

Der Hafen von Bergen, der Vågen, ist nun nicht mehr weit.

Die Stadt liegt zu Füßen des Ulriken. Er ist mit 642 m über dem Meer der höchste der sieben Berge rund um die Stadt. Eine Gondelbahn und eine von Sherpas gebaute Felstreppe führen zum Gipfel, wo den Besucher ein herrlicher Rundblick über die Häuser, die Landschaft und den Byfjord erwartet – bei gutem Wetter! Bei der Einfahrt in den Hafen erkennt man linker Hand die Håkonshalle, einen imposanten Stein- (nach-)bau aus der Zeit der Wikinger.

Der bekannteste Aussichtsberg Bergens - der Fløyen, ist 320 m hoch. Mit der Zahnradbahn, dem Fahrrad oder zu Fuß gelangt man leicht nach oben. Und findet dort nicht nur eine Aussichtsterrasse und ein Restaurant, sondern auch mehrere wilde Trolle und Hexen im Wald, und schöne Wege zum Spazierengehen.

Und dann ist man da – im Hafen von Bergen. Hier ist immer viel los. Schiffe jeglicher Art legen hier an und ab. Das Zentrum und die wichtigsten Sehenswürdigkeiten sind fußläufig erreichbar. Bergen ist immer einen Besuch wert.

Im Folgenden wird von dieser Stadt und ihrer Geschichte erzählt. Im Mittelpunkt steht dabei die Deutsche Hanse, weil sie zur Entwicklung und zur Atmosphäre Bergens Entscheidendes beigetragen hat.

Bergen – Annäherung an die heimliche Hauptstadt

Bergen, ein Schmuckstück des Nordens, liegt an der Südwestküste Norwegens, wunderschön zwischen 7 Bergen im Byfjord. Die Entfernung nach Oslo, der Hauptstadt Norwegens, beträgt mit der Bahn, der Bergenbahn, 516 km, die Fahrt dauert über 7 Stunden. Mit dem Auto dauert sie von Bergen nach Oslo, mit 460 km Strecke, laut Googlemaps fast genauso lang. Sie führt sehr umständlich durch

Tunnel und über Mautstraßen. Diese geografische Lage bedeutet, dass Bergen schon immer und auch heute noch mehr nach Westen und Norden übers Meer mit der Welt verbunden ist als mit den Siedlungen und dem Geschehen im Landesinneren.

Allerdings ist der Weg vom offenen Meer bis ins Innere des Byfjords wegen der zahlreichen kleinen Inseln und Landzungen sehr umständlich und verschlungen. Das ist jedoch nicht immer ein Nachteil, es bedeutet auch Schutz – vor Feinden und vor Sturmwind. Ein besonderer Vorteil ist der günstig gelegene, geschützte Hafen im Innern des Byfjords.

Die Spannung zwischen Weite und Enge hat die Geschichte Bergens geprägt. Diese Spannung ist die Grundlage für den wirtschaftlichen und kulturellen Aufstieg der Stadt. Und der ist ein Beweis für die Richtigkeit der Aussage: Das Meer trennt nicht, das Meer verbindet – mit der Welt.

Dieses Motto bestimmt die Geschichte Bergens, einer Stadt, die schon im Mittelalter das wichtigste norwegische Handelszentrum war. Im Laufe von 800 Jahren wurde Bergen dadurch zur reichsten Metropole Norwegens. Sie hat eine interessante Geschichte, die auch mit uns, mit Deutschland zu tun hat - mit der Geschichte der Deutschen Hanse.

Was wissen wir so im Allgemeinen über Bergen? Die meisten von uns haben schon gehört, dass es ein sehr regenreicher Ort ist. Das stimmt: Die Schlechtwetterfronten aus Westen stoßen hier erstmals an die bergige Küste und lassen ihre Regenlast los. Durchschnittlich an 250 Tagen im Jahr tröpfelt, duscht oder schüttet es – aber das tut der Schönheit Bergens keinen Abbruch – das Leben geht weiter. Und oft gibt es unter den Wolken plötzlich Sonnenstrahlen. Und die Stadt erstrahlt in neuem Licht. In dem bezaubernden norwegischen Licht.

Seit dem Mittelalter wird das Stadtbild von Håkons Halle, vom Bryggen, von den Türmen der Marienkirche und des Doms bestimmt. Geändert hat sich die innere Hafenspitze: Sie wurde in neuerer Zeit mit Erde aufgefüllt – um Land für Stadtbau und Markt zu gewinnen.

Gegründet wurde Bergen 1070 vom Wikinger-König Olav Kyrre. Sie ist heute die zweitgrößte Stadt Norwegens, mit ca. 280 000 Einwohnern nicht sehr groß also, doch nach wie vor ein bedeutender

Handelsknotenpunkt Europas und der Welt. Manche bezeichnen die Stadt deshalb gern als „heimliche Hauptstadt Norwegens". Im Jahr 2000 war Bergen „Europäische Kulturhauptstadt", eine Auszeichnung als wichtiges kulturelles Zentrum Norwegens. Die kosmopolitische Atmosphäre ist ihrer Geschichte als reicher Handelsort zu verdanken, aber auch ihrem Status als Universitätsstadt.

Eine besondere Sehenswürdigkeit ist der Stadtteil „Bryggen". Auf Deutsch heißt das „Der Kai". Man erkennt sofort beim Ankommen die bunten Holzbauten am Kai des alten Naturhafens Vågen. Hier befand sich schon vor Jahrhunderten das Zentrum des florierenden Handels zwischen Norwegen und dem Rest der Welt.

Bryggen war die Heimat der Deutschen Hanse in Bergen. Lassen Sie sich entführen auf einen Spaziergang in die Zeit des Hochmittelalters – Sie werden erfahren, wie und warum die deutschen Kaufleute damals in Bergen Fuß fassten und die Entwicklung zur heutigen Bedeutung der Stadt entscheidend anstießen.

Wer durch die alten Häuserzeilen wandert, wird sich daran erinnern, dass hier vor einigen hundert Jahren die Hansebrüder lebten und Handel trieben, dass sich hier viele Menschen durch die engen Gassen drängten, dass man täglich den Krach der rollenden Fässer, gefüllt mit Ware, hörte und dass es intensiv nach Fisch stank.

Norwegen im Mittelalter – Armut und Pest

Woran denken die Meisten beim Begriff „Deutsche Hanse"? Zunächst vermutlich an die deutschen Städte, die sich noch heute „Hansestadt" nennen – Hamburg, Bremen, Rostock. Ihre Geschichte beginnt im Hochmittelalter, so gegen Ende des 13. Jahrhunderts und dauerte knapp 400 Jahre. Doch wie wurden sie so groß und berühmt? Und was hat das mit Norwegen und Bergen zu tun?

Drehen wir das Rad der Zeit um ungefähr 700 Jahre zurück. Was war los in dieser Zeit im hohen Norden Europas? Warum haben deutsche Kaufleute hier Fuß gefasst und soviel Erfolg gehabt?

Norwegen war ein Königreich und Bergen lange die Residenzstadt. Die Festung Bergenhus diente bis 1299 als Sitz der norwegischen Könige. König Håkon Håkonsson, Magnus Lagabøte (sein Sohn), Erik

Magnusson, um nur einige der klingenden Namen zu nennen, regierten Norwegen von Bergen aus.

Håkon Håkonsson baute 1261 ein mächtiges Gebäude aus Stein als Festhalle für die Hochzeit seines Sohnes. Dieses Gebäude wurde im 2. Weltkrieg zwar zerstört, aber im Original wieder aufgebaut. Und steht heute wie damals am Hafeneingang auf dem Gelände der früheren Festung!

Der Handel von Bergen aus übers Meer fand schon in der Wikingerzeit statt. Skandinavische Händler tauschten Waren mit den Ländern rund um die Ost- und Nordsee und den Atlantik. Mit England, Dänemark, Schweden, Island, Grönland - und Deutschland.

Der unschlagbare Vorteil des Handelsortes Bergen war und ist sein Hafen. Die Bucht des Vågen liegt geschützt vor Sturm und Wellen. So konnten die Handelsschiffe in Ruhe entladen und beladen werden. Heute wie damals.

Die Bevölkerung - vor allem Bauern und Fischer mit kinderreichen Familien - war sehr arm damals. Das Klima war kalt und nass, der Ernteertrag gering, oft gab es Ernteausfall durch Fröste zur falschen Zeit. Die Fjorde, die weit ins Land einschneiden, das bergige Land mit seinem unwegsamen Steilhängen und Schluchten, das schwierige Gelände also, machte die Verbindung und damit den Handel zwischen den Orten schwer. Man konnte nicht einfach mal Waren ins nächste Tal liefern oder jemanden zum Kaffee besuchen. Die Reise wäre zu weit und zu beschwerlich gewesen. Und auch die Fahrt mit dem Schiff aus einem Fjord in den nächsten dauerte seine Zeit. Die Norweger, auch die Bergenser, lebten bis 1350 in „gesicherter Armut" wie man so schön sagt. Sie waren nicht reich, nicht mächtig – doch sie hatten ihr Auskommen.

Aber in der Mitte des 14. Jahrhunderts geschah etwas, das ganz Europa und auch Norwegen innerhalb weniger Jahre veränderte. Die Pest verbreitete sich. Diese hochansteckende Krankheit wurde innerhalb weniger Jahre vom Nahen Osten über Südeuropa eingeschleppt. 1346 erreichte die Pandemie Messina/Sizilien und breitete sich über die Alpen nach Nürnberg und weiter nach Lübeck aus.

1349 war der Schwarze Tod, norwegisch „Svartedauen" in Bergen angelangt. Übertragen wurde die Beulenpest durch den Getreidefloh – eine Ironie des Schicksals. Norwegen brauchte - mangels eigener Erträge - Korn und Mehl zum Überleben. Es wurde per Schiff von den Handelspartnern aus Mitteleuropa bezogen. Der Krankheitserreger wurde ungewollt mitgeliefert. Aber das wussten die Menschen damals nicht.

Der Floh ist gierig nach dem Blut der Lebenden. Er beißt nicht nur Ratten, Mäuse und andere Tiere, sondern stillt seinen Blutdurst auch am Menschen. Er gelangt von Mensch zu Mensch über bakteriell infizierte Flöhe (Besuche, Handel), geht jedoch auch von bereits infizierten Menschen und von Toten auf die Lebenden über und verteilt sich bei Begräbnissen, Besuchen und Gottesdiensten auf Menschen von anderen Orten. Die Inkubationszeit beträgt 3 – 5 Tage und innerhalb von ca. einer Woche ist der Kranke tot. Doch auch das wussten die Menschen damals nicht.

Bis zu 60 % der Bevölkerung starben deshalb im Laufe der Epidemie. Betroffen waren sowohl die Geistlichkeit, die Kaufleute als auch die Bauern und Fischer. Dies führte zu einer dramatischen Verarmung der Menschen. Es gab nicht mehr genügend Arbeitskräfte in der Landwirtschaft und für den Handel.

Diese unglückliche Situation bedeutete **die** Chance für die deutschen Kaufleute: Die Armut der Bevölkerung stärkte die deutschen Kaufleute, Norwegen war nicht mehr wohlhabend genug, um zu konkurrieren.

Aus dieser Situation heraus entstand die Vormacht der Hanse. Die in diesem Bund vernetzten Kaufleute aus Deutschland und Flandern nützten die ideale Lage des Ortes – geschützter Hafen, Orientierung nach Westen - geschickt aus. Als Startrampe zu einer jahrhundertelangen Erfolgsgeschichte. Ihr Erfolg in den folgenden vierhundert Jahren war also unter anderem dem Standort Bergen zu verdanken.

Das Wohn-und Arbeitsviertel der deutschen Kaufleute, die insbesondere aus Lübeck stammten, der „Tyske Bryggen", der „Deutsche Kai" also, war stets erfüllt von Menschen aus allen Himmelsrichtungen – wie auch heute noch.

Wer bei seinem Norwegenaufenthalt einmal im Bryggen unterwegs ist, sollte versuchen, sich gedanklich in diese Zeit zurück zu versetzen. Die Berichte und Geschichten dieses Buches werden die Phantasie beflügeln. Und die wunderbaren historischen Rekonstruktionen von arkikon, einer auf Archäologie spezialisierten Firma und Forschungseinrichtung in Bergen, schenken dem Besucher Bilder davon, wie die Realität damals beschaffen war.

Doch bevor wir uns das Viertel mit den schönen Holzhäusern genauer anschauen, stellt sich noch eine interessante Frage: Was versteht man unter „Deutscher Hanse"? Und warum fasste diese gerade hier im Süden der norwegischen Küste Fuß?

Die Hanse – deutsche Kaufleute auf Erfolgskurs

Hanse – Der Begriff bedeutet: „Gemeinschaft, Gruppe, Gefolge" – Der Verband der „dudeschen hense" war seit der Mitte des 12. Jahrhunderts ein wachsender grenzüberschreitender Zusammenschluss von Kaufleuten, später auch ein Bund ihrer Heimatstädte in Mittel-, Nieder-, Oberdeutschland, Flandern.

In der Blütezeit waren an die 300 Binnen- und Küsten-Städte zusammen geschlossen, 70 davon Hansestädte im engeren Sinne.

Ziel der Vereinigung waren die Sicherung der Überfahrten und die Durchsetzung gemeinsamer Interessen bei den Norwegern und den Handelspartnern des Auslands. Die dort organisierten Kaufleute beherrschten den Handel in Nord- und Ostsee und darüber hinaus. Die Hanse hatte nicht nur wirtschaftlichen, sondern auch politischen und kulturellen Einfluss auf die Geschichte der Region.

Hauptort der Hanse wurde Lübeck. Durch ihre Lage an der Travemündung und den dadurch begünstigten Handel wurde die Stadt reich. Die Kaufleute saßen im Stadtrat und wurden so durch ihren Einfluss auf das Stadtrecht sehr mächtig. Sie konnten die Gesetzgebung beeinflussen und viele Vorteile erringen.

Wer im Internet eine Landkarte mit den Orten und Routen der Hanse anschaut, sieht, wie in dieser Zeit neben Lübeck auch andere Küstenstädte um Ost- und Nordsee den Anschluss zur Hanse gefunden haben. Es entstand ein mächtiges Bündnisgeflecht, „Hansische Stede" waren unter anderem Riga im Baltikum, Rostock, Bremen, Hamburg. Ungefähr 70 Städte gehörten zur Blütezeit dazu. Die Handelsrouten verliefen zwischen Portugal und Russland, zwischen dem Nahen Osten und Island. Sogenannte „Kontore", keine Hansestädte also im engeren Sinne, nichts desto weniger jedoch bedeutende Aufenthaltsorte und Treffpunkte der Kaufleute, waren London, Brügge (Belgien), Nowgorod (Russland) – und eben Bergen.

Es ist schon beeindruckend, über welch weite Strecken die Handelsverbindungen in dieser Zeit schon gingen. Mich erinnert dieses

Netz aus Märkten, Speichern, Kontoren an unsere heutige EU: Genauso grenzüberschreitend und ähnlich weit gespannt.

Mitte des 14. Jahrhunderts, kurz nach der Pest, wurde der „Kontor" in Bergen gegründet. Als norwegische Stadt konnte Bergen nicht Hansestadt werden. Aber als „Kontor" wurde es in die Gemeinschaft der Hansestädte und damit in alle Handelsprozesse eingebunden. Dies bildete die rechtliche Grundlage für Vergünstigungen beim Zoll, für die Versammlungsfreiheit der deutschen Kaufleute und für die Nutzung des Hafens und des Geländes daneben. Bergen wurde damit ein wichtiger Knotenpunkt der Hanse in Norwegen. Hier wurde der Handel für das gesamte Gebiet der Hanse organisiert.

Wenden wir uns nun dem Import und Export der Waren zu, die in Bergen ausgetauscht wurden. Der Blick auf die mittelalterlichen Kai-Anlagen zeigt, dass viel Raum zur Verfügung stand für den Warenaustausch. Die Lage im Norden Europas, an einer Schnittstelle von Seewegen zwischen dem Heiligen römischen Reich Deutscher Nation, Flandern, Frankenreich, England und Baltikum hatte entscheidenden Einfluss darauf, mit welchen Gütern und Waren damals gehandelt wurde.

Der Import gelangte aus Süden und Westen nach Bergen. Getreide und Mehl wurden aus der Gegend des heutigen Norddeutschlands eingeführt. Bier und Wein wurden vom Rhein her verschifft. Salz zur Konservierung von Lebensmitteln kam aus dem Norden des heutigen Deutschland, insbesondere aus Lüneburg. Hopfen, Honig, Eisenwaren gab es überall im Deutschen Reich und wurden in Skandinavien gebraucht. Edle Tuche wurden in England hergestellt und von wohlhabenden Norwegern gekauft.

Der Export bestand aus Waren aus dem Norden Skandinaviens. Was hatten die Norweger zu bieten? Wichtigste Handelswaren waren Salzhering, Pelze, Holz, Leder und Tran/Fischöl – und Trockenfisch, auch bekannt als Stockfisch. Im Hanseatischen Museum Bergen finden sich zahlreiche Abbildungen, Möbel und alte Gebrauchsgegenstände aus der Hansezeit. Der Stockfisch wurde gewogen, je nach Qualität in unterschiedlichen Bereichen unterm Dach gestapelt, um dort trocken bis zum Weitertransport aufbewahrt zu werden.

Der Kabeljau, den es nahe der Inselgruppe der Lofoten im Winter in großen Schwärmen gab, wurde an hölzernen Gestellen an der frischen Salzluft der Küste getrocknet. Das machen die Lofotenfischer auch heute noch so!

In der frischen Meeresluft wird der Fisch konserviert und ist als Stockfisch jahrelang haltbar. Er wurde gestapelt und unter Deck transportiert. Der konservierte, leicht lagerbare Fisch war eine begehrte, gewinnbringende Handelsware seit der Christianisierung Europas.

Denn Fasten wurde durch die Religion ein wichtiger, kultureller Brauch - an 150 Tagen im Jahr durfte kein Fleisch gegessen werden, wohl aber Fisch. (Rezepte für Stockfisch: Entweder einfach runterbeißen. Oder besser: In Milch und mit Wurzelgemüsen kochen. Oder, noch besser: In heißer Milch mit Gemüsen 10 Min poschieren, dann von Kopf und Gräten trennen, in Mehl wälzen und in der Pfanne braten.)

Der Handelsbetrieb im Kontor Bergen bot gute Aufstiegschancen für junge Männer aus den Hansestädten. Das Angebot an Bildung (lesen, schreiben, rechnen) sowie die fachliche Ausbildung zum Kaufmann boten jungen, deutschen Männern die Chance, sozial aufzusteigen und zu angesehenen Bürgern in der Heimat zu werden. Ihr Leben in Bryggen wird weiter unten noch genauer geschildert.

Da es den Deutschen rechtlich vom norwegischen König untersagt war, über Bergen hinaus weiter nach Norden zu fahren, kamen die Nordmänner – Fischer und Händler aus Nordnorwegen mit ihrer Ware nach Bergen. Es muss damals ein ziemlicher Betrieb am Hafen und in der Stadt geherrscht haben.

Zweimal im Jahr, im Mai und im August fanden die wichtigsten Treffen der Händler in Bergen statt. Stellen Sie sich das Ereignis vor wie einen riesigen Jahrmarkt. Der Hafen ist voller kleinerer Schiffe aus dem Norden. Die Ware aus dem Norden wird an Bord gewogen, geprüft, ausgewählt und dann entladen. Am Rand des Vågen, an den hölzernen Kais des Hafens also, herrscht großes Gedränge. Hier werden die Schiffe der Nordländer, die den getrockneten Fisch und andere Handelsgegenstände von den Lofoten hierher gebracht haben, mit neuer Ware beladen – zum Weitertransport in ihre Heimat. Wenn der Handel beendet ist, muss der Fisch in den Speichern der Kontore verstaut und gelagert werden.

Erzählung von Jochen Schlu über das Sortieren des Stockfischs und die Bedeutung des Königsdorschs (aus: „Ole Røsholdt/Jørn W. Andersen: Ein Junge der Hanse in Bryggen. Das Tagebuch des Jochen Schlu aus dem Jahre 1599. Bergen 2004, S. 48):

Die Nordländer haben ihre Segel gesetzt, um wieder nach Hause zu fahren, also beginnt jetzt die Arbeit, den getrockneten Fisch zu sortieren. Getrockneter Fisch ist so hart wie Holz und kann unendlich lang aufbewahrt werden. Aber er muss gewogen und sortiert und in Fässer gepackt werden, und der Vorarbeiter achtet darauf, dass die Lehrburschen den besten Fisch aussortieren, der den höchsten Preis bringt. Jeder Lehrbursche steht an seinem Hackklotz, hackt den Kopf und Schwanz von dem Fisch ab und sortiert die Fische dann nach Gewicht und Größe. Dieses Mal haben wir einen Königsdorsch bekommen, der eine Art Krone auf seinem Kopf hat. Er wird von Dachsparren im Zimmer des Handelsleiters herunterhängen, denn der Königsdorsch bringt Glück. (S. 48)

Zunächst wenden wir uns jedoch den Lastschiffen der Bergenfahrer zu – den Koggen. Ohne diese praktischen Schiffe wären der überseeische Handel und die gefährlichen Seefahrten zwischen dem Deutschen Reich und Norwegen in der damaligen Zeit nicht möglich gewesen.

Seefahrt – Starke Schiffe für abenteuerliche Fahrten:

Das Lastschiff der Hansekaufleute, genannt „Kogge", war rund 23 Meter lang und 7 Meter breit. Ein 20 Meter hoher Mast mit einem Rah-Segel war mittschiffs verankert. Diese Schiffsform erlaubte eine besonders hohe Ladung - 84 Tonnen, das entspricht 531 Fässern mit Heringen, Bier oder Wein. Unter Deck wurde auch der Trockenfisch gestapelt. Im Heck befand sich das sog. „Kastell". Es ist eine Art Hütte, oder auch Kajüte, geeignet als Schutz vor Regen und Wind und mit einer Toilette ausgestattet. Ins Kastell zogen sich die vornehmen Kaufleute bei schlechtem Wetter zurück. Bei Angriffen durch Seeräuber diente sie als Schießstand.

Für die Sicherheit auf hoher See sorgte die massive Bauweise des Schiffes. Gebaut wurden sie aus Eichenholz! Die Planken wurden mit einer Mischung aus Teer und Moos abgedichtet, damit das Meerwasser nicht eindringen und die Ware beschädigen konnte.

Diese Schiffe waren zwar praktisch für den Transport der Waren über die Meere, doch alles andere als schnell. Die Überfahrt von Lübeck nach Bergen konnte mehr als 6 Wochen dauern. (Kreuzschiffe sind da gerade mal eineinhalb Tage unterwegs!).

Die Schiffe der Hanse waren also sehr stark und äußerst praktisch. Sie waren zwar plumper und weniger verziert als die skandinavischen Schiffe dieser Zeit. Doch sie waren einfacher zu bauen. Sie konnten viel Last transportieren. Und sie kamen in der Herstellung billiger als die skandinavischen Schiffstypen. Wer mehr darüber wissen will, besuche das Schifffahrtsmuseum/ Sjøfardsmuseum in Bergen. Dort gibt es eine eigene Abteilung nur zum Thema Schiffsbau.

Mit diesen stabilen und doch auch stolzen Schiffen waren die deutschen Kaufleute im Vorteil gegenüber den Konkurrenten. Die skandinavischen Kaufleute, durch die Pest dezimiert und finanziell geschwächt, wurden von den kapitalkräftigen Deutschen im Wettbewerb um Kunden und den Zugang zu lukrativen Hafenorten abgedrängt.

Die Navigation, die Bestimmung der Fahrtroute und der jeweils aktuellen Position auf dem Weg war damals nicht so leicht wie heute. Die Steuerleute mussten ohne technische Hilfsmittel auskommen. Sie konnten sich nur auf geographisches Wissen (Aufzeichnungen von markanten Punkten an Land, Aufzeichnungen von Untiefen und Klippen auf den Karten) und auf astronomische Kenntnisse (Sonnenstand, Sterne – besonders Polarstern) beziehen. Wenn es bewölkt war und die Sterne oder das Land nicht mehr sichtbar waren, musste man auf besseres Wetter warten. Das verzögerte die Fahrt oft beträchtlich.

Vielen Herausforderungen mussten die Bergenfahrer auf dem Weg nach Norden und zurück begegnen:
Gefahren entstanden auf See durch räuberische Piraten. Deshalb wurden die Fahrten oft im Konvoi mehrerer Schiffe durchgeführt. Die Kaufleute beziehungsweise ihre Steuerleute ließen sich häufig von Söldnern bewachen.
Gefahren gab es durch Unwetter und Sturm, was vor allem bei Gegenwind unangenehm war und das Vorwärtskommen verhinderte. Verlängerungen der Fahrtzeiten waren oft unvermeidlich.

Gefahren tauchten plötzlich auf bei der Fahrt durch den Irrgarten der Fjorde und Schären mit ihren Untiefen. Lotsen an Bord halfen deshalb bei der Navigation.

Die heutigen Kreuzfahrtschiffe starten, im Gegensatz zu den mittelalterlichen Koggen, zwar meist in Hamburg oder Bremen und fahren westlich von Jütland nach Norden. Aber auch sie überqueren, wie die Kaufmannsflotten, die Nordsee und fahren entlang der südnorwegischen Fjordküste nach Bergen – in ca. 36 Stunden Eine Kogge brauchte dazu – je nach Wetter – ab Lübeck oft genauso viele oder noch mehr Tage!

Die Historikerin Alexandra Rigos schildert im Themenheft „Die Hanse" von GEO Epoche (2017) in lebendigen Bildern, wie so eine Überfahrt abgelaufen sein könnte. Ihr Bericht darüber, was die hansischen Kaufleute und die Besatzung der Koggen auf der Überfahrt von Lübeck nach Bergen so alles durchmachen mussten, enthält nicht nur die Schilderung der Gefahren durch Meer, Sturm und Untiefen und den Hinweis auf bedrohliche Piratenüberfälle sondern auch die Beschreibung des Alltagslebens an Bord. Es wurde nicht nur hart gearbeitet, sondern auch gesungen, musiziert und gespielt. Nach der Ankunft in Bergen an der Tyske Bryggen wurden die Mehlsäcke und Bierfässer aus Norddeutschland ausgeladen und der Stockfisch aus Nordnorwegen an Bord genommen.

Auf einer Karte können Sie die Route verfolgen. Kreuzfahrtgäste mögen sich vorstellen, dass der hier beschriebene Weg ziemlich genau ihrer heutigen Route entspricht. Sie fahren also auf den Spuren der Hanse nach Norden!

Das aufregende Leben der Hansebrüder spielte sich jedoch nicht nur auf den Schiffen ab. Auch an Land gab es viel zu tun, wie ein Blick auf die Vergangenheit des heute eher malerischen Bryggen zeigt.

Kontor Bergen mit „Tyske Bryggen"

Bryggen wurde der Wohn- und Arbeitsort für die Bergenfahrer. Der Ortsteil lag günstig direkt am Hafen. Wegen der vielen Deutschen wurde er „Tyske Bryggen" genannt. Die deutschen Kaufleute hatten Privilegien im Vergleich zu Händlern aus anderen Ländern. Sie zahlten im Unterschied zu anderen (z. B. englischen oder niederländischen) Kaufleuten nur wenig Zoll und Steuern. Sie übernahmen mit ihrer herausragenden Machtposition in der Stadt somit den Handel. Und sicher war der Ort nicht so hübsch wie heute.

So erlebte das ein junger Zeitgenosse aus Lübeck:

Aus dem Tagebuch des Jochen Schlu aus einer späteren Zeit zwar (1599), aber trotzdem sehr realistisch (S. 7):

Es ist eine trostlose Stadt. Die Häuser sind aus Holz gebaut. Aus Holz! Einzig die Kirchtürme sind aus Stein gebaut, und viele sehen so aus, als ob sie bald einstürzen würden. Bryggen, wo die Deutschen leben, besteht aus einer langen Reihe rot angestrichener Gebäude aus Holz und aus Wohnhäusern, die sich an der Küste entlangschlängeln. Die Menschenmassen hier sind so groß, dass es oft schwierig ist, sich zu bewegen. Während einige Männer Fässer rollen, ziehen andere große Schubkarren, auf denen Waren aufgetürmt sind, und ständig wird geschrien und herumgebrüllt. Aber am schlimmsten ist der Gestank. Überall hier in Bergen stinkt es nach Fisch und Dorschleberöl, sogar in den Gebäuden ...

Der Ortsteil „Bryggen" ist heute noch an derselben Stelle - am östlichen Rand des Hafenbeckens Vågen. Nur war das Stadtviertel damals wesentlich größer als heute.

Bryggen war – wie schon gesagt - für die Zeit ihres Aufenthalts in Bergen die Heimat und Arbeitsplatz der Bergenfahrer aus Lübeck und den anderen Hansestädten. Die Kaufmannssiedlung bestand aus Kais, Lagerräumen, Büros und Wohnquartieren für die Hansebrüder und ihr Personal. Anfangs waren die Holzbauten nicht farbig – erst im 15. Jh. wurden sie rot und weiß bemalt. Es gab auch eine wunderschöne Kirche für die Deutschen, aus Stein gebaut, die Marienkirke. Sie ist heute noch zu besichtigen, gleich hinter dem Bryggen.

Im Lauf der Jahrhunderte wurde immer weiter ins Meer hinaus gebaut, bis zu einer Linie circa 100 Meter vom ursprünglichen Ufer entfernt. Das Hafenbecken war damals, Ende des 13. Jh., noch viel breiter. Auch reichte die Spitze des Hafenbeckens viel weiter ins Land – Sie wurde aufgeschüttet und bebaut – der Ortsteil Vågsbunnen entstand hier.

Heute ist dort der berühmte Fischmarkt, norwegisch „torget".

Mittendrin befand sich damals das Rathaus der Stadt. Es hatte als einziger Bau, außer der Kirche, Steinmauern und war Eigentum der norwegischen Einwohner. Es stand mitten zwischen den Holzhäusern. Heute sieht man davon nur noch ein paar Reste im Parkhaus gleich neben den heutigen Bryggen-Häusern.

30 lange Höfe wurden in Bryggen bis zur Blütezeit der Hanse erbaut. Die Häuserblöcke, jeweils zwei für jeden Hof, waren 20 m breit und 100 m tief vom Kai bis zur nächsten Straße. Es gab dort außer Lagerräumen und Schreibstuben, auch die Schlafquartiere der Kaufleute und ihrer zahlreichen Angestellten – vom Vorarbeiter bis zum Lehrbub. Insgesamt waren das 20 Gebäude pro Hof, die jeweils mehreren, bis zu 15 Händlern gehörten.

Auch heute noch erkennt der Spaziergänger rechts und links in den engen Gassen die Wohn- und Packhäuser (staven). Der Durchgang zwischen ihnen war sehr eng! Noch heute wirkt das fast ein wenig beklemmend, wenn man da durchgeht, besonders bei Schlechtwetter und Dunkelheit. 15 Kaufleute gab es also pro Hof – im ganzen Viertel wohnten mehrere Hundert Kaufleute, mit Gesellen und Lehrlingen. Das ganze Jahr über hielten sich an die 1000 Deutsche dort auf, im Sommer waren es in der Regel sogar 2000 Männer (bei 6000 - 7000 Einwohnern).

Wer sich die Zeit nimmt, um das Hanseatische Museum zu besuchen, sieht dort, wie die Leute damals wohnten: Die Lehrlinge und Gesellen zu zweit in solchen Bettkästen; der Ältermann und der Kaufmann selbst, wenn er da war, hatten ein Einzelbett, das sie sich nach eigenem Geschmack einrichten konnten – einschließlich Pin-up-Girl! Recht altmodisch in unseren Augen sahen die Büros – damals „Kontore" genannt - aus: noch kein Telefon und kein PC! Dafür das dicke Abrechnungsbuch und ein Tintenfass auf dem Schreibpult.

Die Kaufleute der Hanse lebten im Kontor Bergen, in Bryggen, in einer reinen Männergesellschaft. Sie waren entweder noch jung und unverheiratet oder hatten ihre Familie in Deutschland zurückgelassen.

Es war verboten, Kontakt mit den Frauen aus dem Ort aufzunehmen. Doch konnte dieses Verbot nicht immer durchgesetzt werden – natürlich gab es Liebschaften und sogar Prostitution. Aber auch „ordentliche" Frauen wurden zu Freundinnen der Deutschen. Nur geheiratet werden durften sie nicht. Die Geschichtsbücher berich-

ten, dass sich die hansischen Kaufleute in der Regel um ihre unehelichen Kinder und deren Lebensunterhalt kümmerten, auch wenn sie wieder zuhause waren. Sie bedachten sie in ihrem Testament. Eine edle Haltung? Na ja, es kommt wohl auf die Sichtweise an.
Ein bisschen besser kann die Menschen von damals verstehen, wer ein wenig im *Tagebuch des Jochen* Schlu schmökert. In diesem reich und ansprechend bebilderten Büchlein wird vom Alltagsleben der Kaufleute, Gesellen und Lehrlinge erzählt. Dabei wird deutlich, dass das Leben gerade für die jungen Leute damals kein Zuckerschlecken war.

Alltagsleben der Kaufleute

Jochen Schlu war ein hansischer Kaufmann aus Lübeck, der im Jahr 1577 mit 14 Jahren als Lehrbub nach Bergen kam und 15 Jahre dort lernte und arbeitete. Er hat seine Erlebnisse im Bergenkontor später in Form eines Theaterstücks aufgeschrieben, in dem Alltag und Arbeit, Konflikte und Katastrophen, Freundschaft und Liebe lebendig werden. Diese Erinnerungen sind, neben archäologischen Ausgrabungen, eine wertvolle Quelle für Historiker, die sich mit der Geschichte der Hanse befassen. Das Tagebuch, aus dem die folgenden Texte entnommen sind, wurde von Ole Røsholdt aus Bergen verfasst. Es ist eine fiktive Nacherzählung aus der Perspektive des Lehrlings Jochen, der im mittelalterlichen Bryggen lebt.
Das Wetter in Bergen, an der Westküste Norwegens war seinerzeit meist rau und kalt. Und im Herbst und Winter waren die Nächte lang. Besonders in den Häusern herrschte dann Dunkelheit in den Wohnräumen. Es war nämlich verboten, Kerzen anzuzünden, wegen der Brandgefahr. Oft genug sind ja auch viele der Häuser abgebrannt und mussten wieder aufgebaut werden.
Doch zum Glück gab es Steinbauten hinter den Höfen, wo sich die Menschen wärmen und Licht machen konnten. Der „Schütting" bzw. die „Schötstube" ist gemeinsamer Aufenthaltort auf der Rückseite des Häuserblocks, entfernt von den feuergefährdeten Holzbauten und vor allem im Winter nützlich. Dort konnte geheizt und am offenen Feuer gekocht werden.

Heute ist die „Schøtstue/Schötstube" für Besucher zu besichtigen. Sie diente als Versammlungsort für gemeinsame Mahlzeiten, Gerichtssitzungen, Feste und als Ausbildungort für Lehrlinge, wenn sie im Winter die Theorie ihres Kaufmannsberufs lernen sollten.

Es gab eine streng hierarchische Sozialstruktur: Der Kaufmann hatte als Besitzer die oberste Position. Er setzte erfahrende Mitarbeiter als Vorarbeiter, genannt „Älterleute" ein. Sie waren die Vorgesetzten der Gesellen und Lehrlinge. Es gab außerdem Verwaltungschefs und Handelsleiter.

Die Arbeit war schwer. Strenge „Ordnung" herrschte im Alltag, Disziplin war groß geschrieben, bei Verstößen beschloss der Rat, welche Strafen verhängt wurden – und die waren meist hart: Schläge, Strafarbeiten, Geldstrafen.

Die Aufgaben der Angestellten bestanden darin, die Schiffsladungen auszuräumen und zu dokumentieren. Diese Tätigkeit kennen wir schon aus dem vorigen Kapitel.

Darüber hinaus mussten die Arbeitskräfte jedoch auch im Schötthaus kochen, putzen und am Unterricht teilnehmen.

Aus dem Tagebuch des Jochen Schlu:

Im Kochhaus ... ist es ganz schön voll, wenn wir, die Lehrburschen, die Mahlzeiten zubereiten. Ich hatte noch nie zuvor solch ein eigenartige Küche gesehen. Jedes Kontor hat seinen eigenen Platz an der Küchentheke, wo wir Fleisch schneiden, Fisch ausnehmen (widerliche Arbeit) und Kohl schneiden Wir verfügen auch über unsere eigenen Töpfe, die in einer Reihe über dem Kamin in der Mitte des Steinbodens hängen. ... Wir backen Brot auf Schieferblechen, die über das Feuer gehängt werden. Das Brot ist hart und flach, und es ist mühsam, dieses zu kauen. Sonntags bekommen wir jedoch ordentliches Brot vom Bäcker auf dem Stadtplatz. .. Wir essen viel Fisch, da wir über viel getrockneten Fisch verfügen, Aber frischer Fisch ist das beste. Gekochter Fisch ist köstlich, wenn Rüben oder Erbsen im Kochwasser sind. .. In der Speisekammer gibt es Blutwurst und geräucherte Würstchen und Schinken sowie Fässer voll geräuchertem und gesalzenem Fleisch, Mehl und Salz. Wir haben auch getrocknete Erbsen und Bohnen in großen Holzeimern und natürlich auch Trockenpflaumen für den Trockenpflaumeneintopf am Sonntag. Aber meistens essen wir jeden Tag Haferbrei.

Die Feuerwehr in Bergen

Wenn es in der Stadt, in der außer dem Rathaus und der Kirche alles aus Holz gebaut war, irgendwo brannte, musste schnell gehandelt werden. Das Feuer konnte in Windeseile auf andere Holzhäuser übergreifen. Die Männer aus dem Tyske Bryggen mussten beim Feuer löschen helfen.

Aus dem Tagebuch des Jochen Schlu:

Heute Nacht gab es ein Feuer in Vågsbunnen! Didrich und ich schliefen fest, als Arnold die Tür zu unserem Bett aufriss und uns fast herauszerrte. Steht auf, Feuer! Rief er. Dann hörten wir die Kirchenglocken. Sie läuteten sowohl im Süden und auch im Norden. Wir mussten beim Löschen helfen: Wir trugen die Leitern, Feuerhaken und die Äxte. .. Auch von den anderen Kontoren liefen die Lehrburschen und Leiter herbei, trugen Leitern und Segel und sonstige Dinge, die möglicherweise hilfreich sind . Als wir aus Bryggen hinausliefen, sah ich plötzlich den Brand. .. Flammen und Rauch stiegen in den Himmel auf. Aber wir waren nicht allein, denn aus den Wohngebäuden strömten die Menschen herbei und brachten Geräte zur Brandbekämpfung mit. Jeder musste mithelfen. Claus und ich rasten mit der Leiter über unseren Schultern und den Feueräxten in unseren Händen. Es war eine schwere Last, und wir waren ziemlich außer Atem, als wir an dem Feuer ankamen. ... Es fühlte sich so an, als ob wir uns einem roten, heißen Ofen nähern würden. Und wir konnten sehen, wie die Flammen an der Seite des Gebäudes hochstiegen., wo das Feuer zuerst ausgebrochen war. Einige Männer rissen breits die benachbarten Gebäude mit Äxten und Feuerhaken ab, damit der Brand sich nicht ausweiten konnte. Aus allen Richtungen kamen Leute mit überschwappenden Wassereimern ...

Besucher des Bryggen sehen nur mehr einen kleinen Rest der hansischen Kaufmannssiedlung. Sie ist mehrfach abgebrannt (circa 30 Mal), wurde aber immer wieder neu aufgebaut, zuletzt 1955, und sieht heute wieder aus wie früher – die engen Gassen, die historischen Fenster und Türen, die kleinen Räume, die z. T. originale Einrichtung.

Ein Spaziergang durch Bryggen vermittelt ein wenig von dem Lebensgefühl der damaligen Zeit. Noch besser jedoch können Sie dem nachspüren, wenn Sie das Hanseatische Museum gleich links vom

Fischmarkt besuchen. In diesem Museum kann man heute noch einige Schlaf- und Büroräume fast original anschauen. Die Eintrittskarte gilt auch für die Schöttstuben, die altehrwürdige Versammlungsstätte der Hansebrüder.

Im Jahre 1979 wurde Bryggen zum Weltkulturerbe der UNESCO ernannt!

Nun bleibt mir zum Schluss nur noch eine dringende Empfehlung: Genießen Sie diese sehenswerte Stadt Bergen. Sie wird Ihnen in Erinnerung bleiben – egal welche Ziele Sie sich ausgesucht haben.

Ausflugstipps für Bergen

Es macht Spaß, die Stadt zu entdecken – mit ihrem Kleinstadtcharme einerseits, mit ihrer lebendigen Szene als Universitätsstadt mit vielen jungen Leuten andererseits.

Bergen blickt auf eine beeindruckende kulturelle Tradition zurück. Die Stadt war Heimat berühmter Gestalten des Kunstschaffens, von Vertretern der „norwegischen Moderne", darunter Komponisten/Musiker (Edvard Grieg), Maler (Dahl, Munch), Schriftsteller (Ibsen).

Überall auf Plätzen und in Straßen stehen Statuen und Denkmäler von berühmten Kindern dieser Stadt. Es gibt zahlreiche Museen und Kunstgalerien, wo Sie die Werke von norwegischen Malern aus den vergangenen Jahrhunderten betrachten können. Vielfältige kulturelle Events, z. B. klassische Musik-, Jazz- und Theaterfestivals bringen mit norwegischen und internationalen Gruppen Leben in die Stadt.

Einen Streifzug durch den Ort und die Umgebung können Sie mit den Sightseeing-Bussen buchen - oder mit dem öffentlich Bus fahren oder mit Bike oder Fahrrad. Oder einfach zu Fuß auf Tour gehen. Schlendern Sie über den Torget, den Fischmarkt oder durch den Stadtpark!

Sehr malerisch sind die Holzhäuser auf der anderen Seite des Vågen. Man fühlt sich fast wie in einer Spielzeugstadt. Und der Blick auf die Stadt ist beeindruckend.

Eindrucksvoll ist auch die Umgebung Bergens. Auf den Hausberg Ulriken 642 m und den Fløyen 320 m über Meereshöhe kann man mit der Bahn fahren, von oben bei schönem Wetter die Stadt und den Byfjord bewundern und Wanderungen unternehmen.

Eine Busfahrt zu Griegs Haus Trollshaugen oder zur Stabskirche Fantoft, einer der ältesten Kirchen aus der Wikingerzeit, lohnt sich immer.

Weitere Museen bieten interessante Einblicke in die Geschichte Bergens und Norwegens und in Themen der heutigen Zeit: Bryggenmuseum, Lepramuseum, Aquarium, Schifffahrtsmuseum/ Sjøkjørtsmuseum, das Freilichtmuseum „Altbergen" – Gammel Bergen.

Nicht nur im Hanseatischen Museum, gleich am Ende des Kais, wo es nach rechts zum Fischmarkt geht, können Sie die Geschichte des Tyske Bryggen näher anschauen – auch im Bryggenmuseum, am andere Ende von Bryggen finden Sie die interessante Spuren der Geschichte Bergens.

Wer sich für die Wikingerkönige interessiert, sollte Håkons Halle besuchen. Und natürlich Bryggen selbst und die wunderschöne Kirche der hansischen Kaufleute, die Marienkirche.

Lesetipps

GEO Epoche – das Magazin für Geschichte. Die Hanse – 1150 – 1600
Europas heimliche Großmacht. Nr. 82, Hamburg 2017
Graichen, G.; Hammel-Kiesow, R.: Die Deutsche Hanse. Eine heimliche Supermacht. Rororo 2015, 3. Aufl.
Möbius, M; Ster, A.: Norwegen. Der Süden. Dumont Reisetaschenbuch 2017, 4. Aufl.
Rigos, Alexandra in: GEO-Epoche S. 108-119
Ole Røsholdt/Jørn W. Andersen: Ein Junge der Hanse in Bryggen. Das Tagebuch des Jochen Schlu aus dem Jahre 1599. Bergen 2004 (zu kaufen in vielen Sprachen im Bryggen-Museum und Hanseatischen Museum, Bergen) Textauszüge mit freundlicher Genehmigung des Museums
Wikipedia: Deutsche Hanse, Bergen, Norwegen
www.visitnorway.de (offizielle website der Regierung)
www.norwegenservice.net (ein privater Betreiber, sehr informativ)

NORWEGEN – LAND IM GLÜCK?

Leben zwischen Tradition und Moderne

Norwegen im 21. Jahrhundert – die Zeit der Wikinger ist fast tausend Jahre vorbei. Die Geburt der norwegischen Nation durch den Beschluss des Grundgesetzes geschah vor mehr als 200 Jahren, am 17. Mai 1814, am Ende einer über 400 Jahre dauernden Zeit unter dänischer Fremdherrschaft. Als eigenständiges, demokratisch regiertes Königreich wurde Norwegen 1905 gegründet und Håkon VII. zum König ernannt. Das war, nach noch einmal 100 Jahren in einer erzwungenen Union mit Schweden, der glückliche, friedliche Anfang einer neuen, freiheitlichen Epoche.

Es ist viel geschehen im Spannungsfeld der letzten zwei Jahrhunderte, vieles, was die gegenwärtige Lebenswirklichkeit Norwegens und seiner Bewohner geprägt hat. Das Land war bis in die 2. Hälfte des

20. Jahrhunderts sehr arm. Hunderttausende, fast ein Fünftel der Bevölkerung, sind aus wirtschaftlichen Gründen nach Nordamerika ausgewandert. Im 2. Weltkrieg wurde Norwegen von Hitlerdeutschland besetzt – eine bittere Geschichte, die später erzählt werden soll (Kapitel „Nordnorwegen").

Heute sind die Menschen in Norwegen traditionsbewusst und doch modern, naturverbunden und doch technisch auf dem neuesten Stand. Und – das ist zumindest im jährlichen Weltglücksbericht wissenschaftlich bestätigt - sie sind ziemlich glücklich.

Dies jedes Jahr wieder neu zu hören, wirft einige Fragen auf. Was bedeutet denn „glücklich sein"? Trifft das Forschungsergebnis auf alle Norweger gleichermaßen zu? Wo sind die Ursachen zu finden? Im ersten Moment vermutet man, dass die Ölquellen und der damit verbundene Wohlstand die Grundlage der Zufriedenheit sein könnten. Dem widerspricht aber die Tatsache, dass auch die anderen skandinavischen Länder, die keine Öl- und Gasfelder ihr Eigen nennen, ganz oben auf der weltweiten Glücksliste stehen.

Das Fragezeichen im Titel des Kapitels ist also kein Druckfehler. Es soll ein Ausdruck des Zweifels am großen Glücksgefühl der Norweger sein, aber gleichzeitig auch ein Zeichen der Neugier, warum die Norweger jedes Jahr wieder aus der Sicht des „lykkerapport" zu den glücklichsten Ländern zählen. Kurz gesagt: Was ist dran am Ergebnis des Berichts? Wie ist es zu interpretieren?

Wenn ich im Rahmen meiner Norwegenreisen den Menschen begegnet bin, welche dort zuhause sind, habe ich gern ein Gespräch mit ihnen angefangen, habe sie nach ihrem Alltag und nach ihrem Land gefragt. Jedes Mal war ich von neuem überrascht und angetan, wie offen sie mir entgegenkamen, wie spürbar die Freude darüber war, dass ich mich für Land und Leute interessierte. Für alle, die das auch tun, lädt dieses Kapitel zu einem Gang durch die neuere Geschichte, die Kultur und Politik dieses faszinierenden Landes ein und macht ein wenig mit dem Lebensgefühl der Norweger bekannt. Danach versteht man vielleicht besser, worauf der permanente Premiumplatz auf der Glücksliste beruht.

Der Glücksbericht der Vereinten Nationen

Im Glücksbericht der Vereinten Nationen von 2017 stand Norwegen wie gesagt auf dem ersten Platz als glücklichstes von 155 untersuchten Ländern, Deutschland auf dem 16., Österreich auf dem 13. und die USA auf dem 14. Platz der Liste. Und in den folgenden Jahren reichte es zwar knapp nicht mehr für den 1. Platz, doch allemal für Platzierungen weit vorne. Auch der „Lykkerapport" 2020 zeigt Norwegen auf einem vorderen 5. Platz, wohingegen Deutschland erst auf Rang 17 zu finden ist. Auf den letzten Plätzen sind Afghanistan, Südsudan und Simbabwe zu finden.

Was wurde hier eigentlich gemessen? Was ist die Grundlage dieser Befunde? Sicher geht es nicht nur um ein persönliches Glücksgefühl oder den Erfolg des Einzelnen im Leben. Für alle untersuchten Länder wurden die gleichen Daten erhoben und ausgewertet, Daten, von denen die an der Studie beteiligten Sozial-, Wirtschafts- und Politikwissenschaftler annehmen, dass sie als Ausdruck und Ursache von Lebenszufriedenheit und Wohlbefinden betrachtet werden können.

Die Experten bezogen vielerlei Faktoren in ihre Berechnungen ein, sie setzten sich quasi eine bestimmte Brille auf, um die jeweilige Glückssituation zu beurteilen, und blickten damit auf die allgemeine finanzielle Lage der jeweiligen Nation, den durchschnittlichen Grad der Zufriedenheit mit der Regierung, die Freiheit, selbst Lebensentscheidungen zu treffen, das Vertrauen in das soziale Netz, den Grad sozialer Gerechtigkeit, den aktuellen Umfang der Arbeitslosigkeit, das Rentensystem und die öffentlichen Ausgaben für Bildung und Gesundheitswesen.

Bei näherem Hinsehen zeigt sich, dass aus dieser Perspektive sehr wohl „was dran" ist an Norwegens oberem Rang unter den Nationen der Welt. Der folgende Blick auf den Ursprung des norwegischen Wohlstand einerseits und auf kluge Politik in den Bereichen Wirtschaft, Umwelt, Bildung, Arbeit, Gesundheit liefert einige interessante Erkenntnisse.

Wohlstand erwerben – die Basis für Glück

Wovon leben die Norweger, wo gibt es Arbeitsplätze im Land, welche Wirtschaftszweige tragen zum Wohlstand Norwegens bei? Diese Fragen sind relevant, denn mit einem verlässlichen finanziellen Rückhalt ist es sicher leichter, ein positives Lebensgefühl zu entwickeln, als wenn es an allen Ecken und Enden fehlt.

Gleich vorneweg die Zusammenfassung: Die Norweger und ihr Staat haben finanziell eine sehr positive Bilanz vorzuweisen. Sie haben in den letzten Jahrzehnten Wohlstand erworben. Das zeigt der Überblick über die wichtigsten Beiträge der Wirtschaft zum Bruttoinlandsprodukt, kurz BIP. Dieser Wert ist in der Volkswirtschaftslehre der Maßstab für die Wertschöpfung eines Landes pro Jahr durch Waren und Dienstleistungen. Pro Kopf ist Norwegens BIP 42% höher als der Durchschnitt in der EU (ssb.no vom 14. 7. 2021). Eine komfortable Ausgangslage für glückliches Leben! Deutschlands BIP liegt übrigens 21% über dem europäischen Mittelwert.

Öl, Gas und Wasserkraft

„Ich dachte, wir hätten statt einer Ölquelle eine Goldmine gefunden," erzählte der Geologe und Bohrexperte Max Melli über seine Entdeckung am 25. Oktober 1965 um genau 7 Uhr morgens. Der Boden, in dem der Schatz versteckt war, glänzte golden im UV-Licht der Arbeitslampen tief unterm Meeresspiegel. Aber es war schwarzes Gold, das in diesem magischen Moment aus dem Bohrloch strömte.

Norwegen wurde erst reich, seit dieses erste Ölfeld in der Nähe von Stavanger in der Nordsee entdeckt wurde. Danach strömte im Rahmen einer stetigen Gas- und Ölförderung viel Geld in die Staatskasse. Ein Viertel des Bruttoinlandsprodukts stammt aus dieser Branche. Viele Norweger verdienen ihren Lebensunterhalt durch Arbeitsplätze auf den Ölbohrtürmen, beim Öltransport, im Ölhandel und in verwandten Wirtschaftszweigen.

Momentan liefert Norwegen ca. 3% der weltweit geförderten Ölmenge und ist damit der dreizehntgrößte Förderer von Erdöl in der Welt. In Europa ist das Land zweitgrößter Ölproduzent und der viertgrößte Produzent von Erdgas. Deutschland bezieht ca. 10% seines Erdöls aus Norwegen.

Das Gas blasen die Norweger also nicht in die Luft wie manch andere Ölförderländer. Sie führen es lieber gewinnträchtig aus. Den eigenen Energiebedarf deckt das Land mit sauberer Energie. 98% des

Stroms, den Norwegen verbraucht, stammt aus regenerativen Quellen. Die meiste Energie wird aus Wasserkraft gewonnen. Davon gibt es ja mehr als genug in dieser wasserreichen Gegend. Überall im Land werden Flüsse gestaut und zur Stromerzeugung genutzt, insgesamt 1550 Wasserkraftwerke und 1000 Speicherbecken sorgen für stetig verfügbaren Nachschub. Strom sparen – das ist für Norwegers bisher ein Fremdwort. Nicht weil sie Umweltsünder wären, sondern weil sie es nicht nötig haben angesichts der Herkunft der erneuerbaren Energie. Mancherorts nutzen sie den Überfluss sogar für die Beheizung von Gehsteigen und Garageneinfahrten und sparen sich so das Schneeschippen im Winter.

Das einzige Kohlekraftwerk des Landes findet sich auf Svalbard/Spitzbergen, dort wo seit hundert Jahren Kohle gefördert wird. Aber auch hier sind seine Tage gezählt. Ein klimafreundlicher Ersatz ist schon in Planung.

Dass sich das Land im Innern eine saubere ökologische Bilanz leistet und die fossile Energiequelle exportiert, wird von Umweltschützern ebenso heftig kritisiert wie die Suche nach neuen Öl- und Gasquellen in der arktischen Barentssee. Trotzdem ist nicht zu übersehen, dass die Welt derzeit noch nach diesen Brennstoffen verlangt. Und immerhin setzen die Norweger eine besonders Umwelt schonende Fördertechnik ein, die mit grünem Strom betrieben wird.

Die energiepolitische Konzentration des Landes auf Wasserkraft hat auch Nachteile, zum Einen für Natur und Landwirtschaft, zum Andern für Naturliebhaber und Touristen. Bekanntlich überfluten Stauseen große Flächen Landes, sodass alt eingesessene Bewohner und ihr Nutzvieh, aber auch wild lebende Tiere, dem Wasser weichen müssen. Natürlich erzeugt das Widerstand und Unmut bei den Betroffenen, wie zum Beispiel die Proteste der Rentiersamen in den 80-er Jahren am Altaelv zeigen. Und die Demonstrationen dagegen, dass der Mardalsfossen im Eikedal in Rohre gezwungen wurde, um Strom zu erzeugen, waren vor 50 Jahren die ersten politischen Aktionen im sonst so friedlichen Norwegen. Zudem werden durch die Entnahme der immensen Wassermengen viele der wunderschönen Wasserfälle, dieser malerischen Naturschauspiele des Nordens, so reduziert, dass oft nur noch ein Rinnsal davon bleibt, wenn nicht gerade der Winterschnee schmilzt oder Dauerregen fällt. Den Wassermangel in der Schlucht kann man als Tourist am Vøringsfossen bei Fossli fast jedes Jahr im Sommer beobachten und bedauern.

Wie so oft muss sich die Politik entscheiden zwischen „Pest und Cholera", hier also zwischen ökologischer Verantwortung und Wirtschaftsinteressen einerseits und traditionellen Rechten und Naturgenuss andererseits. Auf die Verhältnismäßigkeit der beiden Faktoren kommt es schlussendlich an. Die zu wahren, den Spagat zu schaffen, das ist Aufgabe der Regierung. Das norwegische Storting kämpft damit. Die Norweger haben im Großen und Ganzen jedoch Vertrauen in dessen Arbeit – Vertrauen als ein Beitrag zum Gefühl, glücklich zu sein.

Fischfang und Fischzucht

Wer kennt nicht den Skrei, den köstlichen Winterkabeljau mit dem festen weißen Fleisch? Er schwimmt regelmäßig ab Januar oder Februar in dichten Schwärmen vom arktischen Nordmeer zu den Lofoten, um dort zu laichen. Professionell gefangen und verarbeitet landet er dann frisch auf unserem Tisch. Hochseefischerei ist seit mehr als tausend Jahren eine wichtige Einnahmequelle Norwegens. Die Fanggebiete des Nordatlantiks ermöglichen rund ums Jahr reiche Erträge. Auch wenn in unserer Zeit - auf Grund der Überfischung der Weltmeere und wegen der Auswirkungen des Klimawandels - die Menge an Fisch drastisch zurück gegangen ist, so profitiert Norwegen doch nach wie vor vom Fischfang.

Aus ökologischen Gründen und um den Bestand zu erhalten, steuert die Politik jedes Jahr mit Quotierungen dem Raubbau entgegen. Die Fangquote wird aufgrund von Messungen des Fischbestands im Ozean für jeden Fischer und Fischereiunternehmer genau festgelegt und jährlich von fast 2000 unangekündigten staatlichen Kontrollen überwacht. Norwegen hat zudem eine rigide gesetzliche Beifangregelung. Wenn sich zu viel Hering statt Lachs im Netz befindet, muss beides mitgenommen und auf die Quote angerechnet werden. Beifang ins Meer zurück zu werfen gilt als Verschwendung von Lebensmitteln.

Die am häufigsten gefangenen Fische sind Kabeljau/Dorsch, Hering, Schellfisch, Makrele und Garnelen. Mehr als 2 Millionen Tonnen werden jährlich gefangen. Außer den Fischfabriken auf hoher See, die weit entfernt von der Küste agieren und den gefangenen Fisch sogleich verarbeiten und einfrieren, gibt es immer noch die kleineren Schiffe und Fischerboote, die insbesondere auf den Lofoten unterwegs sind. Der Stockfisch, der in salziger Meeresluft getrocknete Kabeljau, ist seit Jahrhunderten und auch heute eine begehrte Spezialität im In- und Ausland. Norwegen gilt weltweit als Vorbild für nachhaltige Wildfischerei.

International umstritten ist der Walfang in Nordnorwegen. Er ist ein Skandal finden viele. Norwegen hat seinerzeit gegen das internationale Verbot Einspruch erhoben und erlaubt seinen Fischern weiterhin, Zwergwale zu fangen - übrigens mit weit gehend humanen Methoden, die sich an den ethischen Regeln der IWC, der Internationalen Walfangkommission, orientieren. Man rechtfertigt diese Politik mit wirtschaftlichen und kulturellen Argumenten (Walfangtradition). Das mag einerseits zutreffend sein. Besonders im Norden des Landes, in den menschenleeren und kargen Gegenden, gibt es nicht so viele Erwerbsmöglichkeiten. Es stimmt, die Fischerei hat seit Jahrhunderten die Menschen dort ernährt. Es stimmt auch, der Bestand der Zwergwale ist durch den Walfang nicht bedroht. 180 Tausend davon gibt es im Nordmeer. Andererseits verstehe ich die sture Haltung der Norweger in dieser Angelegenheit nicht, vor allem angesichts des wirklichen Wertes für das Land. Da die Fangzahlen für diese Wale ohnehin streng reglementiert sind, wurden in den letzten Jahren nicht mehr als 600 bis 800 Tiere pro Jahr gefangen. Der Gewinn aus der Beute ist also nicht überwältigend, gemessen am Verlust an Ansehen in der Welt.

Allerdings muss man „trotz allem in Norwegen kein Walfleisch essen". Das erzählt Gabriele Haefs in ihrem Buch „111 Gründe Norwegen zu lieben". Der 89. Grund ist, dass die Norweger die Aufregung über das Thema anscheinend mit einem Augenzwinkern betrachten. Mit dem ihnen eigenen speziellen Humor treiben die Nordländer gerne ihren Spott mit Gästen und setzen ihnen eine Mahlzeit mit Walsteak vor – nur um zu beobachten, wie diese reagieren. Haefs Empfehlung: einfach essen ohne eine Miene zu verziehen. Dann hat man die Probe bestanden.

Neben dem Fang von Wildfisch hat sich in Norwegen eine erfolgreiche Fischzucht (Aquakultur) etabliert. 1,3 Millionen Tonnen Zuchtfisch, vor allem Lachs, Fjordforelle und weißer Heilbutt, werden produziert, Tendenz steigend. Lachs ist der Exportschlager. Norwegen steht an 3. Stelle der großen Fischexporteure der Welt – nach der EU und China. Der Import nach Deutschland nimmt von Jahr zu Jahr zu. Immer mehr Menschen wollen Fisch essen, weil er gesund ist, Eiweiß liefert und gut schmeckt. Der steigende Bedarf ist durch Wildfisch auf Dauer nicht zu decken.

Die Zuchtfirmen bemühen sich, auf politischen Druck hin und für ein positives Image in der Öffentlichkeit, um nachhaltige ökologische Aufzuchtbedingungen. Indem sie ihre umweltschonenden Aufzuchtmethoden mit der CO_2-intensiveren Fleischerzeugung bei Schweinen und Rindern vergleichen, versuchen sie, neue, umweltsensible Kundschaft zu gewinnen. Der ökologische Fußabdruck der Lachszucht kann sich dabei wirklich sehen lassen. Das schreibt die größte norwegische Fisch-Produktionsfirma in ihrem website-Auftritt zum Thema Ökologie in der Fischzucht:

Zuchtlachs pro und contra *Information des Norwegian Seafood Council, der Marketingfirma des norwegischen Zuchtlachses: In 1250 Zuchtzentren wird der Lachs produziert. Das macht nur 5% der Meeresfläche aus, die zu Norwegen gehört. Die Marketingabteilung der norwegischen Fischindustrie betont, dass dabei fast keine Antibiotika zum Einsatz kommen und das Futter aus nachhaltigen Zutaten besteht, zu fast 50% aus pflanzlichen Stoffen. Die Zuchtbecken sind so großzügig, dass die Fische Platz haben, sich zu bewegen. Und um 1 kg Fisch zu produzieren, braucht man 1,2 kg Futter (im Vergleich: 3 kg Futter für 1 kg Schweinefleisch, 8 kg für ein Kilo Rindfleisch).*

Das klingt also insgesamt ziemlich naturnah und ökologisch. Der Gebrauch von Antibiotika konnte tatsächlich in den letzten Jahren auf ein Minimum reduziert werden. Gegen typische Fischkrankheiten kann inzwischen geimpft werden. Es gibt aus meiner Sicht derzeit keinen Anlass, an diesen Informationen zu zweifeln. An anderen Problemen der massenhaften Fischhaltung wird noch gearbeitet, das jedoch mit zunehmendem Erfolg. So wurde zum Beispiel ein geschlossenes System für riesige Zuchtbecken entwickelt, in dem die Fische nicht nur viel Platz sondern auch eine gesunde Wasserströmung haben, und wo die Exkremente abgesaugt werden, statt auf den Boden des Fjords zu sinken, wo sie schädlichen Sumpfboden verursachen können. Gemessen an den Missständen der Massentierhaltung von Schweinen und Geflügel in unseren Breiten scheinen die Norweger die Verhältnisse der Fischzucht immer besser in den Griff zu bekommen. Und ich muss sagen: Selten habe ich auf meinen Reisen durch das Land so guten Lachs gegessen wie den norwegischen.

Schiffsbau und Schifffahrt
Erik der Rote, sein Sohn Leiv Eriksson und andere Wikinger waren Experten im Bau leistungsfähiger Schiffe. Die Wikinger überquerten den Atlantik und überwanden weite Strecken auf dem Wasser in ganz Europa. Ihre Erfahrung wurde mehr als tausend Jahren lang an die Nachkommen weiter gegeben und weiter entwickelt. Norwegen besitzt heute die fünftgrößte Handelsflotte der Welt. Ein Teil dieser Schiffe wird im Land selbst konstruiert und gebaut. Dabei nutzen die Norweger neueste, zukunftsweisende Technologien für umweltschonende Fahrzeuge. Eine Zeitungsnotiz aus Oslo vom 24. Januar 2017:*„Color Line und die Ulstein Werft haben gemeinsam eine Absichtsvereinbarung über den Bau des weltweit größten Hybridschiffes getroffen. Geplant ist ein Einsatz des Schiffes ab der Sommersaison 2019 auf der Strecke Sandefjord-Strömstad. Die Fähre wird ein Plug-in-Hybrid sein, das heißt: Die Batterien werden über ein Ladekabel von einem Landstromanschluss oder über die schiffseigenen Generatoren mit umweltfreundlichem Strom versorgt werden."* Inzwischen ist die „Color Hybrid" seit August 2019 zwischen Schweden und Norwegen in Betrieb. Ihre Akkus zur Stromspeicherung hat Siemens produziert. Sie ist für 2000 Passagiere und 500 PKW zugelassen. 20% des fossilen Energiebedarfs konnten durch diese innovative Schiffskonstruktion eingespart werden.
Auch die neue Fähre „Ampere" ist ein Beispiel für den Fortschritt der nachhaltigen Schifffahrt. Sie überquert den Sognefjord 30 mal am Tag – und das ausschließlich mit elektrischer Energie. Ein riesiger, tonnenschwerer Akku befindet sich auf dem Schiff, zwei weitere Akkus an den beiden Zielhäfen. Während die Fähre unterwegs ist, laden sich die Landbatterien langsam mit Strom auf (es gibt in dieser einsamen Gegend keine Starkstromkabel vom Elektrizitätswerk) und geben die Ladung während der 10 Minuten Anlegezeit in kürzester Zeit wieder ab. Klimaneutral – denn der Strom wird durch Wasserkraft gewonnen.

Mit grüner Energie wird auch das Containerschiff „Yara Birkeland" der Chemiefirma Yara betrieben werden, das ab Ende 2021 Co2-frei unterwegs sein wird und 40 000 LKW-Fahrten pro Jahr ersetzen kann.

Der Schiffsbau und die Schifffahrt stellen, gemessen am BIP-Anteil (BIP = Bruttoinlandsprodukt), den zweitgrößten Wirtschaftszweig Norwegens dar.

Tourismus

1829 begeisterte sich der britische Schriftsteller Robert Everest über Norwegen, weil er dort „die Menschen in einem einfachen glücklichen Zustand und die Natur in ihrer strengsten Form" gefunden hatte. Kaiser Wilhelm II. brach von 1889 bis 1914 jedes Jahr mit seiner Yacht Hohenzollern zur „Nordlandreise" auf, weil er – neben seiner Liebe zu der grandiosen Natur dort - eine „Hinneigung zu dem kernigen Volke" fühlte.

Viele von uns Reisenden des 21. Jahrhunderts fahren auch gerne in das Land im Norden, doch vermutlich nicht deshalb, weil die Norweger so glücklich und kernig sind. Es ist gerade umgekehrt. Wir tragen zum Glück der Norweger bei, indem wir deren Wohlstand vermehren.

Der Tourismus ist seit über hundert Jahren eine der wichtigsten Einnahmequellen für Norwegen. Aufgrund der grandiosen, vielfältigen, oft noch unberührten Natur kommen Touristen das ganze Jahr über hierher. Deutschland stellt dabei, noch vor Schweden und Großbritannien, die größte Besuchergruppe. Vor allem für Angler, aber auch für Wanderer, Bergsteiger, Winter- und Wassersportler ist Norwegen ein wahres Paradies.

Neben den Flug-, PKW-, Wohnmobil- und Bahntouristen gibt es bekanntlich immer mehr Kreuzfahrtschiffe die das Land der Nordmänner ansteuern. Besonders seit einige Urlaubsdestinationen nicht mehr sicher sind vor Gewalt und Terror, tendieren immer mehr Touristen zu Reisen in dieses ruhige, relativ sichere Land. Als Folge dieses Trends wurde die Luft in den letzten Jahren in den schmalen Fjorden immer dicker und in den Häfen wurde es manchmal sehr eng. Ein Beispiel für die Problematik ist Geiranger, der Ort am Ende des gleichnamigen Fjords. Hier befanden sich bisher in der Hochsaison manchmal 6 Schiffe auf einmal. Die Luft war voller Abgase und wenn alle Passagiere gleichzeitig an Land gehen wollten, platzte die 800-Einwohner-Gemeinde fast aus allen Nähten. Andererseits bedeuten der damit verbundene Bustourismus, der Auto- und Fahrradverleih und die reich bestückten Souvenirläden lukrative Verdienstmöglichkeiten für die Geschäftsleute und notwendige Arbeitsplätze für die Einwohner – und über die Steuern eine willkommene Einnahmequelle für den Staat.

Die Politik arbeitete intensiv an Lösungen für dieses Dilemma. Die Reisepause des Covid-19-Sommers im Jahr 2020 wurde gut genutzt, um den Spagat zwischen dem willkommenen Tourismusboom und umweltfreundlichen Rahmenbedingungen zu lösen. Jetzt ist die Anzahl der Kreuzfahrtschiffe an sensiblen Orten gesetzlich begrenzt und die wenigen Cruiser werden ab 2026 nur noch zugelassen, wenn sie mit ökologisch verträglichen Technologien ausgestattet sind. Norwegen geht hier mit gutem Beispiel voran und lässt neue, umweltfreundliche Kreuzfahrtschiffe für Hurtigruten und dessen Konkurrenten Havila bauen.

Sonstige Unternehmen

Arbeit gibt es auch in kleineren und größeren industriellen Betrieben. Wer kennt nicht die Polstermöbel, die den Stress von uns nehmen sollen? Ihre Geschichte ist typisch für den Erfolg moderner regionaler Unternehmen in Norwegen. Die Herstellungsfirma befindet sich in einem kleinen Ort im Südwesten des Landes. Dieser ist aus dem Umfeld eines Bauerndorfes entstanden. Eine Bürgerinitiative schuf mit der Gründung einer kleinen, aber feinen Möbelfirma alternative Berufschancen für zweitgeborene Geschwister, eine Existenz also für Familienmitglieder, die den elterlichen Hof nicht erben konnten. Mit zwischenzeitlich 1500 Mitarbeitern und viel internationaler Anerkennung werden Sessel, Sofas und andere Wohnmöbel produziert und exportiert. Von den bequemen Sitzgelegenheiten haben viele Deutsche einen oder zwei zuhause – ich kann aus eigener, langjähriger Erfahrung bestätigen, man sitzt darin wirklich „stressless".

Bilanz

Insgesamt kann Norwegen einen beachtlichen Exportüberschuss (Außenhandelssaldo) vorweisen. Die Ölindustrie ist mit knapp 70% die Haupteinnahmequelle bei den Exporten. Der Schiffsbau und die Schifffahrt stehen an zweiter, die Fischindustrie an dritter Stelle der Ausfuhrposten. Importiert werden vor allem Maschinen und Fahrzeuge. Den größten Teil seines Außenhandels wickelt Norwegen mit der Europäischen Union ab. Deutschland ist der zweitgrößte Handelspartner des Landes hinter Großbritannien.

Norwegers verdienen im Durchschnitt sehr gut, ungefähr 40% mehr als wir Deutsche. Das kann das allgemeine Glücksgefühl stärken und federt die hohen Preise für Lebensmittel und den Bedarf des täglichen Lebens ab. Schwierig ist die Situation allerdings auf dem Immobilienmarkt. Norweger wohnen selten zur Miete. Sie wollen im eigenen Haus leben. Seit 12 Jahren steigen jedoch die Preise für gebrauchte Häuser in den Städten heftig. In Oslo um 52%, in Bergen um 22%, in Trondheim um 28,5%. Das kann die Lebensqualität für Menschen, die Wohnraum suchen, schmälern und kostet vermutlich einige Punkte auf der Glücksskala. Andererseits sind Zwangsräumungen, wie sie Mieter in den USA in Krisenzeiten kennen, kein Thema bei den norwegischen Hausbesitzern.

Wie überall auf der Welt und in Europa waren die negativen wirtschaftlichen Folgen von Covid-19 auch in Norwegen bitter zu spüren. Doch die Kurve des BIP zeigt 2021 schon wieder deutlich nach oben. Unterm Strich geht es also den Nordländern wirtschaftlich sehr gut. Sind sie deshalb so glücklich?

Auch andere Länder, zum Beispiel Deutschland, können auf eine positive Export-Import-Bilanz verweisen und freuen sich über ein beachtliches Wirtschaftswachstum und Brutto-Inlands-Produkt. Doch sie landen trotzdem nicht vorne auf der Liste der Glücklichsten.

Was könnte also zusätzlich zum Geld dazu beitragen, dass die Norweger sich so glücklich schätzen können? Schauen wir uns näher an, was sie so machen mit ihrem finanziellen Reichtum. Wie verwalten sie ihren Wohlstand? Kurze Antwort vorab: Norwegische Politik ist vorausschauend, transparent und menschenfreundlich.

Wohlstand verwalten – intelligent regieren

Seit dem Ende des 2. Weltkrieges regieren in Norwegen Politikerinnen und Politiker, die sich zum Ziel gesetzt haben, die Lasten und die Vergünstigungen sozial verträglich und gerecht zu verteilen. Wer ein Auge dafür hat, wie intelligent Regierung und Parlament seit Jahrzehnten mit Geld umgehen, wie fürsorglich sie sich um Minderheiten, Menschen mit Einschränkungen und strukturell Benachteiligte kümmern, versteht ein wenig mehr, dass aus dem Ergebnis dieser Politik ein Gefühl von Sicherheit und Geborgenheit, ein Glücksgefühl eben, entstehen kann.

Für die Regierungsgeschäfte ist das Parlament, das „Storting" zuständig. Die demokratisch gewählten Minister und Abgeordneten tagen im Regierungsgebäude an der Karl Johans Gate mitten in Oslo. Im Gegensatz zu Deutschland gibt es jedoch keine Untergrenze dafür, ab wann eine Partei Sitze im Parlament erhält. Deshalb regieren derzeit Vertreter aus 8 Parteien mit, Vertreter jeder politischen Couleur zwischen der populistischen Fortschrittspartei und der sozialistischen Linkspartei. Es gibt mehr Pluralität, mehr Raum für Minderheiten und weniger Spannungen und diffuse Unruhe in diesem Land als bei uns in Deutschland.

Trotz der auch im norwegischen Parlament auftretenden Differenzen zwischen den Parteien kann das Land eine Kontinuität volksnaher und kluger Politik vorweisen. Ich habe in der Literatur über Norwegen viele Hinweise darauf gefunden, dass die Norweger ein tiefes Vertrauen in ihre Regierung haben, ein Vertrauen, das seit der Staatsgründung 1905 noch nie wirklich enttäuscht worden ist. Norwegen steht auf der Liste des internationalen Demokratie-Indexes (Berechnung für 180 Staaten) auf Platz 1, unmittelbar gefolgt von Island und Schweden. Deutschland nimmt den 8. Platz ein, die USA befinden sich an 13. Stelle.

Einige Norweger selbst haben mir diesen Optimismus nachdrücklich bestätigt, auch wenn sie im Einzelnen durchaus Kritik an manchen Entscheidungen haben. So ärgern sich viele über die zunehmende Zentralisierung im Lande, durch die einige ihrer Landkreise, ihrer Fylker, im Rahmen einer Gebietsreform zusammengelegt werden. Vertrauen entsteht bei den Bürgerinnen und Bürgern Norwegens zum Beispiel auch durch die Transparenz, die den Stil der Politik bestimmt. Auf der offiziellen staatlichen Statistik-Website (www.sbb.no) kann jeder gleich auf der Startseite in der ersten Zeile die wichtigsten aktuellen Daten nachlesen: Bevölkerungszahl, Bruttoinlandsprodukt pro Einwohner, Arbeitslosenquote und Inflationsrate. Das nenne ich Dienstleistung!

Im Herbst 2021 wurde übrigens nach vier Jahren neu gewählt. Bis dahin führte Erna Solberg (Høyre Partei) als Regierungschefin das Parlament. Sie kam nicht ganz schlecht durch die Legislaturperiode und steuerte das Land entschlossen durch die Coronakrise. Doch nun hat Jonas Gahr Støre von der Arbeiterpartei die Wahl gewonnen. Er will „eine gerechtere Gesellschaft" schaffen und stellt die Klimapolitik in den Mittelpunkt seines Regierungsprogramms. Vor allem die Exploration neuer Öl- und Gasfelder im Nordatlantik ist in letzter Zeit in die Diskussion geraten. Wir können gespannt sein, wie sich die Situation in den nächsten vier Jahren entwickeln wird.

Norwegen ist, wie gesagt, nicht Mitglied der EU. In zwei Volksabstimmungen – 1972 und noch einmal 1994 - haben sich die Norweger gegen die Mitgliedschaft entschieden. Trotzdem ist das Land sehr eng mit dem EWR – dem europäischen Wirtschaftsraum - verbunden.

Inwiefern ist nun die norwegische Politik so vertrauenserweckend und damit dem Wohlbefinden der Bevölkerung förderlich?

Sinnvolle Anlagestrategie

Alaska, der 49. Bundesstaat der USA, verteilt den Ertrag aus dem regionalen Ölgeschäft an alle Bürgerinnen und Bürger nach dem Gießkannenprinzip. Die Ölfürsten Arabiens geben ihre Gewinne mit vollen Händen für Prachtbauten und Luxusgüter aus. Die Regierung Norwegens lässt - von Beginn der sprudelnden Ölförderung an - das Geld sinnvoll für die Bevölkerung arbeiten.

Man stelle sich vor, jeder Deutsche hätte 180 000.- Euro in der Rentenkasse! Die Zukunft auch der jüngeren Generation wäre gesichert. Eine Illusion? Nicht für die Norweger. Sie haben das realisiert. Ihre Regierung hat eine Sparkasse eingerichtet, den sogenannten „Statens Pensjonsfond": Seit den 90er Jahren wird in diesem Staatsfonds einen Teil von Norwegens Öl-Einnahmen für künftige Generationen angelegt. Weltweit ist er an mehr als 9000 Firmen beteiligt und hält rund 1,3 Prozent der Anlagesumme an den weltweiten Börsen. In Europa sind es sogar 2,3 Prozent.

1,1 Billionen € (Statistic Sentralbyrå Norge www.ssb.no und Norges Bank Investment Management www.nbim.no , August 2021) waren im März 2021 bereits im „Pensjonsfond" angespart. Und das Vermögen steigt immer weiter, obwohl die gesunkenen Zinsen der letzten Jahre, die Finanzkrise 2009 und die Covid-Krise die Gewinne zunächst deutlich geschmälert haben.

Vorsichtig und möglichst nachhaltig wird der Reichtum in gemischten Anlagen, in Fonds, Aktien und Immobilien angelegt, sodass sich Kursschwankungen und Finanzkrisen nicht gleich dramatisch auswirken können. Bei allen heimischen Ölfördergesellschaften ist der norwegische Staat mit beteiligt, sodass sich nicht einzelne Firmen eine „goldene Nase" verdienen können. Trotz der Möglichkeit, neue Gas- und Ölfelder auszubeuten, wurde die Förderung dieser Rohstoffe gedrosselt, seit klar ist, dass deren Quellen in absehbarer Zeit versiegen werden. Vorausschauend hat sich das Land vom weltweiten Ölboom unabhängig gemacht, indem nach wie vor die Wasserkraft zur Stromerzeugung genutzt wird. Die Energiequelle also, über die es im Überfluss verfügt.

Das norwegische Ölgeld ist auf den Finanzmärkten sehr begehrt, stärkt es doch den Wert der Aktien, Fonds und Papiere beträchtlich. Der Grund dafür sind unter anderem die ethischen, sozialen und ökologischen Grundsätze der Anlagepolitik. Der Fond wird durch eine von der Regierung unabhängige Ethikkommission kontrolliert. Er darf nicht in Energie- oder Bergbauunternehmen investieren, die mehr als 30 Prozent ihres Umsatzes oder ihres Geschäfts mit Kohle machen. Die Leitlinien des Staatsfonds verbieten zudem Investitionen in Unternehmen, die schwere Menschenrechtsverletzungen begehen, Kinderarbeit ausnutzen, besonders inhumane Waffen fertigen oder Tabakprodukte herstellen.

Konkret bedeutet dies, dass es sich die Regierung leisten kann, bei ihren Geldanlagen wählerisch zu sein: Wenn sich ein Unternehmen ökologisch angreifbar gemacht hat oder die Arbeitsbedingungen für die Angestellten moralisch zweifelhaft oder gar menschenfeindlich sind, dann ziehen die Norweger ihre „Kohle" wieder heraus und legen ihren Reichtum woanders an. Dort, wo sie guten Gewissens beteiligt sein wollen. Norwegen hat zum Beispiel die Aktien von Airbus und Boeing verkauft, weil diese Firmen Kriegswaffen herstellen. Und Wal Marts Store ist ausgeschlossen worden wegen Menschenrechtsverletzungen bei Mitarbeitern der Firma. VW wurde in den letzten beiden Jahren vom Aktionär Norwegen nicht entlastet. Der Grund dafür liegt auf der Hand.

Ist so viel Anstand und Weitsicht einer Regierung nicht ein Grund, glücklich zu sein? Zumal sich das BIP, die Wirtschaftsleistung pro Jahr, mit über 63 000 Euro auf jeden Norweger und jede Norwegerin verteilt. Wir Deutsche können zwar mit über 40 000 Euro pro Kopf auch auf ein beachtliches BIP verweisen. Doch dem stehen derzeit Staatsschulden von fast 28 000 Euro pro Kopf gegenüber (Schuldenuhr vom 23. 8. 2021). Norwegen kann mit seinem wohl gefüllten Pensionsfonds darüber nur lachen.

Sinnvolle Investitionen

Als ich vor fast 40 Jahren mit dem Wohnmobil durch Norwegen reiste, war das manchmal ziemlich abenteuerlich: Viele Straßen waren eng und schlecht oder gar nicht asphaltiert, voller Schlaglöcher; Fjorde mussten weiträumig umfahren oder mit einer Fähre überquert werden; die damals existierenden Tunnel waren oft unbeleuchtet – man fuhr in ein schwarzes Loch und wurde von der Sonne geblendet beim Rausfahren. An den Sand- und Schotterstraßen der Lofoten waren überall große Schilder aufgestellt mit der Forderung nach besseren Straßen „for bedre Lofotenveier" – das klingt mir heute noch im Ohr. Das war damals für uns zwar oft sehr romantisch, aber manchmal auch ziemlich gefährlich. Für die Einwohner aber ein existentielles Thema.

Wenn ich heute durchs Land fahre, bin ich immer wieder sehr überrascht, wie stark sich die Verkehrssituation geändert hat. Neue Straßen erlauben ein flüssiges Fahren, Brücken machen umständlichen Fährverkehr überflüssig. Sie überspannen Fjorde und Sunde, sind stabil gebaut und trotzdem leicht konstruiert, sind technische Wunderwerke und trotzdem gekonnt in die natürliche Landschaft eingefügt. Viele hoch gelegene Straßenverbindungen konnten in früherer Zeit, als es noch kaum Brücken gab, im Winter nicht befahren werden. Und Fähren haben, bevor eine Brücke sie ersetzte, das andere Ufer manchmal nicht erreicht, weil die Gegenströmung so stark oder der Fjord zugefroren war. Eine der schönsten neueren Straßen ist die Atlantikstraße (Atlanterhavsvegen), acht Kilometer zwischen Molde und Kristiansund.

Zunächst wird ein Teil des Geldes in die Verbesserung der Infrastruktur gesteckt. Etwa 4% des Ölgewinns fließen in aktuelle Staatsausgaben, in den Straßen-, Brücken- und Tunnelbau, ins Gesundheitswesen, ins Bildungssystem. Doch das ist anscheinend genug, um gut, sozial verträglich und zeitgemäß leben zu können.

Tunnel und Brücken in modernster Bauweise verkürzen die gebirgigen Routen zwischen den Tälern. Ein Beispiel für die entschlossene Lösung des Wegeproblems ist die elegant geschwungene 1380 m lange Hängebrücke über den Hardanger Fjord (179 km lang) und der daran anschließende Hardanger Tunnel. Dieser wurde etliche Kilometer durch massiven Fels gebohrt, angenehm beleuchtet, geschützt vor Frost, ausgestattet mit Erholungsnischen für Menschen mit Angst vor den endlosen Röhren. Unter der Brücke fahren die Kreuzfahrtschiffe auf dem Weg über den Hardangerfjord nach dem Ort Eidfjord durch.

Der längste Tunnel Norwegens ist 24,5 km lang. 20 Minuten dauert die Durchfahrt. Und er kostet keine Maut, weil die Regierung die abgelegenen Gebiete fördern will. Ein Blick in Wikipedia informiert darüber, aus welchem Grund und für wen er erbaut wurde:

„So ist der westnorwegische Lærdalstunnel mit 24,5 km der längste Straßentunnel der Welt und eigentlich reiner Luxus. Er dient vor allem der entlegenen Kommune Aurland mit 1738 Einwohnern und dem Ort Lærdalsøyri mit 1118 Einwohnern als wichtige Verbindung, wenn die Gegend im Winter durch Schneefall von der Außenwelt abgeschnitten ist. Früher mussten die Bewohner eine Fähre nutzen.“

Neuerdings wird der erste Tunnel für Passagierschiffe geplant, um den langen und oft stürmischen Weg um die Halbinsel Stadlandet herum abzukürzen. Der Tunnel soll 1,7 Kilometer lang, 26,5 Meter breit, zwölf Meter tief und 37 Meter hoch werden. 2,7 Milliarden Kronen (ca. 270 Millionen Euro) soll das Projekt kosten. Die Regierung hat 2021 die Finanzierung genehmigt. Eine Maut ist nicht geplant (www.nordisch.info vom 29. 8. 2021). Es gibt aber Straßen, die Maut kosten, bompenger genannt. Deshalb müssen Autoreisende schon eine gewisse Summe ihres Urlaubsgeldes zurücklegen, wenn sie so bequem und zügig wie möglich ihre Ziele erreichen wollen.

Die modernen Verkehrsverbindungen nützen also dem Warenfluss und Personenverkehr im Land und natürlich auch uns, den Touristen. Der Zeitplan der zahlreichen Ausflugsbusse wäre ohne diese Infrastruktur nicht möglich. Und der Weg mit dem PKW von Oslo nach Trondheim oder Svolvær bleibt in einem akzeptablen zeitlichen Rahmen. Zudem sind viele dieser neuen Straßen attraktiv in die Landschaft eingefügt, wie zum Beispiel die Atlantikstraße zwischen Molde und Kristiansund. Auch für dringende Bedürfnisse ist überall gut gesorgt – Toiletten gibt es reichlich am Straßenrand, sauber und einladend. Auf den Lofoten, auf dem 67. Grad nördlicher Breite, wurde ein neues Häuschen gebaut, weil das alte vom Sturm weg geweht worden ist. Ein Architekturbüro aus Oslo hat den wetterfesten Bau aus edlem Stahl und Glas realisiert.

Man sieht es sofort: Da steckt viel Geld dahinter, da wurde unglaublich großzügig investiert. Ohne die Ölmilliarden wäre das nicht in diesem Ausmaß möglich gewesen.

Ökologie

Die norwegische Regierung tut alles, um ihre wirtschaftliche und technologische Entwicklung möglichst umweltverträglich zu gestalten. Im Zusammenhang mit der Fischzucht wurde das weiter oben schon deutlich. Ökologie hat in der Politik oft Vorrang vor Gewinnmaximierung.

Es ist deshalb nicht verwunderlich, dass die Umweltpolitik an mancher Stelle zu widersprüchlichen Phänomenen führt. Zur Illustration ein Beispiel aus Oslo: Als Belohnung für das klimafreundliche Verhalten von E-Mobil-Fahrern dürfen sie im Berufsverkehr die Busspur benutzen. Doch weil es immer mehr werden, stehen sie sich zunehmend gegenseitig im Weg. Die Busfahrer und Passagiere ärgern sich, wenn sie nun auch im Stau stehen. Und die Elektrochauffeure sind auch nicht glücklich. Die Stadt hat eine Lösung gefunden. Während der Rush-Hour dürfen sie nur noch dann ihr Privileg nutzen, wenn mindesten zwei Personen im Auto sitzen.

Was sagt uns diese Geschichte? Zunächst erfahren wir, dass ein großer Teil der Norweger mit dem E-Mobil (el-bil) unterwegs ist. Immerhin fuhr im Jahr 2015 mit 18,4% circa jedes fünfte neu zugelassene Auto in Norwegen mit Elektroantrieb. Im Gegensatz dazu war 2015 in Deutschland nur ungefähr jedes 250-ste angemeldete Neuauto (0,4%) ein E-Mobil. Die Anschaffung von emissionsfreien Fahrzeugen wird schon seit Jahren mit dem Erlass von Mehrwertsteuer und Importzöllen erleichtert. Im Jahr 2021 hatte die Neuzulassung von E-Autos und Hybriden in Norwegen im ersten Halbjahr einen Anteil von 58%. Deutschland hat seitdem mächtig aufgeholt. Bis Juli wurden im Jahr 2021 22,6% E-Autos neu zugelassen.

Es wird auch deutlich, dass der Staat den Kauf der umweltschonenden Autos politisch stark fördert – mit Vorteilen im Straßenverkehr, aber auch mit Zuschüssen beim Kauf und bei Steuererlassen (Keine Importabgabe und keine Mehrwertsteuer). Norwegen ist ein Land, dem die Energiebilanz wichtig ist. Die Fahrzeughalter kaufen jedoch die *elbiler* vor allem, weil sie damit Geld sparen – und vor allem in Oslo zu den Stoßzeiten im Stau so schwungvoll an allen anderen vorbeirauschen können.

Die Norweger sind nämlich auch nicht bloß Umweltengel – immer mehr Öl- und Gasvorkommen werden erschlossen, geplant sind sie sogar in Naturschutzgebieten, z. B. auf den Lofoten. Über den Preis der Kraftstoffe beklagen sich die Nordländer nicht weniger als wir Deutsche. Und außerdem ist Stromsparen keine verbreitete Tugend, wie wir das aus Deutschland kennen, wo Energie viel kostet. Das Licht ausschalten, wenn man den Raum verlässt oder schlafen geht, gehört nicht zu den Alltagsgewohnheiten. Sie werden unterwegs immer wieder Häuser entdecken, deren Eingangsbeleuchtung angeschaltet ist, obwohl die Sonne scheint.

Doch wer weiß, vielleicht macht ja die unbekümmerte Suche nach Licht viele Menschen glücklich, die in einem Land wohnen, das in den Wintermonaten sehr dunkel wird? Zumal die Stromerzeugung ja nicht auf Kosten der Umwelt geht.

Gesundheitsfürsorge

Gering sind die Kosten für den Einzelnen im Gesundheitswesen. Für Arztbesuche, medizinische Behandlungen und Arzneimittel gibt es großzügige Zuschüsse. Das Gesundheitssystem ist staatlich gefördert. Ab einem bestimmten, relativ niedrigen Eigenbeitrag ist alles kostenfrei. Chronisch Kranke müssen weniger selbst bezahlen als Menschen mit Schnupfen. Kinder und Jugendliche sind gänzlich frei. Für Familien mit einem behinderten Kind wird einmal pro Jahr eine Woche Erholung mit anderen Betroffenen finanziert, wo die Kinder besonders betreut und die Angehörigen, Eltern und Geschwister beraten werden. Auch in der Altenpflege werden die weniger Begüterten mehr unterstützt als die Gutverdiener. Die Kosten für einen Pflegeplatz im Altenheim berechnen sich nach dem Einkommen. Alles, was darüber hinaus geht, wird aus dem Sozialetat des Landes bezahlt. Der Betreuungsfaktor in Pflegeheimen ist in Norwegen im Schnitt mit 1:5, also eine Pflegekraft auf fünf zu betreuende Klienten, in Deutschland beträgt das Verhältnis 1:16. Kommentar überflüssig, oder?

Trotzdem soll nicht verschwiegen werden, dass auch in Norwegen nicht alles nur konfliktfrei und vorbildlich verläuft. Meine Nachfragen bei Norwegern haben ergeben, dass die Wartezeiten für einen Termin beim Arzt oft sehr lange sind. Und aus den Altenheimen gibt es nicht nur Positives zu berichten, sondern auch Geschichten von Unzufriedenheit aufgrund von Personalmangel oder fehlender Kompetenz. Alles läuft eben auch in Norwegen nicht immer glatt. Aber Glück pur wie im Paradies gibt es nirgends auf der Welt. Vor allem gibt es in Norwegen nicht den Wettbewerb mehrerer gewinnorientierter Krankenkassen und nicht das Zweiklassensystem, die von vielen als ungerecht empfundene Unterscheidung von privater und gesetzlicher Versicherung. Ein kleines Quäntchen Glück mehr für den Norden?

Bildung

Auch das staatlich geförderte Bildungssystem für alle Kinder und Jugendlichen trägt vermutlich dazu bei, dass Zukunftsangst und Existenznot für Norweger weitgehend unbekannt sind, und dass soziale Ungerechtigkeit durch Bildungsdefizite möglichst vermieden wird.

Norwegische Mädchen und Jungen gehen bis zur 10. Klasse ganztags alle gemeinsam zur Schule. Die Grundschule umfasst die 1. – 7. Jahrgangsstufe, darauf folgt die Mittelschule. In den bevölkerungsarmen Gegenden des Nordens werden auch für die wenigen Kinder im Ort Zwergschulen eingerichtet. Trotzdem ist der Schulweg für manche Kinder oft weit und umständlich. Aber Schulbusse sind überall im Einsatz.

Das für uns Deutsche besonders Überraschende am norwegischen Schulwesen ist: Erst ab der 8. Jahrgangsstufe gibt es Noten. Und mehrtägige Klassenfahrten in die Berge oder an einen See, teilweise mit Zeltübernachtung, sind in jedem Schuljahr selbstverständlich. Diese Ausflüge werden von den Kommunen finanziert und sind deshalb finanziell kein Problem. Stellen Sie sich vor, wieviel Schulangst und Notenstress den Kindern durch diese Regelungen erspart bleiben.

Eine für mich als Pädagogin besonders interessante Lernmethode der norwegischen (auch schwedischen und dänischen) Grundschulen ist die „uteskole", die Draußenschule. In vielen Schulen gehen die Schülerinnen und Schüler einmal in der Woche einen Tag lang hinaus in die Natur und haben dort in den verschiedenen Fächern Unterricht. Ich habe während meiner letzten Berufsjahre im Rahmen eines Forschungsprojekts eine deutsche Form der Draußenschule, die sogenannte „Forscherwoche", wissenschaftlich begleitet. Die Ergebnisse sind eindeutig. Mein ehemaliger Doktorand und Mitarbeiter, Dr. Ulrich Dettweiler, heute Professor in Stavanger für Outdoor-Education, hat den ersten Eindruck bestätigen können: Sowohl die Motivation für Naturwissenschaft und Technik als auch das soziale Verhalten der 10-12jährigen Schülerinnen und Schüler und das Klassenklima haben sich signifikant positiv entwickelt. Die Natur als außerschulischer Lernort birgt viel versprechende Bildungschancen.

Die Didaktik der Uteskole erleichtert gemäß dieser Untersuchung auch den Lehrkräften die Bewältigung des Schulalltags. Eine meiner norwegischen Gesprächspartnerinnen schwärmte geradezu davon, wie schön es sei, in Norwegen als Lehrerin zu arbeiten. Denn das Kollegium, so sagt sie, arbeite ständig im Team, jede Lehrkraft habe ihren eigenen Arbeitsplatz. Im Netz findet man zudem viele Unterrichtsmaterialien, zahlreiche interessante und hilfreiche Arbeitsblätter, Lehrfilme und andere Infos für alle Schulstufen und Fächer (National digital lærings arena).

Nach der 10. Klasse beginnt die weiterführende Schule. Das 11. – 13. Schuljahr ist offen für alle, die einigermaßen gute Noten haben. Weil die Bildungspolitik aktiv die Förderung der Schwächeren betreibt und finanziert, gehen die meisten Jugendlichen auf die weiterführende Schule. Diese *videregående skole* ist nicht nur gymnasiale Oberstufe, sondern auch Berufsschule. Das heißt, auch hier wird nicht nach Niveau unterschieden – es gibt einfach verschiedene Zweige der weiterführenden Schule. Alle dauern 3 Jahre. Man kann dann Richtung BWL, Soziales, Gesundheit, Naturwissenschaft, Technik, Musik, Theater, Humaniora, Bauwesen oder auch Holztechnik gehen. Daran schließt sich eine zweijährige betriebliche Ausbildung an.

Die norwegische Einheitsschule ist Ausdruck des norwegischen Ideals, Bildungsgerechtigkeit für alle zu ermöglichen. Einen Nachteil hat dieses Ziel jedoch. Für die Förderung von sehr begabten Kindern gibt es nur wenig Spielraum. Die Qualifizierung zukünftiger Führungskräfte kommt da zu kurz. Die norwegische Bildungspolitik reagiert derzeit darauf, sie hat das Problem anscheinend erkannt. Man arbeitet an Lösungen.

Auch das Studium wird staatlich finanziert. Zwar müssen die Studierenden ein öffentliches Darlehen aufnehmen, das jedoch später bequem zurückgezahlt werden kann. Und der Betreuungsfaktor ist vorbildlich an den Universitäten. Die nördlichste Universität der Welt ist eine norwegische. Sie ist auf Spitzbergen, in Longyearbyen, stationiert und betreibt als Forschungsschwerpunkt naturwissenschaftliche und technische Feldforschung in der Arktis. Die dafür notwendige technische Ausstattung, wintertaugliche Amphibienfahrzeuge zum Beispiel, werden selbstverständlich aus öffentlichen Mitteln finanziert.

Insgesamt steht Norwegen mit staatlichen Bildungsausgaben von 6,3% des Bruttoinlandsprodukts (Maßzahl des Wohlstands im Land) auf dem 1. Platz der OECD-Liste (38 Länder). Deutschland ist dagegen weit abgeschlagen auf dem 27. Platz zu finden, mit 4,2% des BIP, davon 1% aus privaten Mitteln.

Öffentlicher Dienst

Im öffentlichen Wirtschafts-, Bildungs- und Dienstleistungsbereich ist die Anzahl der Arbeitsplätze in den letzten Jahren deutlich gestiegen. Im Jahr 2021 waren mit 30% prozentual dreimal so viele Arbeitnehmer beim Staat beschäftigt wie in Deutschland (hier 2021 11% aller Erwerbstätigen). Jeder fünfte aller Beschäftigten arbeitet im Gesundheits- und Pflegewesen. In den nördlichen Provinzen arbeiten dabei deutlich mehr Menschen im Dienste des Staates als im Süden (teilweise über 40%). Diese Situation ist das Ergebnis eines landesweiten Förderprogramms, das den Menschen, die in den fast menschenleeren Gegenden nördlich des Polarkreises zuhause sind, zu Lohn und Brot verhilft. So werden strukturell benachteiligte Gebiete gefördert – und die Arbeitslosenquote niedrig gehalten.

Die niedrige Arbeitslosenzahl (derzeit 3,0% im August 2021, also praktisch Vollbeschäftigung, Deutschland 5,6%), ein sicheres Einkommen für alle und ein stabiler Mittelstand prägen das wirtschaftliche Profil Norwegens. Ist es verwunderlich, wenn sich solche Faktoren positiv auf das Lebensgefühl der Bürgerinnen und Bürger auswirken?

Alles, was nicht für diese und ähnliche öffentliche Investitionen ausgegeben wurde, hat, wie bereits erwähnt, eine vorausschauende Politik seit den 1990er-Jahren intelligent und zukunftsweisend angelegt. Für die Absicherung der Bevölkerung vor schlechteren Zeiten, vor Zeiten der Krankheit und des Alters. Das Zauberwort heißt „pensjonsfond". Diese finanzielle Sicherheit ist zwar ein Grundstock für eine gewisse Zufriedenheit. Doch erklärt sie in meinen Augen noch lange nicht ausreichend die Ursachen für das Zustandekommen von „Glück".

Aber eine gewisse norwegische Einstellung zum Leben, ein besonderes Gemüt, eine Mentalität, die typisch norwegisch ist – solche wenig konkret greifbaren Einflüsse liefern aus meiner Sicht einen wichtigen Beitrag dazu.

Glücklich leben – norwegische Mentalität

Die besondere Mentalität der Norweger ist sicherlich von der Geschichte des Landes, von den rauen, oft schwierigen geografischen Gegebenheiten, aber auch von der Schönheit des Landes beeinflusst. Schauen Sie doch mit mir zusammen in diesem Kapitel ein wenig genauer hin auf die Menschen, die in Norwegen wohnen und begleiten Sie mich bei meinen Betrachtungen!

Gibt es ihn denn eigentlich, den „typischen" Norweger? Vielleicht steckt in jedem von ihnen etwas von einem kleinen Troll? Der Troll ist seit Jahrhunderten in der Tradition Norwegens lebendig. Trolle sind durch die Bewahrung der alten Märchen seit dem 19. Jahrhundert allgemein bekannte und beliebte Fantasiegestalten. Sie begleiten norwegische Kinder und Erwachsene in vielerlei Form ein Leben lang. Man trifft die komischen Figuren in unterschiedlicher Gestalt immer wieder, am Straßenrand, in Büchern, in Souvenirläden. Sie sind zwar oft ein kitschiger Touristenmagnet, aber als Figuren der Märchen- und Sagenwelt auch Teil der Identität der norwegischen Nation.

Im Vergleich damit sind die Gestalten der deutschen Märchen, die der Gebrüder Grimm oder von Bechstein, in unserem Alltagsleben weniger präsent. Schneewittchen und Rumpelstilzchen sind kein omnipräsenter Ausdruck deutschen Selbstverständnisses. Eher noch könnte der Gartenzwerg, der nach wie vor weit verbreitet ist, das Deutsche symbolisieren. Sich mit ihm als „typisch deutsch" zu identifizieren fällt mir persönlich zwar schwer. Doch im Grunde ist diese Assoziation nicht ganz daneben. Der Gartenzwerg - in all seinen Ausprägungen - ist vielleicht weniger ein Abbild einzelner Deutscher als vielmehr der Inbegriff des Spotts über deutsche „Spießbürger". Er gilt als „typisch deutsch" eben.

Selbstverständlich sind die „nordmenn", wie sie auf norwegisch heißen, und auch wir Deutschen nicht alle gleich. Aber ein paar charakteristische Züge habe ich doch bei meinen Recherchen zu diesem Buch entdeckt.

Es reizt mich, vor dem Hintergrund dieser beiden Symbole, von Troll und Gartenzwerg, die Gewohnheiten, die Vorstellungen von Häuslichkeit und das alltägliche Verhalten der Norweger zu betrachten. Und es wird sich lohnen, mit Ihnen zusammen, meinen

Leserinnen und Lesern, zu überlegen, ob wir dabei Hinweise darauf entdecken, warum die norwegische Nation als die glücklichere gilt. Zugegeben, die Auswahl ist zum Teil sehr subjektiv. Andere mögen Anderes wichtiger finden. Vielleicht halten die Norwegerinnen und Norweger selbst meine Ansichten für relevant oder aber nicht, das muss ich ihnen überlassen. Ich hoffe nur, es ist ihnen nicht unangenehm, wenn ich als Ausländerin gescheit über sie rede. Falls das vorkommen sollte, entschuldige mich hiermit dafür.

Zunächst wenden wir uns dem Land Norwegen selbst zu. Ich bin sicher, dass seine Charakteristik, dass seine wilde Natur und unwegsame Struktur einen nicht zu überschätzenden Einfluss auf die Mentalität seiner Bewohner ausübt.

Ein wunderschönes Land mit einer grandiosen Natur

Norwegen ist ein sehr langgestrecktes und sehr schmales Land. Manche Experten meinen, dass der Name des Landes vom altnordischen „nór" = schmal herrührt.

Hier lebten vor mehr als 1000 Jahren die Wikinger. Die Norweger haben über die Zeit hinweg die Erinnerung an ihre Vorfahren weiter gegeben und gepflegt, die Erinnerung an die Helden, die Götter, die schlanken Segelschiffe, die Kämpfe und Feste. Die Lieder und Sagen von den tapferen Nordmännern und -frauen sind Lernstoff für jedes norwegische Schulkind. Wen wundert es, dass die Identität der Menschen, die hier leben, eng mit ihrem Land und seiner Geschichte verbunden ist?

An der breitesten Stelle, im Süden, misst es 431 km Luftlinie, an der schmalsten Stelle, ganz im Norden, gerade mal 1,6 km. Die Küste ist in gerader Linie über 2500 km lang. Errechnet man jedoch die Strecke aller Küstenabschnitte zusammen, auch die Küsten der Fjorde, dann kommt man auf mehr als das zehnfache. Das steht so zumindest auf der website des norwegischen statistischen Amtes ssb. Ist also amtlich! Um sich die Entfernungen, die das Leben der Bevölkerung Norwegens bestimmen, besser vorstellen zu können, lassen Sie uns ein Gedankenspiel machen: Wir kippen - von der Hauptstadt Oslo aus - das ganze Land nach unten, nach Süden also. Dann berührt das Nordkap ungefähr die bayerischen Alpen. Von Garmisch nach Oslo, das ist kein Pappenstiel, oder? Von Oslo zum Nordkap auch nicht - garantiert!

Das Klima Norwegens ist bestimmt von häufigen Tiefdruckgebieten, die mit Wind und Feuchtigkeit über den Nordatlantik herankommen und sich an den Bergen abregnen oder schneien. Einen großen Einfluss aufs Klima hat auch der Golfstrom, der entlang der Küstenlinie ständig warmes Wasser aus dem Süden nach Norden transportiert. Er sorgt für relativ gemäßigte Temperaturen an der Küste und auf den Inseln. Auf Satellitenbildern der Winterzeit sieht man gut den Grünstreifen, der sich von der Schnee- und Eisdecke abhebt.

Ganz nebenbei: Die Norweger lieben Statistiken, und das nicht nur wegen des guten Platzes unter den glücklichsten Nationen. Der „Überfluss" an Landschaft und Natur ist nämlich auch zählbar:

Einige der über tausend Fjorde mit ihrem dunklen, mal blauen, mal grauen, mal grünen Wasser werden Sie bald bewundern oder haben Sie als Norwegenfans schon selbst bewundern dürfen. Viele Fjorde sind genauso tief, ihre Ufer genauso steil wie die Berge ringsum. Sie sind in der letzten Eiszeit durch die stetige Bewegung der Gletscher und des Felsenschutts, den sie mitführten, entstanden. Sie sind übriggeblieben, als das Eis schmolz. Hundert Kilometer und mehr schlängeln sie sich durch die Berge ins Landesinnere. Der längste, der Sognefjord, ist 204 km lang und 1308 m tief.

Vermutlich werden sich viele Reisende an den Wasserfällen kaum satt sehen können. 103 Fossen mit einer Fallhöhe zwischen 760 m und 100 m stürzen von Felsenwänden überall im Lande herab. Dazu kommen unzählige kleinere Wasserfälle.

Zur Wildheit und Schönheit des Landes tragen auch die Berge bei. 26 Gipfel sind über 2000 m hoch – Galdhøpiggen heißt der höchste, 2469 m hoch, in Jotunheimen, auf Deutsch „Heimat der Riesen". Jeder Norweger soll/will einmal oben gewesen sein.

Sollte nicht glücklich sein, wer in diesem schönen Land wohnt und es liebt? Der Charakter des Landes hat wohl über die Jahrhunderte hinweg den Charakter seiner Einwohner und ihr Lebensgefühl, vielleicht das „Glück" mit geprägt. Die unwegsamen Berge und Küsten sind mit der Grund, warum in Norwegen nur gerade mal 5,3 Millionen Menschen leben, so viele wie in Berlin (ca. 3,5 Mill) und Hamburg (ca. 1,8 Mill) zusammen. Die meisten Norweger – ca. 1,3 Millionen - wohnen in den vier größeren Städten – in Oslo (knapp 700

T), der Hauptstadt, in Bergen (247 T), in Trondheim (169 T), in Stavanger (203 T) ganz im Süden. Und darüber hinaus gibt's längst nicht so viele große Städte wie in Deutschland. Pro Quadratkilometer wohnen in Norwegen 16,3 Menschen, in Deutschland 226. Vierzehn mal soviel!

Man stelle sich den Unterschied bildlich vor: Die 16,3 Personen im Verhältnis zu 226 Menschen pro Quadratkilometer sind im Durchschnitt übers Land verteilt. Wenn man von den 5,3 Millionen Norwegern die 1,25 Millionen Bewohner der 4 Städte abzieht, bleiben 4 Millionen Menschen übrig – ungefähr so viele wie die Hamburger und Münchner zusammen. Die verteilen sich auf ein Areal von ca. 320 000 km². Deutschland insgesamt hat im Vergleich dazu eine Gesamtfläche von knapp 360 000 km², also nur unwesentlich mehr Fläche als Norwegen.

Verursacht diese dünne Besiedelung Norwegens nicht ein mühsames Leben und mancherlei Probleme? Ja schon – aber sie prägt die Persönlichkeit und kann auch zum Selbstbewusstsein der Einwohner beitragen. Denn wo die Nachbarn nicht ständig über den Zaun schauen und einem auf die Füße treten, kann sich der Mensch freier bewegen – zuhause und unterwegs. Die sozialen Kontakte kommen nicht zwangsläufig zustande, man kann sie freiwillig wählen und gestalten. Diese Selbstbestimmung trägt vielleicht auch zum Glück, zur Zufriedenheit der Nordländer im Sinne von Lebensqualität bei.

Leben in der Natur – „friluftsliv"

Die Norweger lieben ihr Land und seine besondere Natur. Sie nutzen den Reichtum an Bergen und Wasser für die Bereicherung ihres Lebens. Sie fahren deshalb so oft wie möglich mit der Familie oder mit Freunden zum Wandern, Angeln, Boot fahren, Klettern, Skitouren gehen, Fahrrad fahren in den Wald, in die Berge, an die Seen und ans Meer. Und immer ist die Thermosflasche mit heißem Getränk dabei. Sie reisen am Wochenende und in den Ferien in ihre „Hytte" – die ist oft ohne fließend Wasser und Strom. Der geringe Komfort erhöht den Erlebniswert. Auch Königin Sonja wandert oft – mit Rucksack und Thermosflasche. Viele Norweger besitzen ein kleines Ferienhaus aus Holz, die sog. „hytte", irgendwo am Meer, an einem See, am Fuße eines Berges. Und wer keine eigene hytte hat, wandert von Hütte zu Hütte, jeden Tag weiter. Es gibt eben viel Platz für Naturliebhaber auch außerhalb der Hauptverkehrswege. Das Unterwegssein in der Natur gehört zum Lebensstil der Norweger und hat bei Ihnen seit dem 19. Jahrhundert einen speziellen Namen: „friluftsliv" – Wörtlich: Leben in der freien, frischen, wilden Natur. Schon Henrik Ibsen ist auf Skitour gegangen, genauso wie Fridtjof mit seiner Familie. Und es gibt Hinweise darauf, dass die norwegischen Polarforscher ihre Durchhaltekraft bei den Expeditionen auch aus ihrer Erfahrung des „friluftsliv" gewonnen haben. Ebba D. Drolshagen dazu, in ihrem Buch „Gebrauchsanweisung für Norwegen"*:

„Der Norweger kennt offenbar deswegen keinen Kälteschmerz, weil ihm das beizeiten abgewöhnt wird. Im Elternblatt eines Kindergartens steht wörtlich: ‚die kleinen Kinder spielen bei unter zehn Grad minus, die großen Kinder bei unter fünfzehn Grad minus nicht mehr im Freien.', Kinder sind wirklich bei jedem Wetter draußen. Täten sie es nicht, kämen sie manchmal viele Tage lang nicht aus dem Haus, denn Norwegen hat bekanntermaßen viel Wetter. Als die Töchter meiner Cousine klein waren, wohnte die Familie in einem Neubaugebiet mit zahllosen Schlammlöchern. Wenn es an der Haustür klingelte, stand in der Regel eines der Kinder davor, die Arme seitlich ausgestreckt. Meine Cousine packte das schlammpanierte und meist triefende Mädchen unter den Achseln, hob es hoch, trug es auf einem roten Plastikläufer, der Haustür und Bad verband, vor sich her in die Badewanne und duschte es komplett ab – wie es war. Dann wurde es ausgezogen, trocken gerieben, neu angezogen und wieder in den Regen hinausgeschickt. Wer das einmal mit angesehen hat, dem erscheinen die Expeditionen von Nansen und Amundsen in etwas anderem Licht! „(S. 71f)*

Aus einem inneren Bedürfnis heraus begibt sich „der Norweger" nach draußen, zum Wandern, Skifahren, Langlaufen. Meine Gesprächspartner haben mir das vielfach bestätigt. Bei jedem Wetter ist man draußen. „Alltid på tur – aldri sur", zu deutsch „Immer unterwegs und niemals grantig" ist ein bezeichnender Spruch für diese Gewohnheit. Sich draußen in der frischen Luft zu bewegen ist nicht nur ein Hobby, es ist eine Philosophie und Teil der nationalen Identität der Norweger. Einer der Norweger, den ich befragt habe, war sich sicher, „dass die Verbundenheit mit der Natur dazu beiträgt, mit sich selber verbunden zu sein". Klingt das nicht nach einem starken Indiz für eine Glücksquelle? Das ist ein wichtiges Puzzleteilchen zum Aufbau eines Lebensentwurfs, der glücklich machen kann.

Allemansretten – das Jedermannsrecht

Es gilt seit der Wikingerzeit. Reisenden ist es erlaubt, überall dort für kurze Zeit mit dem Wohnmobil zu bleiben, zu zelten, zu schwimmen, wo es einem gefällt. Solange es niemanden stört und das Land unkultiviert ist. Zum nächsten Haus sollte man einen gewissen Abstand einhalten und sich nicht auffällig verhalten. Ich glaube nicht, dass solch ein Jedermannsrecht in der Wildnis in unserem dicht besiedelten Deutschland realisierbar wäre. Das ist der Grund, warum mein Mann und ich die fast unbegrenzten Möglichkeiten des Aufenthalts in der Natur in Norwegen schon vor 35 Jahren genutzt haben. Wir haben die Freiheit dort voll ausgekostet und einige Abenteuer erlebt.

Ohne das Allmannsretten wäre Friluftsliv im derzeitigen Umfang nicht möglich. Auch die jungen Leute sind häufig mit dem Zelt unterwegs. Sie genießen dabei nicht nur die Ruhe oder das Abenteuer. Sie fühlen sich eins mit der Natur. Sie erfreuen sich am einfachen Leben. Wenn das Gelände gar zu nass ist, ziehen sie schon mal die Wanderstiefel aus und laufen barfuß. Viele haben den Gaskocher dabei und bereiten sich Tee, Kaffee und die Mahlzeiten im Freien. Das Essen, genannt „turmaten", wird im getrockneten Zustand im Rucksack mitgenommen.

Aber auch die norwegischen Campingplätze sind nicht zu verachten. Für alle, die nicht so abenteuerlustig sind wie wir damals, sondern mehr Komfort lieben, gibt es dort überall viel Raum für den einzelnen Gast und die sanitären Anlagen sind top. Sie sind vor allem für Wohnmobilbesitzer empfehlenswert, deren Anzahl in den letzten Jahren überhand nimmt und sogar in Norwegen zur Plage werden kann, wenn ihre Riesenteile überall in der Landschaft herum stehen.

Einsamkeit und soziale Kontakte

Das Alltagsleben auf dem Lande ist oft einsam – der nächste Nachbar wohnt manchmal kilometerweit entfernt und die Verbindung ist nach wie vor oft mühsam zwischen den Inseln, Gebirgstälern und

Fjorden. Unter der Arbeitswoche ist wenig Gelegenheit für soziale Kontakte. Allein in der Einsamkeit wird auch kaum Alkohol getrunken.

Aber am Wochenende wird einiges nachgeholt: Einladungen, Treffen mit Freunden und Nachbarn sind ein Teil der norwegischen Lebensart. Am Wochenende trifft man sich beim einen oder anderen zuhause. Zum miteinander Essen, Trinken und Reden. Weil der Alkohol so teuer ist, bringt jeder Gast seinen Wein mit, soviel, wie er vorhat zu konsumieren.

Was zeigt uns das: Die einsamer lebenden Norweger genießen gern, aber gemeinsam. Gerade in den dunklen Tagen der Winterzeit sind wöchentliche Treffen im privaten Kreis oder im Gemeindehaus üblich, mit Singen, Tanzen, Spielen, Essen und Trinken. Der durchschnittliche jährliche Alkoholkonsum ist – im Gegensatz zur verbreiteten Meinung – trotzdem deutlich niedriger als der von uns Deutschen.

Es ist allerdings nicht ganz leicht, an Alkohol zu kommen. Der Verkauf ist seit langer Zeit staatlich kontrolliert. Anfang des 20. Jahrhunderts war er gänzlich verboten, um das verbreitete Alkoholproblem in den Griff zu bekommen. Heute wird der Erwerb von Bier, Wein und Schnaps lockerer gehandhabt. Hohe Steuern schränken den Verbrauch ebenso ein wie die Beschränkung der Einkaufsmöglichkeiten auf das sogenannte „Vinmonopol". Es ist nur zu bestimmten Zeiten geöffnet (nicht am Wochenende). Eine gute Flasche Wein gibt es nicht für weniger als 20.- €. Darum ist sie als Gastgeschenk bei Norwegern meist nicht unwillkommen.

Im Winter ist es zwar nicht immer dunkel. Im Süden des Landes ist es auch im Winter einige Stunden hell. Eine lange Dämmerung oder das Nordlicht, die Aurea Borealis, erfreut die Menschen mit seinen Lichtschleiern. Die Ankunft der Sonne, die nördlich des Polarkreises im Winter zwei Monate lang nicht über den Horizont kam, wird von Erwachsenen und Kindern fröhlich gefeiert.

Solche Ereignisse und Gebräuche sind auch ein Hinweis darauf, dass der im Glücksbericht erfasste Glücksfaktor „soziale Kontakte" als solcher in Norwegen intensiver gelebt wird als bei uns. Übrigens: Die Suizidrate in Norwegen ist trotz der langen Winternacht nicht höher als in Deutschland.

Königsfamilie und Nationalstolz

Norwegen leistete sich von Anfang an, seit der Staatsgründung 1905, einen König. Und eine Königsfamilie. Die Staatsform ist also eine konstitutionelle Monarchie mit einem demokratisch gewählten Parlament.

Auch wenn es bei Königs manchmal mehr menschelt, als man das von den Königlichen erwartet (sie erinnern sich an die Diskussionen über die Kronprinzessin Mette-Marit, einer Bürgerlichen?), sind fast alle stolz, sie zu haben. Am Nationalfeiertag, dem 17. Mai, wandert in Oslo ein langer, langer Zug von Schulklassen am Schloss vorbei – Fahnen schwenkend, musizierend. Und auf dem Balkon stehen König Harald V. mit seiner Frau Sonja (einer Bürgerlichen), der Kronprinz Håkon mit seiner Frau Mette-Marit. Drei Stunden lang, aber unermüdlich winken sie den jungen Menschen zu.

Auch im Alltagsleben gibt sich die königliche Familie sehr volksnah. Die beiden Kinder der Kronprinzenfamilie gehen mit den bürgerlichen Kindern aus der Nachbarschaft in dieselbe Elementarschule. Im Winter reist seine königliche Hoheit mit Anhang zum Skifahren dorthin, wo auch die anderen Norweger unterwegs sind.

Und zum Gartenfest ist „das Volk" geladen. Bürgerinnen und Bürger des Landes kommen zum Schloss. Alle, die nichtadeligen und adeligen Menschen, tragen die Tracht ihres Landesteils (Fylke), die jeweils spezielle Bunad. Ein Ausdruck ihres Nationalstolzes und ihrer Heimatverbundenheit.

In die Politik mischt sich der König wenig ein – er ernennt den Ministerpräsidenten und die Minister und darf an Staatsratssitzungen teilnehmen.

So ist der König eher ein Landesvater, vergleichbar mit unserem Bundespräsidenten.

Besonders bewährt hat sich König Harald in dieser Rolle, als am 22. Juli 2011 ein rechtsextremer, fremdenfeindlicher Attentäter im Regierungsviertel und in einem Jugendlager auf der Insel Utøya um sich schoss. 69/77 Menschen kamen bei den Massenmorden zu Tode. Zusammen mit dem damaligen Premierminister Jens Stoltenberg gelang es dem König, die Ruhe zu bewahren, sein Volk zur Besonnenheit zu ermutigen und Trost zu spenden. Das schreckliche Verbrechen hat die Norweger in ihrem positiven Lebensgefühl und ihrem Zukunftsglauben nicht beirren können. Kein Wunder, dass mein norwegischer Interviewpartner betonte, er habe vor der königlichen Familie „Respekt", weil sie Norwegen gut repräsentiert.

Es ist in meinen Augen nicht von der Hand zu weisen, dass das politische und menschliche Zusammenleben des Volkes mit seiner Königsfamilie zum Gefühl von Geborgenheit und Zusammengehörigkeit – und damit zum „Glück" beiträgt.

Die Norweger sind stolz, Norweger zu sein. Ich habe mit einem Einheimischen darüber gesprochen. Er bestätigte das norwegische Selbstbewusstsein: „Gibt es ein anderes Land auf der Erde, das den Nationaltag so ausgiebig und mit soviel Vaterlandsliebe und auch Pathos feiert? ... und welch anderes kleine Land mit gerade 5 Millionen Einwohnern kann sich im Alltag zwei Schriftsprachen, bokmål und nynorsk erlauben?" Aber nicht genug – zudem gibt es viele verschiedene Dialekte ringsum im Land, jeder Fylke, jedes Tal hat eine eigene Mundart. Die wird dann auch selbstbewusst überall gesprochen, egal ob an der Universität oder im Büro. Die Norweger verstehen sich trotzdem untereinander bestens.

Den 17. Mai, den Nationalfeiertag begehen sie jedes Jahr mit festlichen Umzügen, mit Musik und fröhlichen Treffen auf öffentlichen Plätzen – im Gegensatz zu Weihnachten, das im Familienkreis gefeiert wird. Die Kinder dürfen an diesem Tag Würstel und Eis essen, soviel sie wollen. Alle tragen norwegische Tracht, die Frauen den Bunad ihrer Region, die Männer meist Kniehosen und bunte Jacken. Niemals sonst habe ich soviele strahlende, kontaktfreudige Norwegerinnen und Norweger auf einmal getroffen, so voller Heiterkeit und Lebenslust.

Die Nationalhymne wird von verschiedenen Chören an jeder Ecke voller Inbrunst gesungen, alle Strophen. „Ja vi elsker dette landet". Der Text wurde 1864 von Bjørnstjerne Bjørnson, einem norwegischen Literatur-Nobelpreisträger, verfasst, die Melodie stammt von seinem Vetter Rikard Nordråk. Das Lied handelt von der Liebe zum Land, zu den Bergen und Seen, zu Vater und Mutter. Es erzählt von den alten Sagen und von den Ereignissen der Vergangenheit, angefangen von den Wikingern bis hin zur Loslösung von Dänemark. Die Sängerinnen und Sänger sind nicht nationalistisch orientiert. Aber sie lieben einfach ihr Land und identifizieren sich mit seiner Geschichte und Kultur.

Der 17. Mai wird überall auf der Welt gefeiert, wo ein paar Norweger zusammenkommen. Die Journalistin Ebba D. Drolshagen beschreibt das in ihrer „Gebrauchsanweisung für Norwegen" folgendermaßen:

„94 Prozent der Norweger begehen den Nationaltag auf die eine oder andere Weise. Das klingt nach sozialistischen Zuständen, doch diese Assoziation ist völlig falsch. Die Norweger feiern freiwillig und hingebungsvoll, Anlass ist der „Geburtstag" der Verfassung von 1814, die zu ihrer Zeit eine der demokratischsten und radikalsten Verfassungen der Welt war. ...Am 17. Mai begrüßt man sich deshalb auch nicht mit 'Guten Tag', sondern tatsächlich mit ‚Herzlichen Glückwunsch zum Geburtstag'. Ansonsten ist es ganz und gar der Tag der Kinder, der Zukunft des Landes. ...Wo immer auf der Welt zwei, drei oder mehr Norweger versammelt sind, am 17. Mai rotten sie sich zusammen und machen einen Umzug. Sie ziehen durch die Straßen von Bombay, Johannesburg, Paris oder Berlin, schwenken ihre Fähnchen, singen laut ihre Nationalhymne und trotzen patriotisch der Verblüffung des Gastvolkes." (148ff)

Gleichheit /Jantelov und Gelassenheit

Dass alle - mit Ausnahme der Königsfamilie – geduzt werden, sogar der Mann oder die Frau an der Spitze der Regierung, hat seinen Grund auch in einer Selbstbeschreibung aus dem 20. Jahrhundert, dem „Jantelov" (1933) des norwegisch-dänischen Schriftstellers Aksel Sandemose: Alle Norweger sind gleich, heißt es da, keiner soll denken, er sei etwas Besonderes. Das ist fast so etwas wie ein Gesetz; lov heißt ja auch Gesetz. Akademische Titel sind zwar für den beruflichen Erfolg so wichtig wie in Deutschland, sie werden jedoch nicht als Aushängeschild für die eigene Bedeutung benutzt, und wohl niemand wird damit angesprochen. Die Arroganz promovierter Akademiker gegenüber den weniger „Gebildeten" kennt man in Norwegen nicht.

Trotzdem gibt es auch ein gewisses Unbehagen angesichts dieser betonten Gleichheit. Individualität, besondere Leistungen, die Anerkennung herausragender Fähigkeiten werden dabei tendenziell eher entwertet als gefördert. Viele Norweger, auch meine Gesprächspartner, sind der Meinung, dass die starke Förderung von Kindern und Jugendlichen aus niederen Bildungsschichten dazu beiträgt, die Leistungsträger zu vernachlässigen. Sie denken, dass Norwegen auch die besonders Begabten besonders ermutigen muss, weil diese als zukünftige Führungskräfte gebraucht werden.

Könnte es aber trotzdem sein, dass soviel Egalität im Umgang miteinander dazu beiträgt, dass weniger Neid aufkommt in den zwischenmenschlichen Beziehungen? Dass ein höherer Schulabschluss – im Vergleich zur Meinung der Deutschen - nicht so wichtig genommen wird im Umgang miteinander? Dass das ein Beitrag zum Glücklichsein ist?

Gleichberechtigung und Work-Life-Balance

Die seit Jahren wachsende Gleichberechtigung von Mann und Frau trägt das Ihre zu diesem gelebten Ideal von Gleichheit bei: Väter sind ebenso wie Mütter für das Alltagsmanagement und die Erziehung der Kinder zuständig. Elternurlaub und Gehälter sind im Sinne der Gleichberechtigung gesetzlich geregelt.

Über 50% der Masterabschlüsse und 63% der Bachelorabschlüsse wurden von Studentinnen gemacht. Der Doktortitel wurde zu 52% von Frauen erworben. Für die Unternehmen gibt es eine Frauenquote bei der Besetzung von Aufsichtsräten und Führungspositionen und ein Gleichheitsgebot bei deren Bezahlung. Zwar ist das, wie in Deutschland, auch nicht überall realisiert. Aber trotzdem haben es inzwischen viele junge Frauen geschafft, ihren Studienabschluss in eine anspruchsvolle berufliche Laufbahn münden zu lassen.

In Norwegen sind Frauen in Führungspositionen selbstverständlich, fast alle Mütter sind ebenso berufstätig wie die Väter, und beide teilen sich die Familienarbeit partnerschaftlich. Das führte dazu, dass in norwegischen Firmen oder Universitäten normalerweise keine Konferenz nach 16 Uhr angesetzt wird, und, wenn die Sitzung doch mal länger dauert, regt sich niemand auf, wenn einige junge Väter einfach aufstehen und gehen. Jeder weiß – sie müssen die Kinder von der Kita oder der Schule abholen. Sogar der Ministerpräsident, hier statsminister genannt.

Die Familienfreundlichkeit kann manchmal aber etwas bizarre Züge annehmen. Ein Freund, der in Norwegen als Schiffsbauingenieur arbeitet, hat mir erzählt, dass ihm folgendes passiert ist: Er flog von

Oslo nach Tromsø zu einer Besprechung, um ein Projekt zum Abschluss zu bringen. Um 16 Uhr war die Aussprache über die endgültige Regelung noch nicht zu Ende, aber kurz vor dem Abschluss. Trotzdem wurde die Sitzung nicht verlängert, sondern der Entschluss auf die nächste Woche vertagt. Er musste noch einmal zum Treffen fliegen. Mancher Deutsche fragt sich, wie die Norweger mit dieser Einstellung wirtschaftlich im internationalen Wettbewerb bestehen können. Irgendwie scheint das zu gelingen, wie die wachsenden Wirtschaftszahlen zeigen. Nach vielen Jahren meiner Erwerbstätigkeit, im Spagat zwischen Beruf und Familie, finde ich das sehr sympathisch.

Es ist leicht vorstellbar, dass es sich auf das Familienleben positiv auswirkt, wenn die Eltern trotz beruflicher Aufgaben viel Zeit für die Kinder haben – ohne den beruflichen Erfolg dabei aufs Spiel zu setzen. In Deutschland würden die Kollegen - und auch die Kolleginnen - eher die Nase rümpfen, wenn junge Väter und Mütter nicht den Job vor die Familie stellen. Sind wir uns da einig?

Ein weiteres Beispiel für die Geschlechtergerechtigkeit in Norwegen: Seit 2011 gilt in Norwegen, einem NATO-Land, die allgemeine Wehrpflicht auch für Frauen. Von den 60 000 Musterungen pro Jahr werden 10 000 junge Menschen zu den Streitkräften eingezogen, davon ist ein Drittel weiblich. Die grundsätzlich friedliche Nation ist stolz darauf, dass sie bei NATO-Einsätzen immer wieder vertreten ist und so zum Frieden auf der Welt das Seine beitragen kann.

Bescheidenheit, Gelassenheit, Großzügigkeit
Die Gleichberechtigung geht einher mit einer gewissen Bescheidenheit. Zum Lunch gehen Chefs und Mitarbeiter nicht ins Restaurant und meist auch nicht in die Kantine, sondern er bzw. sie hat das eigene Lunch-Paket dabei, das „matpakke", wörtlich Essens-päckchen. Soweit so gut, was ist daran Besonderes? Na ja – die Scheiben werden nicht wie bei uns aufeinander geklappt, die belegten Seiten nach innen. Nein, die Schnitten werden übereinander geschichtet: Brot – ekte geitost – Pergamentpapier, nächste Scheibe – Käse – Papier usw. Das Ganze in Brotzeitpapier eingewickelt. Und gegessen wird top down aus dem Papier.

Auch in den Schulen gibt es mittags kein warmes Essen für alle, trotz Ganztagsschule. Vielmehr haben auch die Kinder ihr matpakke dabei – liebevoll und fantasievoll garniert, damit es Appetit macht und Spaß beim Essen.

Was ich noch gelernt habe bei meinen Gesprächen: Norweger regen sich üblicherweise nicht auf, wenn sich jemand an der Supermarktkasse vordrängt oder wenn einer beim Gang auf öffentliche Ämter die relevanten Papiere vergessen hat. Norweger würden niemals im Poolbereich eines Hotels frühmorgens mit einem Handtuch ihren Platz für später markieren. Wenn die Norwegerin oder der Norweger auf kleine Fehler der Mitmenschen gelassen reagiert, nennt man dieses Verhalten auf norwegisch „sjenerøsitet", Großzügigkeit also. Es bedeutet, dass die Menschen im Umgang miteinander sehr tolerant sind, Fehler verzeihen und nicht gleich ungeduldig werden, wenn etwas nicht gleich klappt. Ganz nach den Spruch „Ta det med ro!". Alles mit der Ruhe!

Glück hat viele Quellen

Es gibt mehr als einen Hinweis darauf, dass die Norweger sich glücklich fühlen, glücklicher als manch andere Nation. *„Das kann und soll aber nicht verdecken, dass auch Norwegen Probleme hat. Das Gesundheitswesen ist keineswegs perfekt, natürlich gibt es Kriminalität und Drogenprobleme, die Flüchtlingspolitik ist restriktiv, die Preise sind oft hoch. Das Leben in Stadt und Land (auf dem Land wird es hie und da sehr menschenleer) ist nicht immer leicht. ... Auf Norwegisch gibt es einen Begriff, den man kaum ins Deutsche übersetzen kann: trygghet. Das ist ein Mix aus Sicherheit, Geborgenheit, Unbesorgtheit, Sorglosigkeit. Dies spielt in Norwegen eine im wahrsten Sinn tragende Rolle. Es geht weit über Glück hinaus, auch über Zufriedenheit. Offenbar können sich Norwegerinnen und Norweger mehr als andere zum Beispiel auf soziale Absicherung verlassen, auf Stabilität und Gleichwertigkeit, auf Lebensqualität. Im Vergleich mit anderen Ländern ist die gesellschaftliche Kluft nicht so groß."* (Soweit das Zitat des Journalisten Eckart Klaus Roloff, Vorstand der Deutsch-Norwegischen Gesellschaft Bonn 2017)

Es gibt jedoch auch Norweger, die lieber in Deutschland leben als in ihrem Geburtsland. Gründe dafür sind unter anderem die niedrigeren Preise im Restaurant und die leichte Verfügbarkeit von gutem Wein. Jeder ist eben seines Glückes Schmied und die Geschmäcker sind verschieden.

Die "nordmenn" - sie leben mit ihrer Tradition, mit den Wikingern als ihren Vorfahren, mit der Erinnerung an die Armut der früheren Jahrhunderte unter Dänemark und Schweden, mit der Geschichte ihrer nationalen Entwicklung seit 1814. Sie verehren ihre Schriftsteller, Komponisten und Maler, sie lieben ihre Trolle und Feen und pflegen ihre Märchen. Sie tragen selbstbewusst ihre Tracht, den Bunad, und singen miteinander gerne ihre Volkslieder und die Nationalhymne. Auf jeden Fall und ausgiebig erklingt letztere am Nationalfeiertag, dem 17. Mai, an allen Ecken und Zäunen.

Sie sind aber auch stolz auf ihre Leistungen in der heutigen Zeit, auf ihren wirtschaftlichen Erfolg, ihr Ansehen in der Welt. Ihre moderne Musik, vor allem der Jazz, ihre moderne skandinavische Architektur und ihre Krimis, die norwegischen Filme und Musikbands sind weltweit anerkannt und berühmt. All dies ist eine solide Grundlage für ein glückliches Leben in Norwegen.

Zumindest aus meiner Erfahrung sind dieser Stolz und dieses Selbstbewusstsein uns Deutschen nicht so leicht möglich. Vielleicht liegt das an unserer Geschichte, vielleicht an unsere Mentalität. Wer weiß? Immerhin stehen wir Deutsche neuerdings auch nicht schlecht da im Wettbewerb der glücklichen Nationen: Unser Land ist von Platz 16 (2017) auf Platz 7 der Glücksliste 2021 gesprungen und befindet sich damit, wie Norwegen, unter den ersten zehn von 95 Ländern. Im Glücksbericht wird dieses Ergebnis als eine Folge des Gefühls der relativen finanziellen Sicherheit und sozialen Stabilität gewertet. Es heißt dort auch, dass die Deutschen im Jahr 2020 mit der Antwort der Regierung auf die Pandemie ziemlich glücklich waren. Der vordere Platz auf der Glücksliste korrespondiert anscheinend mit den Ergebnissen der Langzeitstudie der R+V Versicherung. Sie hat für 2020 einen nie dagewesenen Niedrigstand der Ängste von uns Deutschen gemessen – weniger Angst vor einer Schuldenkrise, vor Terror, vor schwerer Krankheit. Mehr Vertrauen als in den Jahren zuvor in die Politik. Sind wir auf dem Weg in eine glückliche Zukunft? Welche Rolle spielen Pandemie, Klimawandel und Afghanistan für unser Wohlbefinden?

Na ja – wir dürfen gespannt sein, zu welchem Ergebnis der Bericht im März 2022 kommt.

Trotzdem, egal, wo Sie herkommen - genießen Sie Ihre Zeit auf Ihrer Reise durch Norwegen, oder auch auf Ihrem Kreuzfahrtschiff oder zuhause bei den Reisevorbereitungen. Spüren Sie nach, denken Sie nach darüber, was Ihr Leben bereichert und wo für Sie Ihre ganz persönlichen Quellen von Glücklich-Sein liegen könnten.

Und reisen Sie durch Norwegen mit offenen Augen!

Tipps für den Aufenthalt in Norwegen

Typisch Norwegen? Typisch Norweger!

Begeben Sie sich, ganz nebenbei, selbst auf die Spuren des „typisch Norwegischen". Machen Sie Ihre Augen auf und schauen Sie näher hin, was Ihnen am modernen Norwegen auffällt! Und machen Sie sich ein eigenes Bild davon, was Ihnen gefällt und was weniger schön ist, und was anders ist als bei Ihnen zuhause.

Gehen Sie zum Beispiel in eine Bäckerei – eine „bakeri" – und kaufen eine Zimtschnecke – „en kanelsnurre" oder „skillingbolle", je nach Region. Das ist eine wirklich köstliche norwegische Spezialität aus Hefeteig. Sollten Sie unbedingt probieren. Typisch norwegisch sind auch die norwegischen „vafler" – Waffeln in Herzform, die man mit Marmelade „syltetøy oder Schmand „rømme" oder mit beidem verfeinert.

Oder trauen Sie sich, auf einem Markt frisches Obst zu kaufen – norwegische Ware. Das ist zwar teuer, wie fast alle Lebensmittel in Norwegen. Aber es lohnt sich zu schmecken, welche Früchte mit wunderbaren Aromen in diesem rauen Klima doch so gedeihen. Die ersten norwegischen Erdbeeren gibt es jedoch erst im Sommer.

Noch eine andere norwegische Spezialität sollten Sie ausprobieren – den braunen Ziegenkäse, Brunost. Einer heißt „ekte geitost", echter Ziegenkäse, ein anderer, aus Kuh- und Ziegenmilch hergestellt, hat den Namen „Gulbrandsdalost". Beide schmecken süßlich und nach Karamelbonbon, auf jeden Fall erst einmal überraschend. Eigentlich ist es kein richtiger Käse, denn er wird nicht aus der Milch, sondern aus der Molke hergestellt und in Würfeln mit 12 cm Seitenlänge verkauft. Meine Familie schwärmt dafür. Um ihn genießen zu können, sollte er in feine, dünne Scheiben geschnitten werden, mit Hilfe eines Käsehobels. Der Geschmack ist trotzdem recht gewöhnungsbedürftig für uns Mitteleuropäer. Übrigens: Den Käsehobel hat ein Norweger 1925 erfunden, der Tischler Bjørklund aus Lillehammer – und die (damals noch runde) Büroklammer ein anderer: Johan Vaaler. Das war 1899.

Es gibt in Norwegen viele Museen, im Freiland und in Gebäuden, die meist architektonisch sehr gelungen sind. In den Reiseführern sind sie jeweils kurz beschrieben. Hier ein paar Vorschläge aus meiner Erfahrung, welche Museen sich auf jeden Fall lohnen – ohne Anspruch auf Vollständigkeit: Das Ölmuseum in Stavanger, aufwendig gestaltet und ein Muss für alle, die mehr über die Geschichte, Technik und Probleme der Ölförderung wissen wollen. Auch das Konservenmuseum in dieser Stadt ist sehenswert. Der Besucher erfährt hier anhand authentischer alter Maschinen, wie im 19. Jahrhundert Sardinen und andere Kleinfische in Dosen verpackt und mit malerischen Papierhüllen verziert wurden. In Geiranger erzählt das Norwegische Fjord-Museum hoch oben überm Wasserfall die Geschichte der Gegend – vom Bauernleben, vom Straßenbau, von der Lawinengefahr. Auf den Lofoten lockt das Lofotr-Museum in Borg mit originalen Ausgrabungsfunden der Wikinger. Und nicht versäumen: Das Wikingermuseum in Oslo mit den alten Wikingerschiffen und ihren Schätzen, das Fram-Museum ebendort auf der Bygdøy-Halbinsel, das Nansen und Amundsen gewidmet ist, sowie der Vigelandpark mit seinen wunderbar bewegten Skulpturen. Aber sicher entdecken Sie noch viel mehr solch spannender Zeugnisse der norwegischen Vergangenheit und Gegenwart, wenn Sie sich nur selbst auf den Weg machen und neugierig sind.

Lesetipps

Deutsch-norwegische Gesellschaft dng „dialog" Nr. 46, Bonn 2015, 26

Und alle anderen dialog-Hefte von der Nr. 35 bis heute (www.dng-bonn.de) Der Verein kümmert sich seit vielen Jahren um die deutsch-norwegischen Beziehungen. Dialog erscheint zweimal pro Jahr und enthält aktuelle, interessante, anregende Beiträge über Geschichte, Kultur, Politik Norwegens.

Drolshagen, Ebba: Gebrauchsanweisung für Norwegen. 2007 Piper Verlag GmbH, München

Ein kenntnisreicher, humorvoller Spaziergang durch das Alltagsleben der Nordmänner und –frauen. Unbedingt lesen!

Haefs, Gabriele: 111 Gründe, Norwegen zu lieben. Eine Liebeserklärung an das schönste Land der Welt. 2019 Schwarzkopf & Schwarzkopf Verlag Berlin Norwegenverliebt, kenntnisreich, amüsant in kurzen Kapiteln. Ein Buch für unterwegs und für spätere Reiseerinnerungen.

Fellinger, Julia: Fettnäpfchenführer Norwegen. Im Slalom durch den Sittenparcour des hohen Nordens. 2016 Für alle, die mehr über die Norweger erfahren möchten.

www.nordisch.info: Das online-Magazin für Nordeuropa. Eine aktuelle und interessante Informationsquelle.

www.nordfjord.com Ein Reise- und Ausflugsratgeber im Fjordland

Sonnenfahrt, Skulptur Reykjavík

WIKINGER!
ABENTEUER, GESCHICHTEN, IRRTÜMER

Was wissen wir so im Allgemeinen über die Wikinger? Unsere Vorstellungen über die Menschen, die vor mehr als tausend Jahren in Norwegen, Dänemark und Schweden, auf Island und Grönland lebten oder auf den Meeren unterwegs waren, beruhen oft auf Übertreibungen, auf Irrtümern oder auf satirischen Verfremdungen. Viele Touristen kennen vermutlich unterschiedliche Wikingerfiguren aus den modernen Medien, aus Filmen wie „Wiki" oder aus der TV-Serie „Vikings", aus Comics wie „Asterix und die Normannen" oder „Asterix in Amerika". Auch die zahllosen Wikingermotive in skandinavischen Souvenirgeschäften prägen unser Bild von den nordischen Helden. Lange Haare, blond, mit wildem Blick, angetan

mit Hörnerhelmen und unterwegs auf Schiffen mit rot-weiß gestreiften Segeln. In solchen Darstellungen geraten historische Tatsa-
chen und gut erfundene Fakes meist bunt durcheinander. Viel Fantasie ist da mit im Spiel.

Ist das, was wir zu wissen glauben, wahr oder falsch? Der eine oder
die andere mag sich zum Thema Wikinger ganz konkret fragen:

- Hatten ihre Schiffe beidseitig Riemen und runde Schilde?
- Waren ihre Segel wirklich rot-weiß gestreift?
- Trugen die Nordmänner Helme mit Hörnern?
- Waren sie schlimme Räuber und Piraten der Meere?
- Wer waren die Walküren? Wilde Weiber? Üppige Frauen?
- Welche Götter verehrten sie? Odin, Thor? Den Christengott?
- Sind sie die ersten Entdecker Amerikas?
- Und: Sind sie irgendwann plötzlich verschwunden?

Das ist nun eine ganze Reihe spannender Fragen. Wer sich für die
Lösung interessiert, mag mich in diesem Kapitel auf der Suche nach
Antworten begleiten.

Spurensuche im Land der Wikinger

Woher beziehen wir unser heutiges Wissen über die Wikinger? Woher können wir bessere Informationen bekommen?

Die historischen Quellen sind zwar detailreich, aber nicht unbedingt
immer verlässlich. Haben doch die Skandinavier zunächst nichts
über ihr Leben, über ihre Helden und ihre Abenteuer aufgeschrieben. Es gab nur die mündlichen Überlieferungen. Die Menschen haben von Generation zu Generation ihre Erlebnisse an langen Win-
terabenden einander am offenen Feuer erzählt.

Runen

Wichtige Namen und Daten wurden in Runensteine geritzt. Sie berichten von berühmten Königen und bedeutenden Ereignissen. Ihr
Informationsgehalt ist jedoch ziemlich mager. Die Geschichten hinter den Namen und Jahreszahlen muss sich die Fachwelt heute mü-
hevoll zusammenreimen.

Sagas

Aus dem Hochmittelalter, so ab dem 13. Jahrhundert, gibt es viele alte Schriften und Sagenbücher, die von den Taten der Wikinger berichten. Zu den berühmtesten gehören das isländische Landnåmabok, die Grönlandsaga, die Islandsaga und die Dichtungen des Isländers Snorre Sturluson, zum Beispiel die sogenannte „Prosa-Edda" und die Königssagen „Heimskringla". Dazu kommen einige Chroniken von Klöstern und Jahresberichte aus bedeutenden Städten. Alle diese Bücher enthalten abenteuerliche, aber teilweise lückenhafte und widersprüchliche Geschichten und Ereignisse, sodass man heute nicht sicher sein kann, was davon zutrifft und was im Laufe der Zeit dazu gedichtet wurde. Zudem sind diese Berichte ein Produkt ihrer Zeit und oftmals von Fehldeutungen der Ereignisse gefärbt, denn die Autoren, fromme Mönche oder gelehrte Stadtschreiber, haben ihre eigene, ihre christliche Weltanschauung mit hinein gearbeitet und mit den überlieferten Erzählungen vermischt.

Bilder

Auch durch Bilder können wir unser Wissen von den Abenteuern der Wikinger bereichern. Der Teppich von Bayeux, angefertigt in den Siebziger-Jahren des 11. Jahrhunderts, zeigt mit seinen kunstvoll gestickten Szenen vermutlich sehr realitätsnahe Abbildungen der Schiffe, der Kleidung, der Ausstattung der Wikinger. Er erzählt auf einer Länge von 70 m und einer Höhe von 0,5 m, in Schrift und Bild, die Geschichte vom Kampf um England, den der Normannenkönig, Wilhelm der Eroberer, mit seinen Kriegern anzettelte und 1066 erfolgreich mit der Schlacht von Hastings abschloss. Die Erinnerung daran war dem Künstler, der den Entwurf zur Stickerei im Jahr 1070 vorlegte, also noch ziemlich frisch im Gedächtnis.
Im 19. Jahrhundert, als das Nationalbewusstsein der Norweger und damit das Interesse an der Geschichte der Wikinger immer stärker wurde, haben einige Maler ihre Vorstellungen von deren Abenteuern im Stil der Nationalromantik zum Ausdruck gebracht, zum Beispiel Peter Nicolai Arbos, Zemo Diemer und der Däne Christian Krogh. Auch hier gilt: Das Ereignis selbst ist historisch bestätigt, die Perspektive darauf jedoch vom Zeitgeist geprägt. Heute haben wir etwas andere Bilder der Wikingerwelt im Kopf.

Ausgrabungen

Aus anderen Quellen haben wir inzwischen jedoch eine Menge verlässlicheres Wissen über das Volk der Nordmänner gewonnen. Die Geschichtswissenschaft hat deren Spuren aus vielerlei archäologischen Funden enträtselt: Reste alter Gräber wurden gefunden, noch mehr Runensteine entziffert, Fundamente von Siedlungen entdeckt, Segelschiffe aus dem Schlamm von Flüssen und Meeresufern geborgen, Schmuck und Waffen ausgegraben. Im Rahmen der rekonstruktiven Archäologie, eines besonders interessanten Zweigs der Altertumswissenschaft, werden historische Relikte virtuell und real neu hergestellt. Aus der Wikingerzeit entstehen dabei realistische Bilder oder Filme von Häuptlingsfesten und Begräbnisfeiern und beeindruckende Nachbauten von Drachenschiffen. Interessenten finden solche Produkte der Forschung im Internet – zum Beispiel vom Museum „sagastad" am Nordfjord und von der Gruppe „arkikon" von der Universität Bergen.

Satelliten

In neuester Zeit kam außerdem die ganz moderne Technik zum Einsatz. Mit Hilfe elektromagnetischer Strahlen wird vom Boden oder sogar von Satelliten im Weltraum aus, von einer Höhe von über 500 km, das Gelände in den nördlichen Gegenden, auf den Shetlands, auf Island, auf Neufundland, nach verborgenen Strukturen abgesucht. Dort, wo sich ungewöhnliche Muster zeigen, die auf Gräber oder ehemalige Siedlungen hinweisen, wird dann gezielt und behutsam gegraben.

All die gefundenen Zeugnisse der Vergangenheit liefern Erkenntnisse über die Wikinger. Sie sind wie ein Fenster in eine vergangene Zeit, durch das wir die damalige Realität deutlicher erkennen und rekonstruieren können: Wie haben die Menschen gelebt, womit und was gearbeitet, wie haben sie ihre Schiffe und Häuser gebaut, wie waren sie gekleidet, womit haben sie sich geschmückt und wie ihre Feste gefeiert? Trotz der Fülle an Material gibt es auch bei diesen Funden immer wieder Unsicherheiten und Unterschiede der Interpretation. Die Suche nach dem wirklichen Leben damals, die Deutung der verschiedenen Spuren und Relikte, gestaltet sich oft geradezu wie ein Krimi.

Ich selbst habe mich auch auf diese Suche begeben. Je mehr ich durch Zeitschriften, Fachbücher, Ausstellungen und Museumsbesuche (Oslo, Haithabu, Rosenheim, Tromsø, Reykjavík) herausfand, desto spannender wurde es für mich. Dabei musste ich feststellen, dass nicht alle Texte von gleicher Qualität sind, manche sehr einseitig, andere verwirrend, ja sogar fehlerhaft. Ich stieß jedoch auch auf hoch interessante Arbeiten, neben denen deutscher Skandinavisten auch auf norwegische Fachliteratur, auf das „Store Norske Lexikon" und auf You-tube-Streifen, in denen die Lebenswelt von damals rekonstruiert und mit lebendigen Szenen animiert wird. Trotz all dieser Wissensquellen ist jedoch auch in meinen Ausführungen die Wahrheit nicht garantiert. Vieles muss Interpretation bleiben, Neues kann sich schon morgen ergeben.

Lassen wir uns nun die Zeit um mehr als tausend Jahre zurückdrehen – ins Frühmittelalter, so etwa zwischen 800 und 1100 unserer Zeit. Begeben wir uns auf eine Zeitreise in die Heimat der Wikinger und erfahren dabei, wie sie ihre Schiffe bauten und lenkten, wie weit sie damit gesegelt sind, wann und wo sie plünderten und raubten, womit und wo sie Handel trieben, wie sie lebten und was sie alles konnten, woran sie glaubten und was aus ihnen geworden ist.

Die Schiffe der Wikinger – Geniale Konstruktionen

Unsere erste Station auf dieser Erkundung ist der Schiffsbau. Ohne eine gewisse Einsicht in die Art und Weise, wie die Wikinger Schiffe bauten, wie sie navigierten und sich auf Flüssen und Meeren bewegten, ist die Erfolgsgeschichte dieser Menschen nicht zu begreifen. Die weiten Seefahrten über den Nordatlantik sind nicht denkbar ohne die Schiffsbaukunst der Skandinavier.

Schon lange vor der Wikingerzeit, ungefähr im 4. Jahrhundert unserer Zeit, haben die Bewohner der nördlichen Gewässer Schiffe aus Holz gebaut, haben die Planken mit Seilen, später auch mit Nägeln verbunden und wie Dachziegel übereinander befestigt, die Zwischenräume mit Moos und Harz ausgestopft, mehrere seitliche Riemen zur Fortbewegung eingesetzt und zum Steuern ein Ruder rechts hinten angebracht. Das Nydam-Schiff - gebaut im Jahr 320 unserer Zeit, den Göttern geopfert und im 19. Jh. ausgegraben - ist ein imponierendes Beispiel für Schiffe aus dieser frühen Zeit. Es kann in Schleswig im Schloss Gottorf bewundert werden.

Das Handwerk zur Herstellung solcher seetüchtigen Schiffe beherrschten die Wikinger ein paar Jahrhunderte später immer noch, sie entwickelten es aber um einen entscheidenden Faktor weiter – um das Segel. Mit dem Segel wurde eine bahnbrechende, weil wesentlich effektivere Technik der Fortbewegung möglich. Zwar haben schon in der Antike die Phönizier, Griechen und Römer Segelschiffe besessen. Doch ihre Schiffsbau- und Segelkunst ging im Zuge der dunklen Jahrhunderte der Völkerwanderung offenbar verloren. In Nordeuropa jedenfalls haben in den 700-/800er-Jahren erstmals die Wikinger den Wind als treibende Kraft für lange Seefahrten wieder entdeckt und zu nutzen gelernt.

Die neue Erfindung machte den Menschen damals vermutlich auch Angst, vergleichbar mit der Furcht der Zeitgenossen vor der schrecklich dampfenden ersten Lokomotive im 19. Jahrhundert. Ein Skalde – so wird der Festredner und Sänger beim Fest eines erfolgreichen Häuptlings genannt – erzählt anschaulich über das Entsetzen eines starken Kriegers auf seiner ersten Segelfahrt. Einiges in der Wahrnehmung der Hauptpersonen ist dem Dichter dabei ein wenig „verrutscht". Er beschreibt nämlich die nordischen Seefahrer als Riesen. Aber das macht nichts. Es zeigt uns nur nachdrücklich, wie übermenschlich groß und stark die Wikinger den Zeitgenossen erschienen. Die folgende Schilderung ist einer isländischen Sage aus dem 12. Jahrhundert entnommen.

Bericht von einer windigen Seefahrt:

„Der Riese Hildir setzte sich an die Ruder. Oddr, seinem Kameraden, scheint es zu langsam zu gehen mit dem Rudern, weil der Weg weit war. Da greift er zu der Kunst ... Er zieht das Segel auf - und sogleich fahren sie mit gutem Fahrtwind das Land entlang. Es dauert nicht lange, bis Hildir voll Angst durch den Nachen springt und Oddr angreift, ihn umwirft und zu ihm sagt: „Ich werde dich töten, wenn du nicht von solchen Machenschaften ablässt, die du unternimmst, denn das ganze Land und die Berge laufen vorbei, als wären sie verrückt, und das Schiff wird unter uns sinken."

Oddr sagte: „Das brauchst du nicht zu glauben, dir ist nur schwindlig, weil du nicht ans Segeln gewöhnt bist. Lass mich nur aufstehen, und du wirst merken, dass ich die Wahrheit sage." Er tat also, was Hildir sagte und barg nun das Segel. Sofort standen Land und Berge still."

Mit ihren schlanken Langschiffen, den Drachenbooten, segelten die Skandinavier unwahrscheinlich schnell. Bei günstigem Wetter und Wind konnten sie eine Geschwindigkeit von über 16 Knoten erreichen, fast 30 km/h also. Auf langen Reisen betrug die Durchschnittsgeschwindigkeit wetterabhängig natürlich weniger. Dafür benutzte man etwas kürzere Schlangenboote mit dem Namen „Snekke", oder stabile Lastschiffe, „Knarr" genannt, zur Reise nach fernen Orten und zu neuen Küsten. Für die Überfälle auf Orte an europäischen Küsten und Flüssen wurden auch kurze, wendige Kriegsschiffe eingesetzt.

Warum waren die Schiffe der Wikinger so schnell und wendig? Schon in den Annalen, Dichtungen und Chroniken wird die Kunstfertigkeit der Wikinger beschrieben. Doch als man im 19. und 20. Jahrhundert bei archäologischen Untersuchungen Überreste solcher Schiffe fand, sowohl auf dem Grunde des Meeres als auch in Hügelgräbern an der Küste, konnte man die Bauweise der Schiffe aufgrund der Abmessungen der Fragmente rekonstruieren.

Aus solchen Funden, wie zum Beispiel in Vestfold, Myklebust, Oseberg oder Gokstad in Norwegen, aber auch in Dänemark, Schweden und im Baltikum, wissen wir heute, wie viel Material, wie viel Arbeitszeit, welch unglaubliches Geschick und welche Kunstfertigkeit nötig war, um so ein Wikingerboot zu bauen:

Der Materialaufwand war gewaltig. Fünfzig Kiefern brauchte man für Mast, Rah (Querbaum) und die Ruder, zehn Weiden lieferten Nägel aus Holz, drei Tonnen Eisenerz wurden für Nieten und eiserne Nägel benötigt, um die Planken zu fixieren. Aus 130 Tonnen Holz wurde Holzkohle gewonnen, um aus dem Erz Eisen zu gewinnen. Mit Tierhaar und Stoffresten und ungefähr 600 Litern Pech aus dem Harz von 16 Tonnen Kiefernholz wurde das Boot abgedichtet. 4500 Lindenzweige lieferten den Bast für Taue und Schoten, 600 Pferdeschweife brauchte man für Seile und 200 kg Schafwolle für die Segel. Zehn Bootsbauer brauchten fünf Monate und ungefähr 12 000 Arbeitsstunden, bis solch ein Schiff startklar war.

Zuerst mussten jedoch 23 Eichen gefällt werden – jeder Baum wurde präzise nach Qualität und Form ausgesucht, damit sich die daraus geschlagenen Bestandteile des geplanten Schiffes richtig ineinander fügten und leicht und biegsam blieben. Vom Bug bis zum Heck bestand der Kiel aus einem einzigen Stamm, der vom Schiffsbaumeister fachgerecht wegen seines besonders gebogenen Wuchses ausgewählt worden war. Nur mit der Axt durfte er bearbeitet werden, nicht mit der Säge, um den natürlichen Faserverlauf und damit die Stabilität nicht zu zerstören. Die aus demselben Grunde mit der Axt herausgeschlagenen Planken wurden „verklinkert", also nicht an der Kante zusammen gefügt wie bei den Römern, sondern überlappend geschichtet und mit Nägeln befestigt. So entstand ein in sich beweglicher Schiffsrumpf, der durch seine Elastizität auf die Kraft starker Wellen optimal reagieren konnte.

Diese Elastizität ist einer der Hauptgründe für die Seetüchtigkeit der Wikingerschiffe, die nicht von ungefähr auch „Schlange" oder „Wurm" genannt wurden. Und weil Bug und Heck der Schiffe ziemlich gleich geformt waren, konnten sie bei Bedarf schnell einmal auch rückwärts bewegt werden. Darum waren die Wikinger bei den Raubüberfällen so überraschend flink und wendig.

Die längsten und schönsten Schiffe, die Drachenschiffe, „drakkar" genannt, waren zwischen 20m und 40m lang und hatten wenig Tiefgang. Ihr Mast konnte durch eine geniale Konstruktion umgelegt, aber bei Bedarf schnell wieder aufgerichtet werden. Je nach Größe enthielten sie eine unterschiedliche Anzahl von Ruderbänken und Steckplätzen für die Schilde der Ruderer. An der Außenwand waren diese befestigt – bereit zum Einsatz in der Schlacht oder beim Überfall. Besitzer solcher Hochseeyachten waren die Jarls, Häuptlinge und Könige der Nordmänner. Ihr prächtiges, elegantes Schiff war nicht nur ein Transportmittel, sondern Symbol ihrer Macht und ihres Reichtums. Solch ein edles Schiff diente in manchen Fällen als Grabbeigabe, als Gefährt für den Weg ins Jenseits.

Mit kleineren, weniger schmuckvollen, dafür aber stärkeren und – mit etwas mehr Tiefgang - hochseetüchtigen Schiffen, „Knarr" genannt, wurden Siedler, Saatgut, Hausrat und Tiere transportiert, übers offene Meer in eine neue Heimat weit im Westen.

Viele Wikingerschiffe waren aber nicht nur sturmerprobt, sie waren auch wunderschön verziert. Ein bunt bemalter oder vergoldeter Rumpf, mit Ornamenten verzierte Steven, vergoldete Wetterfahnen waren keine Seltenheit. Schon von Ferne sollten geschnitzte Drachenhäupter oder Schlangenköpfe an Heck und Bug Eindruck machen und Schrecken verbreiten. Sie wurden deshalb abgenommen, wenn das Schiff in friedlicher Absicht in einen Hafen einfuhr. Die örtlichen Geister und die Einwohner sollten beruhigt sein.

In voller Fahrt wölbte sich das blaue, weiß-rot-gestreifte oder auch vielfarbige Rah-Segel prächtig im Wind und verstärkte die imposante Erscheinung der Boote. Es war ungefähr 150 m^2 groß, ein teures Tuch, das aus Schafswolle gewebt, mit schwarzem Birkenharz und Ochsenfett imprägniert und mit bestickten Stoffstreifen verziert wurde. 7000 Arbeitsstunden verbrachte das Team der Frauen und Mädchen mit Spinnen und Weben, um ein Segel zu fertigen. Edle Schiffe hatten zum Zwecke der Repräsentation sogar Segel aus Leinen, Samt und Seide. Die Schoten und Taue wurden aus Pferdeschwanz-Haar gedreht. Um weite Strecken übers Meer und auf Flüssen zu bewältigen, wurden die Segel gesetzt, im Hafen und zum Anschleichen bei räuberischen Aktionen kamen die Ruder zum Einsatz.

Ein besonders beeindruckendes Exemplar eines Drakkar muss das Kriegsschiff von Knut dem Großen gewesen sein, mit dem er, zusammen mit anderen Häuptlingen in die Schlacht gegen Olav Trigvasson zog (aus der Sagensammlung Heimskringla. Ólafs saga helga. Kap. 147. Übs. von Felix Niedner):

Knut der Mächtige hatte ein Heer zusammen, um das Land verlassen zu können. Er hatte eine außerordentlich große Streitmacht und wunderbar große Schiffe. Er selbst hatte ein Drachenschiff. Das war so groß, dass es 60 Ruderbänke zählte, und darauf waren vergoldete Drachenköpfe. Jarl Håkon hatte auch ein Drachenschiff. Dieses zählte 40 Ruderbänke. Auch dieses trug vergoldete Drachenköpfe. Aber die Segel waren blau, rot und grün gestreift. Diese Schiffe waren überall über der Wasserlinie bemalt, und ihre ganze Ausrüstung war die prächtigste. Noch manch andere Schiffe hatten sie, groß und herrlich ausgerüstet."

Auf dem Teppich von Bayeux, der wunderbaren Stickerei aus dem 11. Jahrhundert, kann man die Wikingerschiffe nach dieser Schilderung gut erkennen.

Zwei kunstvoll restaurierte, formvollendete Exemplare davon, das Oseberg- und das Gokstad-Schiff, sind heute im Wikingerschiffsmuseum in Oslo auf der Bygdøy-Halbinsel zu bewundern.

Geborgen 1903/04 aus dem Oslofjord, ist das Oseberg-Schiff 22 m lang, 5 m breit, 0,75 m tief. Mit diesen Maßen war es für weite Seefahrten nicht geeignet. Die zum Bau verwendeten Eichen stammen aus dem Jahr 820. Die recht gut erhaltenen Überreste zeugen von einem unglaublich eleganten Schiff. Es wurde im Jahr 834 als Grabschiff für eine vornehme Frau und ihre Begleiterin verwendet.

Im Sandefjord grub man 1880 die Überreste des Gokstad-Schiffes aus, Baujahr 890. Es ist fast 24 m lang und hochseetauglicher als das Oseberg-Schiff, weniger reich verziert, jedoch von wunderschöner Gestalt. Obwohl für lange Überfahrten geeignet, wurde es doch letztendlich als Grabschiff verwendet.

Schon 13 Jahre nach der Ausgrabung wurde dieses Schiff rekonstruiert – Norweger segelten im Jahre 1893 mit dem nachgebauten Schiff, „Viking" genannt, in 27 Tagen über den Atlantik nach Chicago zur Weltausstellung.

Die Wikinger als Seefahrer und Siedler

Die Wikinger waren Meister der Seefahrt auch deshalb, weil sie die Navigation, die Ortsbestimmung also, und die Bestimmung des optimalen Kurses beherrschten – all das ohne technische Hilfsmittel. Es gab damals keinen Kompass, keinen Sextanten, kein GPS, kein Echolot. Die Steuerleute und Lotsen knüpften an der Erfahrung älterer Seeleute und an die mündliche Überlieferung an. Zur Orientierung auf den Meeren wurden die geografischen Besonderheiten einer Route – Wind-und Wellenrichtung, Gerüche, Vogelflug, Fisch- und Walvorkommen, bestimmte Erhebungen an der Küste, Felsenklippen, Horizontlinien, Wassertiefe – erinnert und weitergegeben. Diese Kriterien, wie auch die zeitlichen und geografischen Entfernungen, der jeweilige Stand der Sterne (Polarstern!) und der Sonne, mussten auswendig gelernt werden. Es gab ja keine schriftlichen Informationen. Es gab aber erfahrene Lotsen, die bei gefährlichen Überfahrten den besten Kurs wussten. Bei Nebel und starker Bewölkung, wenn all die Zeichen für die richtige Route nicht zu erkennen waren, musste allerdings auch oft geduldig auf besseres Wetter gewartet werden. Vermutlich benutzten die Seefahrer auch einen

sogenannten Sonnenstein, einen Kristall, der das Sonnenlicht bei
schlechter Sicht polarisierte.

Einen besonderen Vorteil gegenüber anderen Seefahrern hatten die
Wikinger durch ihre geniale Segeltechnik. Sie hatten herausgefunden, wie man bei Gegenwind das Rah-Segel so drehen konnte, dass
der Wind von der Seite, fast von hinten ins Tuch fuhr – und konnten
dadurch schräg gegen den Wind vorankommen, in einem Winkel
von etwa 60 Grad kreuzen. Beim Überqueren der Ozeane, wo der
Wind von überall her wehen kann, war das natürlich ein großer
Vorteil.

Das Ziel: ein neues Leben im Westen

Das ist den meisten von uns modernen Menschen bekannt: Die Wikinger fuhren mit ihren prachtvollen, schnellen, seetüchtigen Schiffen bis nach England, Schottland, Irland, die Faröer, Island, Grönland, sogar nach Neufundland. Es war das Land, das wir viel später –
ab 1492 - unter dem Namen Amerika kennen lernten.

Die Seefahrten nach Westen über den Atlantik, von der norwegischen und dänischen Küste aus, von den Britischen Inseln, von Island und schließlich von Grönland aus, hatten zum Ziel, neues Land
zu finden, zu erschließen und dann auch zu besiedeln. Diese Entdeckungs- und Siedlungsbewegungen nach Westen zogen sich in zeitlichen Wellen über mehr als drei Jahrhunderte hin.

Auf Karten im Internet, zum Beispiel auf der Wikingerseite von Wikipedia, kann man gut sehen, wo die Verbreitung der Skandinavier
zwischen 800 und 1100 am stärksten war und wohin und wann die
Fahrten übers Meer stattfanden. Man erkennt, dass die Nordmänner
und -frauen im heutigen Dänemark, Schweden und Norwegen beheimatet waren. Von dort aus strebten sie nach neuem Wohnraum,
suchten Handelspartner und Arbeitsmöglichkeiten. Die einen, die
aus dem heutigen Schweden, orientierten sich mit ihren Siedlungs-
Bewegungen nach Osten, ins Baltikum, durchs heutige Russland und
weiter bis ans Schwarze Meer und bis Konstantinopel. Die anderen,
die Einwohner der heutigen Länder Dänemark und Norwegen, richteten ihre Interessen eher westwärts. Sie eroberten dort neue Siedlungsräume.

Norwegen besteht bekanntlich aus hohen, steilen Bergen, ebenso tiefen, ebenso steilen Seen und Fjorden, aus felsigen, stark zergliederten Küsten. Der Raum, um zu siedeln und Landwirtschaft zu betreiben, war also ziemlich eng für Bewohner, deren Anzahl durch Kinderreichtum mit der Zeit immer größer geworden war. Das Wetter entlang der Küsten und im Gebirge war rau, der Ernteertrag oft sehr karg.

Deshalb wollten viele mit ihren Familien auswandern, vermutlich vor allem die Nachgeborenen, die kein Erbrecht hatten. Es gab einfach nicht genug Land für alle Nachkommen. Ein weiterer Grund weg zu gehen war oft auch ein Zwist mit Nachbarn, ein Machtkampf mit dem Häuptling oder Steuerschulden beim König. Auch ein Konflikt mit dem Gesetz, eine Verurteilung mit Verbannung wegen Totschlags, konnte der Anlass dafür sein, das Land zu verlassen. Die Menschen, die nicht mehr in Norwegen bleiben konnten oder wollten, suchten ihr Glück in Richtung Westen, auf der anderen Seite der Nordsee und des Nordatlantik, angetrieben von der Hoffnung, dass woanders mehr Land verfügbar und die Erde fruchtbarer war.

So wurde bereits im 9. Jahrhundert neues Land auf den nahen britischen Inseln und auf Irland von dänischen und norwegischen Wikingern heim gesucht, besetzt und besiedelt. Auch auf den Shetlands, den Orkney- und Færøer-Inseln ließen sie sich nieder. Die alteingesessenen Kelten, Pikten, Angeln und Sachsen hatten dem wenig entgegen zu setzen. Sie rechneten nicht mit der Kaltblütigkeit und Entschlossenheit der Nordmänner. Spektakulär und im Gedächtnis geblieben ist eine Aktion im Jahr 865, als 3000 dänische Krieger mit einer Flotte von 100 Drachenbooten an der Ostküste Englands entlang segelten und das Land eroberten. Wer mehr und Genaueres über die dramatischen Ereignisse damals erfahren will, dem sei die Uhtred-Saga, eine Reihe historischer Romane von Bernard Cornwell, zur Lektüre empfohlen.

Weiter in der Ferne wurden unbekannte Gefilde zunächst entdeckt und erkundet. Keiner wusste ja, was sich wirklich am anderen Ende des Meeres befand. Vielleicht drohte dort nur ein Abgrund, wo der Gott der Tiefe die Schiffe mit ihrer gesamten Last verschlingen würde.

Da einige Seefahrer im Rahmen von Handlungsreisen bei ihrer Rückkehr jedoch von grünem Land und fruchtbaren Weiden berichteten, machten sich Siedler mit Kind und Kegel auf, um in diesen „gelobten Ländern" eine neue Heimat zu finden. Mit ihrer Familie, mit Saatgut, Vieh und Hausrat segelten sie in einer Knarr nach Westen.

Island

Man muss wissen, dass das Klima damals relativ warm war, im Schnitt zwei Grad Celsius mehr als heute, so dass es in Island und Grönland möglich war, Landwirtschaft zu betreiben.

Wikinger landeten vermutlich 860 erstmals in Island an, anfangs vermutlich, weil sie sich auf dem Weg zu den Færøerinseln verirrt hatten. Doch bald steuerten sie gezielt die vielversprechende Insel an. Man konnte bei guten Wetterbedingungen mit den schnellen Schiffen in 7 Tagen von der norwegischen Küste bis Island gelangen.

Schon 874, vierzehn Jahre später, begann die Besiedlung Islands durch norwegische Einwanderer. Sie hatten sich auf den gefährlichen Weg über den Nordatlantik begeben, weil sie neues Weideland suchten und dem Steuereintreiber, König Harald Schönhaar, entgehen wollten. Der erste von ihnen soll Ingólfur Arnarson gewesen sein, dessen Geschichte im Islandkapitel dieses Buches näher beschrieben wird. Besucher Islands stoßen heute auf die Spuren ihrer Langhäuser und Hütten.

Ein anderer berühmter Norweger auf Island war, ein paar Jahrzehnte später, der 950 geborene Eirik Raude, „der Rote". So hieß er nicht nur wegen seiner Haarfarbe, sondern auch, weil er viel Blut an den Händen hatte. Er hatte sich in Norwegen wegen Mord und Totschlag sehr unbeliebt gemacht und suchte sein Glück weiter im Westen, auf der fruchtbaren Vulkaninsel. Mit ihm werden wir später noch einmal zu tun haben.

In den ersten Jahrzehnten waren es 400 Familien, die den Sprung in die neue Heimat wagten. Später lebten bis zu 25 000 Menschen zeitweise auf Island. Das Land war fruchtbar, das Meer ringsum sehr reich an Fischen, Robben, Walen, Walrossen. Die Isländer waren frei dort, keinem König untertan, und verwalteten sich lange Zeit selbst. Sie regelten gleichberechtigt Gesetze und Gerichtsbarkeit, vergleichbar mit der Regierungsform einer Republik. Im Jahr 930 wurde zur Vereinheitlichung der Rechtsprechung das berühmte Althing eingerichtet, die Versammlung der Häuptlinge. Die Fläche, wo sich die Ältesten einmal im Jahr trafen, heißt heute noch Thingvellir. Sie liegt südwestlich von Reykjavík. In eindrucksvolle Landschaft eingebettet, ist dieser ehrwürdige Platz ein Symbol für die Freiheit der Siedler, aber auch für ihre Gemeinschaft und ihre Unabhängigkeit von einem Herrscher. Manche Historiker bezeichnen das große Thing, das dort stattfand, sogar als das erste europäische Parlament.

Grönland

Hundert Jahre nach der ersten Einwandererwelle wurde es auch auf Island für die nordischen Fischer und Viehbauern wieder einmal zu eng. Und so begann die Landnahme Grönlands. Einige Seefahrer hatten von Ferne grünes Land erblickt, als sie im Sturm die Orientierung verloren hatten, und erzählten den Isländern davon.

Wieder war Erik der Rote die treibende Kraft, die eisigen Küsten im Westen zu erkunden. Er hatte es sich, wie schon einmal, mit seinen Landsleuten verdorben, weil er wegen einer Kleinigkeit einen anderen erschlug, und wurde deshalb 982 vom Thing für drei Jahre mit dem Bann belegt. Keiner sollte mehr sein Freund sein und jeder, der ihm begegnete, durfte ihn straflos töten.

Um diesem Schicksal zu entgehen nahm er sein Schiff, segelte, zusammen mit einigen Getreuen, nach Westen und erreichte die grönländische Küste. Dort gab es damals Gras und Weiden, viel grünes Land also für die Landwirtschaft. Man nannte es deshalb „Grünland".

Im Jahr 985, sein Bann war vorbei, kehrte er nach Island zurück. Begeistert berichtete er den Zeitgenossen von dem viel versprechenden Siedlungsraum weiter westlich. Viele Familien vertrauten seiner Erzählung und wanderten nach Grönland aus. Nicht alle aber, die sich auf den Weg machten, kamen glücklich in der neuen Heimat an. Die Fahrt übers offene Meer zur grünen Westküste der Insel dauerte ungefähr vier Tage, bei günstigen Winden, ansonsten sicher viel länger. Und sie war lebensgefährlich. Schlechtes Wetter und mangelnde Orientierung führten oft ins Unglück. Von den 25 oder

35 Schiffen (die Chroniken unterscheiden sich hier) schafften es nur 14 bis ans Ziel. Von den anderen wurde nie mehr etwas gehört.
Mit der Zeit wagten mehr als 2000 Einwanderer eine Existenz in Grönland. Sie gründeten zwei Hauptorte im Südwesten. Und erbauten mehrere Kirchen aus Stein. Erik der Rote aber wohnte in seinem Haus Brattalid und wurde ein angesehener Häuptling.

Vinland

Das Jahr 1000 n. Chr. (vielleicht war es auch ein oder zwei Jahre später, wer weiß das schon so genau?) wurde zu einem weiteren Meilenstein in der Geschichte der Wikinger. Eriks Sohn, Leif Eriksson und einige seiner Freunde erreichten mit einem Knarr-Schiff die Ostküste eines noch unbekannten Landes weiter im Westen. Heute wissen wir – es war Nordamerika. Auch mit diesem tollkühnen Ereignis ist eine Geschichte verbunden, die in den alten Sagen berichtet wird. Leif war ein abenteuerlustiger junger Mann, den wohl oftmals „der Hafer stach".
Er wollte etwas erleben. Von einem Kaufmann, dessen Schiff im Sturm einst weit abgetrieben worden war und der Gast in Brattalid war, hatte Leif gehört, dass dieser angeblich in der Ferne eine grüne Küste erblickt hatte. Die Aussicht, für sich und seine Landsleute ein neues Siedlungsland zu entdecken, reizte ihn sehr. So machte er sich auf, mit ein paar Kumpeln westwärts ins Unbekannte zu fahren, obwohl Stürme, Eisberge, böse Geister und sonstige Gefahren ihr Leben bedrohten.
Zunächst segelte Leif von der Südwestspitze Grönlands entlang der Küste zwei Tage lang nach Norden. Erst da bog er westwärts ab. Woher er wusste, dass sich hier die kürzeste Verbindung zum amerikanischen Kontinent befand, ist nicht bekannt. Jedenfalls erreichte er nach drei Tagen tatsächlich Land, das heutige Baffin Island.
Dieses erwies sich aber als wüst, eisig und steinig. So fuhr er küstennah weiter von Nord nach Süd. Nach einigen Tagen schließlich, im Gebiet des heutigen Neufundland, fand er eine fruchtbare Gegend. Die nannte er „Vinland", das Land der grünen Wiesen. Zum ersten Mal in der Geschichte Amerikas hatten Europäer dieses Land betreten.

Hier, an der nördlichsten Spitze von Neufundland, wo heute der Ort L´Anse aux Meadows liegt, bauten Leif Eriksson und seine Männer ein paar Häuser aus Grassoden, um zu überwintern. Fundamente der Häuser und eines Schmelzofens für Eisen kann man heute noch in der Landschaft erkennen. Und der Fund von kleinen, verkohlten Stücken einer speziellen Art von Eisenerz, die seinerzeit nur Wikinger auf diese Weise herstellten, zeugt von ihrer Anwesenheit hier.

Die Nordmänner schmiedeten neue Nägel für ihre Schiffe aus dem Eisenerz der Flüsse. Doch bald gerieten die Abenteurer mit den dortigen Einwohnern in Konflikt. Die wehrten sich mit primitiven Waffen, aber entschlossen, gegen die fremden Siedler, sodass Erik und seine Leute lieber wieder das Weite suchten und nach Hause segelten.

Eine Besiedlung der Küste Nordamerikas wurde vermutlich immer wieder versucht, auch wenn es keine eindeutigen archäologischen Spuren davon gibt. Die Sagen berichten über mehrere Siedlungsbewegungen von Mitgliedern aus Leifs Familie. Eine Archäologin vermutet eine weitere Siedlung im Süden von Neufundland, in Point Rosée. Durch Satellitenaufnahmen entdeckte sie Spuren, die darauf hinweisen. Doch selbst wenn es mehrere Siedlungen in der Neuen Welt wirklich gegeben haben sollte, so waren sie auf Dauer nicht erfolgreich.

In der Periode des 13./14. Jahrhunderts kühlte das Klima in Nordeuropa allmählich ab. Die Skandinavier zogen sich aus Grönland zurück. Über die Gründe dafür streiten sich die Experten. Manche vermuten, dass sie, die dort als Bauern von Ackerbau und Viehzucht lebten, mit Eis, Schnee und strenger Kälte nicht klar kamen.

Die Wikinger als Räuber und Piraten

„Wikinger" – so wurden die nordischen Seeräuber und Piraten des frühen Mittelalters bezeichnet. Die Herkunft des Begriffs ist nicht ganz klar, er könnte von vik = Bucht kommen (da versteckten sie sich vor dem Angriff oft). Oder wahrscheinlicher von dem Ausdruck „reise i viking" – auf große Fahrt gehen. Was sie ja auch ständig taten. Auf vielen Abbildungen, Gemälden und Skulpturen sieht man die wilden Kerle: groß, kräftig, Haarpracht und Kleidung beeindruckend.

Nicht nur die Anzahl, auch die Ausrüstung der Wikinger machte sie zu furchterregenden Erscheinungen: Angetan mit Kettenhemd und Helm, geschützt durch einen Schild aus Leder mit eisernem Beschlag (Schildbuckel), gingen sie rücksichtslos mit ihren Äxten, Schwertern, Speeren und Messern auf die meist wehrlosen Opfer los. Jeder Angriff endete mit einem Blutbad .

Der historischen Genauigkeit halber muss gesagt werden, dass die Wikinger mit ihrer Gewalt und Wildheit in ihrer Epoche keine Einzelerscheinung darstellten. Seit dem Zusammenbruch des weströmischen Reiches durch den Einfall der Germanen im 4. Jahrhundert, seit der Zeit der Völkerwanderung von Franken, Sachsen, Goten, Vandalen und Hunnen, gab es keine staatliche Ordnung mehr. Recht und Gesetz waren in Vergessenheit geraten. Es waren dunkle Jahrhunderte zwischen 400 und 1100, in denen die Macht des Stärkeren sich überall durchsetzte. Gewalt war in dieser Zeit weit verbreitet: Piraterie, Raubzüge, Brandschatzung, Erpressung, Unterwerfung von Sklaven – die Wikinger stellten also keine Ausnahme dar. Am stärksten war das Räuberwesen der Nordmänner im 8. bis 10. Jahrhundert. Um eine Vorstellung davon zu bekommen, über welch lange Zeit solche üblen Angriffe mehr oder weniger an der Tagesordnung waren, vergleiche man diesen Zeitraum mit den letzten zweihundert Jahren der Neuzeit: Zu Beginn des 19. Jahrhunderts war Napoleon mit seinen Truppen in Europa unterwegs, auch raubend und mordend. Wie weit entfernt erscheint uns das heute, nicht wahr? Und wie schrecklich ist die Vorstellung, wir wären, seit Napoleons Heerzügen, immer noch von wilden Horden aus Frankreich bedroht! Die Menschen im frühen Mittelalter waren wirklich nicht zu beneiden.

Warlords

Die Häuptlinge sammelten Getreue um sich, die lange Zeit freiwillig mit ihnen in den Kampf zogen. Ihr Lohn bestand in einem Anteil an der Beute. Als wilde Räuberhorde plünderten sie Städte und Klöster, erbeuteten Schätze, nahmen ihre Opfer gefangen, um sie zu verkaufen oder zu versklaven. Mit der Zeit wurde die Piraterie immer effektiver und professioneller, die Gefolgschaften waren nun hierarchisch strukturiert. Die Heere der Krieger wuchsen zu einer unheimlichen Bedrohung für ganz Europa heran.

Wikingerhäuptlinge waren „Warlords", die alle Länder, die sie erreichen konnten, überfallen haben. Eine Karte auf Wikipedia zeigt die Hauptrouten der Angreifer: es ging nach Westen, nach England, Irland, Schottland, aber auch nach Süden, ins Frankenland, ins Römische Reich deutscher Nation, bis nach Spanien und Gibraltar. 1060 schließlich erreichten die Räuber Italien und Jerusalem. Für ihre Feldzüge waren die Nordmänner mit ganzen Flotten, also mit Hunderten von Kriegern und vielen Schiffen unterwegs. In einem Kriegsschiff hatten vermutlich kurzzeitig sogar mehrere hundert Kämpfer Platz.

Als erster Raubzug ist der Überfall auf das Kloster Lindisfarne in Nordengland im Jahre 793 bekannt und urkundlich bezeugt. Der berühmte Gedenkstein bei Lindisfarne zeigt, wie dicht und drohend die Piraten heranrückten.

Taktik der Seeräuber

Die Wikinger schlugen zu, wo der Widerstand gering war und Gold und Silber, sowie andere Wertsachen zu erwarten waren. So wurden viele Orte im westlichen Frankenreich im 9. Jahrhundert (843 Nante, 885 Paris) genauso überfallen und geplündert wie Orte im Gebiet von Rhein und Mosel (Köln, Bonn, Andernach, Duisburg und Xanten). Die wilden Horden, die „Piraten, Heiden, Schlangenbrut, Satanskinder" (Zitate aus kirchlichen Jahresberichten) suchten bevorzugt Klöster und Kirchen heim, weil es dort, mangels Waffen und Soldaten, keine Gegenwehr gab. Entlang der Flüsse gelangten die Wikinger mit ihren leichten Booten ohne Mühe und schnell, wohin immer sie wollten.

Die Priester und Mönche interpretierten die Plage durch plündernde Räuber - entsprechend ihrem Glauben - als Strafe Gottes. Die Gebetbücher enthielten den Satz „Bewahre uns, oh Herr, vor dem Zorn der Nordmänner!". Leider handelt es sich bei diesem Glauben um einen Irrtum. Es half nicht, seine Sünden zu bekennen und zu beten. Das Übel in Gestalt plündernder Wikinger kam trotzdem über Nacht.

Das versteht man sofort, wenn man hört, wie so ein Raubzug vor sich ging. Ein entsetzter Augenzeuge hat in seinem Erlebnisbericht den Überfall auf Nantes und die feindliche Übermacht – mehrere hundert Wikinger - mit drastischen Worten beschrieben.

Der Überfall auf Nantes, am 25. Juni 843:

Die Bevölkerung – Laien, Mönche und Priester – hatten sich in die Kirche geflüchtet und dort verbarrikadiert. Mit 67 Schiffen kamen die Krieger die Loire herauf gesegelt, ein Überraschungsangriff im Morgengrauen.

... die Wikinger brachen die Tore auf und zerschmetterten die Fenster der Kathedrale. Wild stürmten sie durch das heilige Gebäude und schlugen jeden nieder, der sich ihnen in den Weg stellte. Sie griffen die Gemeinde an und ermordeten grausam sämtliche Priester und Gläubige. ...Die Wikinger erbeuteten ungeheure Mengen an Silber und Gold ...außerdem nahmen sie zahlreiche Gefangene mit ...zu ihrem Stützpunkt in der Loiremündung.

Die Historiker zweifeln zwar daran, dass der Beobachter exakt 67 Schiffe gezählt hat in der Schrecksituation. Doch auch aus anderen Quellen ist bekannt, dass die Überfälle mit vielen Schiffen und mit sehr vielen Männern, pro Schiff an die hundert, stattfanden.

Die militärische Vorgehensweise der Wikinger war äußerst effektiv – dies zeigt ja das Beispiel des Überfalls auf Nantes: Mit einer großen Anzahl schneller Schiffe, kleiner als Drachenschiffe, aber robuster und mit wenig Tiefgang, gelangte eine große Menge an Kriegern zum Ziel des Angriffs. Diese außerordentlich hohe Beweglichkeit der Räuber und ihre Geschicklichkeit im Umgang mit der Waffe führte meist zum Erfolg: Sie kamen überraschend, in der Nacht oder im Morgengrauen, brachen ein, raubten und plünderten und waren schnell wieder verschwunden. Sicher war also auch die klammheimliche Annäherung der Piraten an die Opfer des Überfalls für das Ergebnis entscheidend. Sehr realistisch zeigt der Film „Die Päpstin" von Sönke Wortmann, wie plötzlich und grausam sich solche Überfälle abspielten.

Häufig wendeten die Wikinger dabei geradezu mafiöse Methoden an: Sie erpressten Schutzgeld von denen, die sich nicht ausrauben ließen und verlangten Lösegeld für die Rückgabe Gefangener.

Lösungen gesucht

Geordnetes Militär zur Abwehr von Feinden stand den Opfern nicht zur Verfügung, das ganze Frankenland war wenig wehrkräftig. Denn die damaligen Herrscher des Frankenreiches, zum Beispiel Kaiser Karl der Große und sein Sohn Ludwig der Fromme, zogen permanent reisend durch die Lande, um ihr Herrschaftsgebiet zusammen zu halten. Sie befehligten ein wildes Heer von ständig wechselnden Söldnern, denen der Lohn oft lange oder gänzlich vorenthalten wurde. Die Folgen kann man sich vorstellen. Die Soldaten hielten sich an keine (militärische) Ordnung und holten sich ihrerseits bei der Bevölkerung, was sie brauchten. Es gab zu dieser Zeit kein Reichszentrum, keine Hauptstadt, kein verlässliches Militär, um sich strategisch klug gegen äußere Feinde zu wehren.

Die Regenten der betroffenen Länder versuchten trotzdem alles, um sich vor der wiederkehrenden Plage der Skandinavier zu schützen. Sie boten Verträge an, waren damit aber wenig erfolgreich.

Erst Karl III., genannt der Einfältige, fand eine regionale Lösung für das Westfrankenreich. Er war wohl gar nicht so einfältig, wie sein Name vermuten lässt. Im Gegenteil, er war wesentlich einfallsreicher als seine Fürstenkollegen weiter östlich. Im Jahre 911 bot er Rollo, dem Anführer der räuberischen Piraten, ein großes Stück Land als Lehen zur Besiedlung. Im Gegenzug mussten sich die heidnischen Nordmänner taufen lassen. Was sie zumindest zum Schein taten. So entstand die heutige „Normandie" – benannt nach den neuen Siedlern aus dem Norden. Sie verteidigten nun das Westfrankenreich gegen die anderen Wikinger und eroberten 1066 Britannien. Ob die Zischlaute der Scht's in Nordfrankreich – bekannt aus dem gleichnamigen, lustigen Film - noch ein Überbleibsel aus der Wikingerzeit sind? Das müsste man einen Sprachwissenschaftler fragen.

Reiche Beute

Die Beute bestand aus Gold und Silber in Form von Münzen, sakralem Gerät und Schmuckgegenständen. Insgesamt 25 Tonnen Silber und Gold erbeuteten die Nordländer vermutlich im Laufe des 9. und 10. Jahrhunderts. Auch Perlen und feine Stoffe waren begehrt, dazu hochwertige Metallwaren (fränkische Schwertklingen), auch Geschirr und edle Stoffe, nicht zuletzt Wein, der im Norden klimabedingt nicht angebaut werden konnte. Sehr lukrativ war zudem der Raub von Menschen, die gegen Lösegeld wieder freigelassen oder als Sklaven zuhause eingesetzt oder in andere Länder verkauft wurden.

Das Schwert
Für den Erfolg der Überfälle unabdingbar waren, wie oben bereits erwähnt, geeignete Waffen. Ein gut gefertigtes Schwert zu besitzen konnte ausschlaggebend sein. Manchen Schwertern wurde eine magische, übernatürliche Kraft, ja so etwas wie eine Persönlichkeit zugeschrieben. Die Klinge stammte oft aus dem Frankenreich und wurde mit dem Namen des Waffenschmieds versehen. Zum Beispiel das wunderbare Schwert mit dem Namen „Ulfberht". Der Griff war meist das Werk nordischer Kunstschmiede. Solche Schwerter waren der besondere Stolz von herausragenden Kämpfern und verliehen ihnen Kraft und Mut. Nur hochgestellte Persönlichkeiten besaßen einen so wertvollen Schatz. Nach dem Tod des Besitzers wurde das Schwert vererbt oder aber als Grabbeigabe dem Helden mitgegeben. Einfache Krieger waren mit Äxten, Keulen und Speeren bewaffnet.
Von der Bedeutung eines genialen Waffenschmieds erzählt die Sage von Wieland. Als historische Tatsache kann sie zwar nicht gelten – aber so ähnlich könnte es gewesen sein:
Heimtückisch entführten Wikinger einen der damals berühmtesten Handwerker im Frankenreich, einen Mann mit Namen Wieland. Seine Schmiedekunst war sagenhaft. Er war einer der besten Schwertschmiede der Zeit. Ein Häuptling brachte ihn nach Norden und zwang ihn, seine Kunst für die Waffen des Entführers zu entfalten. Damit der Schmied nicht fliehen konnte, durchtrennte der Häuptling ihm beide Achillessehnen. Die Sage erzählt, dass Wieland sich eines Tages bitter gerächt hat. Er tötete die Söhne des Fürsten, verarbeitete ihre Hirnschalen zu vergoldeten Trinkschalen, vergewaltigte dessen Tochter und zeugte mit ihr ein Kind. Schließlich flog er dank seiner magischen Kräfte durch die Luft davon und ward nie wieder gesehen. Richard Wagner hat die Geschichte im Stil der nordischen Romantik genial vertont.

Die Siegesfeier zuhause

Wichtigster Ort des Gefolgschaftswesens und der Raum für Feste, zum Beispiel die Siegesfeier nach erfolgreichen Raubzügen, war die Halle eines Langhauses. Jeder Häuptling – und es gab im Frühmittelalter viele davon - ließ eine Halle für sich bauen, in der er sich nach den Raubzügen des Sommers mit seinen Kämpfern traf. Ein Langhaus bestand aus Holzstämmen und -balken, war 50 – 80 Meter lang und bis zu 10 Meter hoch, innen mit Holzschnitzereien geschmückt. Ein Langhaus, das auf den Lofoten gefunden wurde, ist größer und prächtiger als alle, die man zuvor gefunden hat. Zusammen mit einigen kleineren benachbarten Gebäuden und den Resten einer Kirche befindet es sich heute im Lofotr Museum in Borg auf den Lofoten.

Bemerkenswert ist die Geschichte seiner Entdeckung. 1981 fand ein Bauer beim Pflügen Fundamente von alten Häusern auf seinem Acker. Es waren die Reste einer Wikingersiedlung - eine Sensation. Nach aufwendigen archäologischen Untersuchungen konnte man nicht nur eine wunderbare Festhalle rekonstruieren, sondern fand auch unglaublich viele Gegenstände - Waffen, Schmuck, Trinkgefäße, Geschirr. Sie werden aus der Zeit zwischen circa 800 und 1200 unserer Zeitrechnung, aus der Wikingerzeit also, datiert.

Die jahrelang dauernde Rekonstruktion des Langhauses ergab diesen beeindruckenden Bau: 83 Meter lang, 9,5 Meter breit und 9 Meter hoch – das größte Langhaus, das je in Skandinavien gefunden wurde. Es hat drei Bereiche - den Wohnraum, den Stall und die Halle für Feiern, Zeremonien, Versammlungen.

In diese Halle begeben wir uns nun in Gedanken, um eine Siegesfeier mit zu erleben, ein Fest mit dem Charakter einer kultischen Handlung, feierlich begangen mit Tier- und Menschenopfern und begleitet von Heldengesängen.

Die Szene: Die Krieger werden – nach erfolgreichem Raubzug - zur Feier in die große Halle geladen. Auf einem prächtigen Thron sitzend, empfängt der Häuptling die Gäste, bewirtet sie reichlich mit Braten und anderen Köstlichkeiten. Es wird miteinander Met oder auch Wein aus Europa getrunken.

Im Rahmen der Bewirtung werden die tapferen Männer von ihrem Häuptling reich beschenkt - mit Goldschmuck und Silberarmreifen, mit Kleidung, Helmen, Kettenhemden und Schilden. Der Häuptling verteilt die Beute unter seinen Gefolgsleuten und erhält sich so deren Freundschaft und Treue - und seine Autorität. Die jungen Männer seines Machtgebietes sind auch eingeladen. Sie sollen sehen, welcher Reichtum sie erwartet, wenn sie im nächsten Sommer „i viking" fahren, auf große Fahrt gehen.

Je reicher ein Häuptling oder König war, je mehr Reichtum er verschenkte, je größer sein Schlachtenglück war, desto größer war sein Ruhm und desto größer die Ehre, zu seiner Mannschaft zu gehören. Und desto rauschender verlief die Siegesfeier.

Dichter und Sänger, Skalden genannt, besangen die Erfolge und die Bedeutung des Häuptlings. Sie gaben dem Festmahl den entsprechenden feierlichen Rahmen. Mit seinen Erzählungen mehrte der Skalde den Ruhm des Anführers. Dafür wurde er mit einem goldenen Armreif oder anderem Schmuck belohnt. Skalden trugen ihre Gedichte in komplizierten Versmaßen vor. Sie konnten Runen schreiben und lesen. Auf den Steinen, die an diversen Orten Skandinaviens gefunden wurden, sind die klingenden Namen von Fürsten und Königen eingeritzt. Harald Schönhaar, Erik Blutaxt, Olav Trigvasson, Harald Blauzahn, Sven Gabelbart – diese Namen klingen wie ein wildes Lied von Helden und starken Männern.

Hier ein Auszug aus dem Lobgesang des Skalden Sigvat zu Ehren von König Olav I. Haraldsson:

„Endlich ließ sich der Häuptling auf seinem erhabenen Sitz nieder. Die Krieger hatten in gespannter Erwartung auf den Bänken in der großen Halle ausgeharrt, gewärmt vom prasselnden Feuer und sich labend an reichlichen Mengen Met. Die Dienerinnen des Häuptlings hatten im Herbst mehrere Wochen damit zugebracht, Honig und Wasser zu mischen und Fässer zu füllen mit dem Trank für die berühmte Jul-Feier, das alte skandinavische Mittwinterfest. Nun war der Häuptling eingetroffen – angetan mit seinen besten Gewändern – und verlangte zu wissen, warum man seinen berühmten Kriegern nur ein so gewöhnliches Getränk kredenzt hatte. Verdienten sie denn nichts Besseres nach all dem, was sie im Land der Franken vollbracht hatten? Hatten sie im letzten Sommer nicht Fässer voll besten fränkischen Weins aus dem reich bestückten Keller jenes Klosters mitgenommen und ihre Beute mit ihrem Blut teuer bezahlt? ... Jetzt nahmen alle Wein statt Met zu sich, um ihrer aller Tapferkeit und ihren Erfolg bei den Raub-

zügen des Sommer zu feiern.... Nun war es Zeit für das Hereinbringen der Speisen, doch als Erstes mussten die Götter ihren Anteil bekommen.

Der Häuptling schnitt dem Opfertier die Kehle durch und ließ das Blut auf den Boden fließen. Auf die Lache goss er etwas Wein. ... Das geopferte Lamm wurde hinausgetragen, um gebraten zu werden, und das übrige Essen wurde hereingebracht: große Stücke gebratenes Fleisch, mehrere Kessel gekochter Fisch und Zuckerwerk. Die Krieger langten kräftig und zufrieden zu. Selbstverständlich musste man zu den Festen dieses berühmten Häuptlings sein Essen nicht selber mitbringen! (gefunden bei Winroth 2016)

Die Wikinger wären vermutlich längst in Vergessenheit geraten, hätten sie nicht mehr gekonnt als Piraterie und Feste feiern. Sie waren auch geschickte Kaufleute – besonders dort, wo die Gegenwehr stärker war als in den fränkischen Klöstern.

Die Wikinger als Händler

Wenn die wertvolle Beute nicht mit Gewalt zu holen war, weil die Menschen andernorts wehrhafter waren als am Rhein oder an der Loire, wurde gehandelt. Zahlreiche Händler betrieben ihre Geschäfte mit den Bewohnern von Städten und mit Fürsten im ganzen europäischen Raum, sowie hinüber in den nahen und fernen Osten.

Die Norweger waren bekanntlich eher nach Westen hin orientiert, über die Nordsee nach den Shetlandinseln, nach England und Irland und weiter westlich über den Atlantik. Die Skandinavier aus Dänemark und Schweden, aus dem Ostseeraum also, trafen sich in den Handelszentren Haithabu, Birka, Gotland. Sie fuhren mit ihren schlanken Schiffen Richtung Osten, die Flüsse hinauf und hinunter. Um das Land zwischen einem Fluss und dem nächsten zu überwinden, schleppten sie die Boote an Seilen durchs Gelände. So entstanden Handelsknotenpunkte im heutigen Gebiet des Baltikums und des russischen Reichs.

Was hatten die Nordländer ihren Kunden zu bieten? Luxusprodukte vor allem, wie zum Beispiel Bernstein, Walross-Elfenbein, Honig, Pelze von Füchsen, Eichhörnchen und Hermelinen. Begehrt bei den Geschäftspartnern im Süden und Osten waren aber auch Handwerkswaren wie Wetzsteine, Mühlsteine, Speckstein, Häute, Schiffstaue, bunte Woll- und Leinenstoffe.

Was wurde dagegen aus dem Ost- und Westfrankenreich, aus dem Rheinland, aus Südeuropa, dem Nahen Osten, ja sogar aus dem Orient nach Skandinavien eingeführt? Begehrte Handelsgüter waren Wein, Gewürze, Brokat und Seide, Leder, Glas, Gold- und Silberschmuck. Oft wurde auch Getreide importiert, weil es durch das nasse, raue Klima im Norden so oft Ernteausfälle gab.

Ins Ausland verkauft wurde auch die eigene Arbeitskraft. Tapfere Krieger aus Skandinavien verdingten sich als Elitesoldaten beim byzantinischen Kaiser in Konstantinopel, dem heutigen Istanbul. Allerdings mussten sie sich vorher taufen lassen. „Heiden" waren im Heer des oströmischen Herrschers und orthodoxen Christen nicht geduldet.

Besonders lukrativ war in dieser Zeit jedoch der Sklavenhandel. Im Rahmen der Raubzüge wurden ja viele Opfer aus dem Frankenreich sowie von den britischen Inseln gefangen genommen. Wenn niemand für sie Lösegeld bezahlen wollte oder konnte, und wenn die Skandinavier sie nicht selbst als Leibeigene brauchten, wurden sie an reiche Kaufleute im Orient und an die Kalifen Arabiens verkauft. Bezahlt wurde mit zerstückelten silbernen Münzen und Armreifen, bewertet nach Gewicht, mit dem sogenannten Hacksilber.

Aufgrund der Handelsrouten in alle Himmelsrichtungen kann Skandinavien in dieser Zeit als das Scharnier globaler Handelsbeziehungen zwischen der Westroute (Frankenreich, England, Irland), der Ostroute (Nowgorod, Byzanz, osmanisches Reich) und dem Süden (Spanien, Italien, Jerusalem) bezeichnet werden.

Unsere nächste Station auf der Spurensuche nach den „wahren" Wikingern führt uns nun in ein Dorf mit Holzhütten.

Die Wikinger und das Leben auf dem Lande

Angesichts der Räubergeschichten über die Wikinger wird oft übersehen, dass ihr Volk nicht nur aus gewalttätigen Räubern und abenteuerlustigen Seefahrern bestand. Die meisten Nordmänner waren eher häuslich und hatten Frau und Kinder. Nur ein Teil der Männer, vor allem die Zweit- und Drittgeborenen, waren als ruhmsüchtige, beutegierige Plünderer unterwegs. Wenn sie nach den sommerlichen Raubzügen zurückkehrten, wohnten vermutlich die meisten von ihnen ganz zivil mit ihrer Familie in ihrem Haus. So wie die anderen Skandinavier auch. Sie betrieben ihre Landwirtschaft, ihr Handwerk, gingen zum Fischen.

Die Gesellschaftsform der Skandinavier bestand aus drei Schichten: aus der Oberschicht wohlhabender Jarls und Häuptlinge, die auch Besitzer der Schiffe waren, aus einer Mittelschicht der freien Handwerker und Bauern und drittens aus der Schicht der Leibeigenen und Sklaven. Letztere machten vermutlich 25-30 Prozent der Bevölkerung aus (siehe Store Norske Lexikon, Stichwort „vikingtiden"). Über allen stand der König, wobei die Königreiche unterschiedlich groß waren, sich gegenseitig bekriegten und ihr Gebiet sich, wegen wiederholter Machtkämpfe, ständig veränderte.

Die Häuptlinge waren durch ihre Beutezüge sehr reich und hinterließen mit ihren Besitztümern die deutlichsten Spuren. Von ihnen und ihrem Leben wissen wir also am meisten. Sie besaßen die schönen, schnellen Schiffe, eindrucksvolle, stabile Langhäuser, reichlich Land und Vieh, und sie schmückten ihre Reitpferde mit aufwendigen Ketten. Aber auch diese reichen Leute betrieben Landwirtschaft. Menschen und Vieh waren im selben Gebäude, aber in unterschiedlichen Räumen untergebracht. Die Frauen trugen teure Kleidung und goldenen Schmuck und bezeugten so die Bedeutung und den Reichtum ihres Ehegatten.

Im Haus befanden sich die fellbedeckten Betten, die Feuerstelle, der Esstisch, der Webstuhl, die Nähkammer. Vieles, was man im Alltagsleben so machte, fand jedoch vor dem Haus im Freien statt, weil es, um die Kälte abzuhalten, keine Fenster gab. Drinnen war es deshalb recht dunkel und oft verraucht.

Die Angehörigen der Freien, der Mittelschicht also, lebten mit der Großfamilie und den anderen Landsleuten in kleineren und größeren Orten. (In Haithabu in Schleswig-Holstein kann man heute die Rekonstruktion eines solchen Wohnorts besichtigen.) Ihre Häuser waren einfacher, enger und kleiner. Die Wände und Dächer wurden aus dem Material gebaut, das zur Verfügung stand, aus Holz, Birkenrinde und Grassoden. Fenster gab es auch hier nicht. Die Feuerstelle in der Mitte lieferte Licht und Wärme. Der Webstuhl lehnte an der Wand und konnte im Sommer nach draußen getragen werden, um das Tageslicht zu nutzen. Oft gab es einen Brotbackofen aus Lehm im Haus. Das mit Mahlsteinen gemahlene Korn wurde darin zu Brot verarbeitet. Dafür wurde der Ofen durch ein starkes Holzfeuer erhitzt. War er heiß genug, dann nahm die Hausfrau mit einer flachen Schaufel die Glut heraus. Und das Brot wurde in der verbliebenen Hitze gebacken.

Am wenigsten Erinnerung gibt es an die Sklaven. Sie besaßen nichts Wertvolles und konnten also wenig hinterlassen. Als Beute aus Überfällen in Britannien oder Mitteleuropa wurden sie gefangen genommen, als leibeigene Bedienstete behalten oder in den Orient verkauft. Man schätzt, dass eine Wikingerfamilie der Mittelschicht ein bis zwei Sklaven besaß, ein Häuptling oder Fürst auch mehr. Die Sklaven mussten viele der alltäglichen Aufgaben übernehmen. Sie und ihre Familie verrichteten die schweren Arbeiten, wie Holz hacken, den Acker pflügen, beim Hausbau helfen. Ihre Arbeitstage waren lang, ihre Wohnverhältnisse ärmlich.

Berichtet wird auch, dass der Dienstherr zur Strafe für kleine Delikte wie Körperverletzung oder Diebstahl gerne gleich zur Axt griff und den verdächtigen Sklaven erschlug. Mit dem Herrn des Sklaven, falls er es nicht selbst war, einigte sich der Totschläger danach beim Biertrinken. Die nordischen Siedler in Island und Grönland verschleppten weibliche Gefangene von den britischen Inseln als Sklavinnen in die neue Heimat und nahmen sie später häufig zur Ehefrau. Ihre DNA ist heute noch im Blut der isländischen Bevölkerung nachweisbar.

Starben Leibeigene, dann wurden sie verbrannt oder einfach in der Erde vergraben. Einige der Sklaven und Sklavinnen im Besitz der Oberschicht wurden beim Tod des Häuptlings oder Königs, als Begleitung auf dem Weg ins Jenseits, getötet und mit ins Grab gelegt. Leibeigene konnten aber in der zweiten Generation, wenn sie sich bewährt hatten, zu freien Männern und Frauen aufsteigen.

Berufe der Wikinger

Die nordischen Männer und Frauen arbeiteten als Landwirte, Fischer und Handwerker. Sie bauten Getreide und Gemüse an, hielten Schafe, Kühe und Pferde. Das brachte zwar nicht soviel Ruhm und

Reichtum ein wie die Raubzüge, war aber weit weniger lebensgefährlich.

Es gab Schmiede (erinnert sei hier an die eisernen Schwerter und Axtschneiden von denen oben berichtet wurde), Holz- und Elfenbeinschnitzer (Kamm), Glasbläser, Goldschmiede und nicht zuletzt sehr geschickte Schreiner, Zimmerleute und Bootsbauer. Es ist schon sehr beachtlich, dass dieses Volk wilder Seefahrer und Räuber sich nicht nur beim Schiffsbau sondern auch in so vielen anderen Bereichen als geschickte Handwerker erwiesen haben.

Frauen und Kinder in der Wikingergesellschaft

Die Frauen hatten keine Rechte im Ältestenrat, jedoch eine starke Stellung in der Familie. Sie zogen die Kinder auf, machten Hausarbeit – kochen, Wolle spinnen und weben, Kleider und Segel nähen. Sie hatten aber auch die Schlüssel zu verwahren und zu verwalten. Und wenn der Familienvater abwesend war, weil er sich auf großer Fahrt befand oder, im Kampf gefallen, vom Beutezug nicht mehr zurück kam, dann hatte die Frau das Sagen. Sie führte das Zepter über die Familie, die Finanzen und das Gesinde. Frauen waren erbberechtigt und konnten Entscheidungen für die Familie treffen. Sie nahmen vermutlich sogar an Schlachten teil. Unlängst wurde durch DNS-Analysen eines Skeletts festgestellt, dass ein reich mit Waffen und Pferden bestücktes Schiffsgrab nicht einen Krieger, sondern eine Kriegerin „beherbergt".

Wenn der Mann seinen Pflichten als Versorger nicht nachkam oder zuhause gewalttätig wurde, konnte die Frau beim Thing, dem Ältestenrat, die Scheidung beantragen und ihren Mann aus dem Haus jagen.

Die Wikinger-Kinder mussten in Haus und Landwirtschaft mitarbeiten, Wasser schleppen, Holz tragen, Tiere füttern. Die Jungen halfen den Vätern beim Schiffsbau und bei den anderen Handwerksarbeiten. Die Mädchen gingen den Müttern im Haus zur Hand, insbesondere auch beim Spinnen der Wolle für Segel und Kleidung. Nur mit ihrer Hilfe war das schwierige Alltagsleben der Erwachsenen zu bewältigen.

Doch die Kleinen durften auch Kind sein. Auf einigen Felszeichnungen kann man sehen, wie sie miteinander drinnen und draußen spielen. Und im Jahr 2017 wurde ein Holzstück ausgegraben, das eindeutig einmal ein sehr kleines Schiff war – ein Schifflein, mit dem die Kinder Seefahrer und Seeräuber spielen konnten. Archäologen haben auch anderes Spielzeug gefunden - einen Kreisel mit einer Schnur, auch „Schnurrer" genannt und Spielsteine für das Strategiespiel „Hnefatafl". Anscheinend gab es in Skandinavien eine Reihe von Brettspielen, ähnlich unserem Mühle-, Dame- und Schachspiel, die von Kindern und Erwachsenen gespielt wurden. Manche Experten vermuten, dass das taktische Geschick der Wikinger schon in der Kindheit durch solche Spiele trainiert wurde.

Rechtsprechung
In der Mitte eines Ortes, oder in dessen Nähe an einem geweihten Ort, befand sich die regionale Thingstätte. Die Rechtsprechung entwickelte sich aus ersten Anfängen. Wo es kein geeignetes Langhaus gab, fanden die Treffen im Freien statt. Es gab unterschiedliche Orte für solche Thingplätze. Zum Beispiel ein Rund aus großen Steinen, ausgelegt in Form eines Boots. Oder ein Platz mit mehreren Hütten ringsum, die für die Mitglieder des Rats bestimmt waren. Im Thing saßen die Männer der Gemeinschaft, um Gesetze zu beschließen, Konflikte zu klären und Recht zu sprechen. Dies diente der Wahrung des gesellschaftlichen Friedens. Den Vorsitz hatten die Ältesten und die Schriftgelehrten, diejenigen also, die Runen lesen und schreiben konnten. Auf dem größten bekannten Thingplatz in Thingvellir/ Island beschloss der Rat des Althing im Jahr 1000 den Übertritt der gesamten Bevölkerung der Insel zum Christentum. Es wurde zur Staatsreligion. Womit wir bei der letzten Station unserer Erkundungen angelangt sind.

Die Religion – zwischen Götterwelt und Christentum
Die Götterwelt der Wikinger war bevölkert von Männern und Frauen, von Riesen und Tieren und Geistern – von Odin, Freyr und Freya, von Frigg, Thor, Tyr und vielen anderen.
In der Mythologie gab es zudem Riesen. Der erste Riese hieß Hylmir. Die Liste dieser altnordisch klingenden Namen ließe sich lange fortsetzen. Jedenfalls gingen die himmlischen Wesen, die alle zusam-

men auf dem Weltenbaum Yddrasil wohnten, nicht sehr zart miteinander um. Es gab Mord und Totschlag.

Die Walküren, kriegerische Göttinnen in glänzender Rüstung, geleiteten die gefallenen Helden der Wikinger ins Paradies, nordisch „Åsgard" genannt, um dort mit dem Götterchef Odin zu speisen. Das Nordlicht sollte der Widerschein des Mondes in ihrer Rüstung sein. Mir scheint, die Welt dieser Überirdischen war ein sehr buntes Abbild der menschlichen Welt im Nordland.

Die Menschen wohnten in der Mitte zwischen Walhall und Hel, der Unterwelt, in Midgard. Ihre Welt wurde vom Yddrasil-Baum beschattet und von der Midgard-Schlange umringt. Nach dem Tode konnten die Menschen mit einem wunderbaren Leben in Walhall im Kreise der Götter hoffen. Dies war eine Belohnung besonders dann, wenn sie in einem tapferen Kampf getötet wurden.

Im Totenkult der Wikinger findet sich dieser Glauben an ein Weiterleben wieder. Die Wikinger waren davon überzeugt, dass man in einem Schiff oder Wagen das Jenseits, den Walhall, erreichen konnte. Viele wertvolle Grabbeigaben sollten diesen Weg begleiten. Viele berühmte und beliebte Führer, aber auch angesehene Frauen wurden in einem Boot beerdigt. Es sollte den Toten standesgemäß über das Meer ins unbekannte Jenseits bringen – eine tröstliche Vorstellung für die Hinterbliebenen. Als Grabbeigaben wurde dem Leichnam alles zur Seite gelegt, was man im zweiten Leben so brauchen konnte: Wagen, Schlitten, Waffen, Werkzeug, Pferde mit Zaumzeug, Sklaven, Schmuck und beste Kleidung.

Im Grab zweier Frauen, im Osebergschiff, fand man einen vergoldeten vierrädrigen Wagen mit wunderbaren Schnitzereien, drei reich verzierte Holzschlitten, Schuhe und Bekleidung, darunter arabische Stoffe mit Goldfäden, Haushaltsgeräte, Skelette von Pferden (sie sollten vermutlich den Wagen ins Jenseits ziehen) und Hunden - und die Gebeine der beiden Verstorbenen. Vermutlich handelt es sich um eine Fürstin und ihre Begleiterin oder Sklavin, vielleicht auch um die Alleinerbin eines Herrschers, oder jedoch um eine Priesterin. Sie war auf jeden Fall wohlhabend und hatte sich bei den Zeitgenossen Respekt verschafft. An diesem Beispiel sieht man gut, dass die Deutung der Funde immer wieder auch Interpretationssache der Archäologen ist.

Über den Toten, ihren Beigaben und dem Boot wölbte sich ein grasbewachsener Hügel aus Erde, Steinen und Lehm. Gräberfelder mit solchen Hügeln haben Archäologen im Wikingerland Skandinavien an vielen Orten entdeckt.

Spektakulär ist der Grabfund von Myklebust in Nordfjordeid am Nordfjord. Hier gibt es ein ganzes Feld mit mehreren Grabhügeln. Unter einem davon, der 1874 entdeckt worden ist, fand man – neben vielen verkohlten Bootsnägeln und 44 Schildbuckeln, Tierknochen, einigen angekokelten Schmuckstücken und verkohlten Waffen – die verbrannten Knochenreste des Toten. Sie waren in einem wunderschönen, irischen Kupferkessel aufbewahrt. Die Archäologie konnte sich zunächst keinen Reim darauf machen, was da geschehen war und verfolgte den Fund nicht weiter. Erst als im Jahre 1904 die gut erhaltenen Reste des Osebergschiffes und auch dort Tierknochen, Schwerter, Schildbuckel und menschliche Skelette gefunden wurden, erst als dabei klar wurde, dass es sich um ein Grabschiff handeln musste, wurde auch Myklebust wieder interessant.

Zusätzlich angeregt durch den Bericht des arabischen Kaufmanns Ibn Fadlan, der eine Feuerbestattung mit Schiff im 10. Jahrhundert beobachtet hatte, folgerte man, dass es sich bei dem Fund von Myklebust auch um eine Schiffsbestattung handelte. In der zweiten Hälfte des 9. Jahrhunderts hatte wohl das Ritual darin bestanden, dass der Tote mit Schiff und allen Beigaben verbrannt worden war. Und danach, als seine Knochen in dem Kessel gesammelt waren, wurden alles übrig Gebliebene vom Grabhügel bedeckt.

Wie die Archäologen nach diesem Durchbruch herausfanden, dass es sich bei dem Toten um den König Audbjørn aus Fjordane handelt, der 876 bei der Schlacht von Solskjell gegen Harald Hårfagre (Schönhaar) gefallen war, und dass sein Schiff, mit 32 m Länge und 22 Schildplätzen auf jeder Seite, das größte je gefundene ist, das ist eine andere Geschichte. Sie ist spannend wie ein Krimi und kann in dem wunderbaren Museum „Sagastad" in Nordfjordeid erfahren werden.

Soviel also über die ursprüngliche Religion und Spiritualität der Wikinger. Aber da gab es gleichzeitig noch eine andere Religion in Europa, weiter im Süden. Die kannte nur einen Gott und eine kirchliche Institution, die dem Papst in Rom unterstellt war. Sie schickte ihre Missionare in alle Welt, um die sogenannten Heiden zum Christentum zu bekehren. Schon früh kamen fromme Männer nach Skandinavien, England und sogar Island. Und viele Wikinger nahmen die neue Religion an.

Zuerst, ungefähr im 9. Jahrhundert, haben sich die neuen Christen nur um ein Steinkreuz versammelt. Später wurden Stabkirchen aus Holz gebaut, sehr kunstvoll. Sie waren die ersten christlichen Kirchenbauten in Skandinavien und in Form von schlanken Schiffen gestaltet. Vermutlich waren es die Schiffsbaumeister, die beim Kirchenbau ein zusätzliches Tätigkeitsfeld fanden. Sie fertigten auch den Schmuck in den Kirchen wie den auf ihren Schiffen: Die christlichen Gebetsräume waren voll von herkömmlichen „heidnischen" Schnitzereien. Wenig später entstanden die ersten Steinkirchen, z. B. die Hove-Kirche in Vík, die heutige Domkirche in Stavanger und der Nidaros-Dom in Trondheim.

Der katholischen Kirche, vertreten durch den Papst, ging es zwar zunächst um die Verbreitung der christlichen Religion. Aber nicht nur darum. Es ging auch darum, die Macht der Kirche auszuweiten - Macht unter anderem über das Reich der Wikinger. Deren Könige erkannten bald ihren eigenen Vorteil bei einem Deal mit dem Christentum und ließen sich mit der Zeit sogar gerne taufen. Sie holten die Missionare absichtlich in ihr Land und trieben so den Prozess der Christianisierung voran. Warum dies? Durch die strengen christlichen Regeln versprachen sie sich die Durchsetzung von mehr Ordnung und Disziplin unter den Nordmännern, den „wilden Kerlen" dort oben im Norden Europas.

Olav II. Haraldsson, König von Norwegen nach der Jahrtausendwende, wurde bald nach seinem Tod in der Schlacht von Stiklestad 1030 heiliggesprochen. Als „Olav der Heilige" ist er im Dom von Trondheim begraben. Er war einer der ersten christlichen Könige. Der Olavskult, eine christliche Wallfahrtsbewegung, verbreitete sich seitdem und entwickelte mit der Zeit über Skandinavien hinaus europäische Bedeutung. Gleichzeitig wurden sich die Nordmänner immer mehr ihrer gemeinsamen skandinavischen Identität bewusst. Die war bald eng mit dem neuen Glauben verbunden und verlief parallel zur Christianisierung. Aus Häuptlingen und „Gefolgschaftsherren" wurden Könige (nach dem Vorbild der christlichen Herrscher in Westeuropa).

Das Beispiel von König Harald Blauzahn zeigt dies. Als dänischer König ließ er sich aus sehr weltlichen Überlegungen heraus taufen. Er wurde 995 dann auch König von Norwegen und ist als ein sehr erfolgreicher Geschäftsmann und Verhandlungspartner heute noch bekannt. Der Übertritt zum Christentum war bei ihm, wie bei vielen anderen, nur vordergründig eine Glaubenssache. Er wollte damit politische und ökonomische Ziele zu erreichen – im Geheimen wurde an den alten Göttern festgehalten.

Diesen Prozess kann man durchaus als win-win-Situation sehen: Die Missionare kannten sich damit aus, durch strenge Regeln für Ordnung und Struktur zu sorgen, wo es den wilden Wikingern noch an Erfahrung fehlte. Mit kirchlicher Unterstützung konnten so die Fürsten ihre Macht festigen – und die christlichen Herrschaften gewannen Einfluss und wohlhabende Handelspartner für lukrative Geschäfte zum Nutzen des Papstes und ihrer Kirche. Ein Beispiel, wie gewinnbringend für beide Seite es sein konnte, habe ich schon weiter oben im Zusammenhang mit der Normandie erzählt.

Der Prozess der Christianisierung ging also in Skandinavien nicht kontinuierlich voran. Lange Zeit wechselten die Wikinger den Glauben, gerade so, wie es ökonomisch und politisch genehm war. So viele Unterschiede gab es letztlich gar nicht zwischen den Religionen, weil die alten „heidnischen" Bräuche vielfach vom Christentum vereinnahmt wurden. Das Jul-Fest zur Zeit des Mittwinters, Weihnachten also, ist das beste Beispiel dafür.

Antworten

Was stimmt also von unseren anfänglichen Annahmen über die Wikinger? Was hat sich als Irrtum herausgestellt? Fassen wir zusammen:

- Die Wikinger trugen im Kampf Helme ohne Hörner.
- Ihre Schiffe hatten bunte Segel, nicht durchwegs, aber oft gestreift.
- Sie waren zwar schlimme Räuber und Piraten, aber keine unzivilisierten Barbaren. Sie hatten vielmehr, im Rahmen ihrer Zeit, eine beachtenswerte Kultur und Zivilisation.
- Wikingerfrauen waren selbstbewusst und einflussreich.

- Walküren waren Gestalten der nordischen Sagen, mythische Erscheinungen, himmlische Jungfrauen mit glänzenden Rüstungen.
- Wikinger haben Amerika „entdeckt". Sie haben den Kontinent als erste Europäer betreten und vorübergehend besiedelt.
- Und: Sie sind nicht einfach spurlos verschwunden:

Ihre Spuren finden wir überall in der Welt: Wer kennt nicht „Bluetooth"? Die praktische drahtlose Möglichkeit, Daten zu übertragen. Nun: Der Name stammt vom Kommunikations-Meister der Wikinger – von König Harald Blauzahn. Zwei nordische Runen, H und B, genannt 'Hagall' and 'Bjarkan', waren die Initialen des Königs Harald Blauzahn "Bluetooth" Gormsson.

Wo sind sie geblieben, die Wikinger?
War es aus mit ihnen, nach dem sie, wie viele glauben, 1066 die Schlacht bei der Stamford Bridge gegen den englischen König Harald Godwinson und seine Gefolgsleute verloren haben? Nein, es war anders:
Hier ist der Schluss der Geschichte zu lesen, der auch ein Anfang ist: Schon lange vor diesem Kampf, den sie gegen die militärisch stärkeren Angelsachsen nicht gewinnen konnten, verloren die Wikinger allmählich ihre Macht und ihre Aggressivität. Sie zogen sich in eine friedlichere Lebensweise zurück. Handel und Kultur wurden zunehmend von anderen Nationen übernommen. Doch sie sind nicht verschwunden, die Wikinger. Sie blieben in Skandinavien. Sie sind die Vorfahren der Skandinavier, der Dänen, Schweden, Norweger und Isländer.
Und die sind stolz darauf.
Wenn Sie heutzutage nach Norwegen, Island oder Grönland reisen, brauchen Sie jedoch nicht mehr zu fürchten, auf dem Weg dorthin von Piraten überfallen oder als Sklave verschleppt zu werden. So ändern sich die Zeiten – früher war eben nicht alles besser.

Reisetipps

Als Reisende durch Norwegen können sich meine Leserinnen und Leser jetzt – so hoffe ich – selbst ein besseres Bild davon machen, wo die Norweger lebten und welche Landschaft ihre Lebenswelt, vermutlich auch ihr Lebensgefühl geprägt hat. Als Reisende fahren wir ganz friedlich in der Heimat der Wikinger umher, in einem Land voller Berge und Wasser, zu großen Teilen bedeckt von Eis und Schnee. Per Schiff fahren wir auf einer Strecke, auf der auch dieses Volk vor mehr als tausend Jahren gesegelt ist. Wir bewegen uns entlang der norwegischen Küste, zwischen den Schären, tief hinein in die Fjorde. Stellen wir uns im Hafen von Geiranger statt eines Kreuzfahrtschiffes ein paar stolze Wikinger-Segelschiffe vor! Wir bestaunen heute die Schönheit der Landschaft, die Hochebenen, die Gletscher, die Seen und Wasserfälle, im Winter besonders das Nordlicht.

Dies alles hat vielleicht auch den Wikingern gefallen. Vielmehr jedoch hat die Wildheit der Natur ihre Abenteuerlust und ihren Überlebenswillen herausgefordert. Die Nordmänner hatten ja auch, wie wir jetzt wissen, Wichtigeres zu tun, als die Landschaft zu bestaunen.

Sie besuchen sicher im Laufe einer Reise durch Norwegen die Orte, an denen die Nordländer ihre Spuren hinterlassen haben. Zu nennen sind zum Beispiel der Nordfjord, der Oslofjord, die Gegend nördlich und südlich von Stavanger. Oder auch Trondheim mit dem Schrein von Olav Haraldsson, dem Heiligen, im Nidaros-Dom. Dort, an den Ufern der Nidelva, heute gesäumt von bunten Fischerhäusern aus dem 17. Jahrhundert, wohnten die Wikinger. Der Fluss war eine perfekte Wasserstraße zur Küste. Und von dort führte die Seefahrt weiter über den Atlantik in die halbe Welt.

Was können wir aus der Begegnung mit diesen geschichtsträchtigen Orten lernen? Eine Menge, wie ich finde. Besonders dann, wenn es uns gelingt, die Menschen und Ereignisse der damaligen Zeit vor unserem inneren Auge lebendig werden zu lassen.

Wir also, Reisende mit viel Zeit im Gepäck, können uns jetzt in unserer Phantasie ausmalen, wie an den zerklüfteten Küsten die Wikinger mit ihren Familien wohnten, wo ihre Kinder spielten, ihr Vieh weidete, der große Rat tagte, das Thing Recht sprach und den Göttern geopfert wurde.

Lesetipps

Cornwell, Bernard: Die Utred-Saga. Romanreihe. Die ersten Bände „Das letzte Königreich" und „Der weiße Reiter" sind als Sammelband bei rowohlt-e-book erhältlich. Die Geschichte der Wikinger im frühen Mittelalter wird detailgenau, historisch fundiert und spannend erzählt.

GEO Epoche. Das Magazin für Geschichte: Die Wikinger Nr. 53

Haywood, J.: Wikinger. Der ultimative Karriereführer. Darmstadt 2016 WBG

Post, B., Lipsky, S.: Faszination Wikinger. Ein Reiseführer. Darmstadt 2017 WBG

Simek, R.: Die Schiffe der Wikinger. Stuttgart 2014 Reclam

Winroth, A.: Die Wikinger. Das Zeitalter des Nordens. Stuttgart 2016

www.arkikon.no link: „infografikk", dort: National digital læringsarena:

Animasjon: Vikines reiser med norsk tale

Animasjon: Vikingtiden

https://ndla.no/nb/node/155061?fag=52253:

Norsk ættesamfunn i møte med det føydale Europa - Historie Vg2 og Vg3 – NDLA

http://sagastad.no/myklebustskipet/

https://vimeo.com/200244280

Arkikon youtube „Det brente skip"

© Thorsten Zinßer

NORDLAND – FASZINATION ARKTIS

Nordnorwegen ist einzigartig - eine Gegend voller gewaltiger Berge, tiefer Fjorde, wilder Natur, ein karges Land mit kurzen Sommern, rauem Wetter und langen, dunklen Wintern. Nord-Norge, wie es in der Landessprache heißt, ist kein Ort für ein bequemes Leben. Und doch ist es schon seit vielen tausend Jahren besiedelt.

Wer an diesem entlegenen Ort der Erde heute lebt, dessen Alltag bewegt sich im Spannungsfeld von städtischer Kultur und arktischer Ödnis. Wer dorthin reist und sich auf die Herausforderungen des Landes einlässt, findet spannende Möglichkeiten, Dinge, Menschen und andere Lebewesen zu sehen, zu erleben, zu bewundern und kennen zu lernen. Dieser „etwas andere Reiseführer" soll auf eine solche Reise neugierig machen.

Auf Seite „Nord-Norge" bei Wikipedia habe ich nachgeschaut, um mir einen ersten Überblick zu verschaffen. Hier sind die, aus der Sicht der Autoren, für Reisende wichtigsten Orte Nordnorwegens beschrieben: Svartisen (der Schwarzgletscher), die Inselgruppen Lofot und Vesterål und die Halbinsel Nordkinn, der nördlichste Punkt Europas (richtigerweise nicht das Nordkap!). Dieser Wiki-Hinweis ist zwar zutreffend, greift jedoch zu kurz. Wer sich im Lauf einer Reise nur auf diese drei Highlights konzentriert, macht einen Fehler. Deshalb habe ich mich auch anderweitig informiert, um Informationen zu sammeln darüber, was noch so alles im nördlichen Teil Norwegens sehenswert ist.

Das Unterwegssein in der Arktis führt zu jeder Jahreszeit zu einzigartigen Entdeckungen

• zum Einen im Hinblick auf die geografische Lage und die Natur,
• zum Anderen in Bezug auf die Geschichte des Landes und seiner Bewohner,
• und schließlich auch durch die Begegnungen mit den Menschen dort.

Es soll zwar Touristen geben, die tausende Kilometer im Urlaub unterwegs sind, eine „Sehenswürdigkeit" nach der anderen abhaken, sich aber langweilen, wenn sie noch dazu lange Abhandlungen zum historischen Hintergrund eines Landes lesen sollen. Oft sind ja solche Texte wirklich langatmig und akademisch. Dieser Meinung war ich auch in den 70er und 80er Jahren des letzten Jahrhunderts, als ich erstmals in Norwegen unterwegs war, bis hinauf nach Spitzbergen. Keine Ahnung hatte ich zum Beispiel davon, was sich in diesem Land vor einigen Jahrzehnten im 2. Weltkrieg abgespielt hat. Naiv, wie ich war, wunderte ich mich nur darüber, dass die Einheimischen, die ich traf, oft so distanziert schienen, und dass es kaum alte, architektonisch ansprechende Gebäude gab.

Heute bin ich sehr froh darüber, Literatur und Menschen gefunden zu haben, die mir die Augen für die Geschichte und Kultur dieses wunderschönen Landes geöffnet haben. Wer sich nämlich auf die Zusammenhänge zwischen dem Charakter eines Landes, den historischen Ereignissen und den Menschen, die dort leben, einlassen kann, hat die Chance, seine Reise intensiver zu erleben als ohne solche Einblicke. Deshalb wurden Tips und Geschichten in diesem

Buch gesammelt, damit Nordlandfans all das, was ihnen begegnet, mit offenen Augen und wachem Geist wahrnehmen können.

Geografische Lage und Natur

Was ist so besonders an Nordnorwegen und seinen Bewohnern? Der nördlichste Teil Norwegens besteht aus den zwei Provinzen (Fylker), Nordland und Troms og Finmark, und grenzt an das Europäische Nordmeer und die Barentssee. Mit knapp 113 000 km² - mehr als Bayern und Baden-Württemberg zusammen, entspricht er flächenmäßig einem Drittel des ganzen Landes. Hier wohnen unglaublich wenige Menschen, nämlich 4,3 pro km². Das sind 9% der Gesamtbevölkerung. Im ganzen Land Norwegen wohnen im Schnitt 16 Menschen pro km², in Deutschland - zum Vergleich - 230 pro km². Wäre unsere Bundesrepublik so dünn besiedelt wie Nordnorwegen, dann gäbe es nur ungefähr 1,5 Millionen Einwohner.

Wer aus Deutschland in den Norden Norwegens reist, kann die Weite des Landes unmittelbar spüren. Sie lässt uns aufatmen, ruft vielleicht aber auch ein Gefühl von Einsamkeit und Beklommenheit hervor. Denn wer die Augen aufmacht, bekommt eine Ahnung davon, dass die geografischen Gegebenheiten der nördlichen Landesteile den Alltag der Bewohner zur ständigen Herausforderung werden lassen.

Was macht es mit einer Norwegerin, einem Norweger, mit einem norwegischen Kind oder mit einem norwegischen Achtzigjährigen, wenn es im kurzen Sommer nie ganz dunkel, im Winter fast nicht hell wird? Wie fühlt sich ein Postbote oder eine Busfahrerin, wenn im Sommer Regen, Wolken, Wind und Sonne permanent wechseln und im Winter Schnee und Kälte das Leben bestimmen. Der Weg über das kaledonische Gebirge, eine erdgeschichtlich sehr alte Gebirgskette, ist selten schnee- und eisfrei, von Ort zu Ort zu kommen ist mühsam, oft bedroht von Erdrutsch, Steinschlag, Sturm und Lawinen. Die Fjorde hier sind zwar nicht so eng wie in Südnorwegen, aber das ändert nicht viel daran, dass es schwierig ist, von hier nach da zu kommen. Die Hauptverkehrsstrecken sind inzwischen super erschlossen. Leistungsfähige Fähren verbinden die Ufer der Fjorde, gut ausgebaute Straßen mit zahlreichen Tunneln lassen den Verkehr auf den Hauptstrecken bei fast jedem Wetter fließen, eng getaktete Fluglinien verbinden die Städte im Norden und Süden über tausende Kilometer hinweg. Trotzdem hakt es nicht selten im Wirtschaftsleben und sozialen Miteinander, wenn das Wetter und die Straßen- oder Lichtbedingungen die Verbindung erschweren. Wer hier lebt, kämpft immer wieder gegen die Verhältnisse.

Für Touristen bedeuten die nordnorwegischen Landschaften dagegen ein Erlebnis. Es mit allen Sinnen zu genießen haben sie sich auf den Weg gemacht. Die wunderbaren Fjorde, die dichten Taigawälder, die weiten Flächen der Tundra, die Schluchten, Felsen und Gletscher der Berge, und nicht zuletzt viele Inseln - die malerischen Lofoten, die Vesterålen und die Insel Senja, all das und noch viel mehr, locken die Reisenden. Was ist so interessant daran? Begeben wir uns auf die Suche nach dem Besonderen!

Nicht vergessen! Nord-Norge ist ein Teil der Arktis.

„Arktis" – der Name klingt nach klirrendem Eis, Nordlicht, Eisbären. Tatsächlich stammt die Bezeichnung von den alten Griechen. Sie haben in der Antike diese Gegend nach dem Sternbild des großen und kleinen Bären benannt. Arktos heißt auf altgriechisch „Bär" und auch „Norden". Arktis bezeichnete das Gebiet unter den Sternbildern des Großen und Kleinen Bären. Der große und der kleine Wagen sind ein Teil davon.

Der Polarstern, fast direkt über dem Nordpol, gehört zum Kleinen Bär. Er ist der dritte Stern der Deichsel vom Kleinen Wagen. Um ihn kreisen die beiden nördlichen Sternbilder. Auch wenn manche Experten nur das eisbedeckte Nordmeer „Arktis" nennen oder komplizierte Berechnungen für ihre genaue Bestimmung anstellen, so gilt die Bezeichnung „Arktis" heute im Allgemeinen für die gesamte Region nördlich des Polarkreises. Mit dazu gehört eben auch Nordnorwegen. Seine Bewohner blicken hinauf - im Winter zu den Sternbildern der beiden Bären und im Sommer zur Mitternachtssonne. Und wir Reisende sehnen uns nach diesem faszinierenden Anblick.

Die Überschreitung des nördlichen Polarkreises ist so etwas wie der erste Schritt in die arktische Welt. Er ruft deshalb bei vielen, die ihn tun, ein besonders erhebendes Gefühl hervor. Außer hier und da einem Wegzeichen an der Straße sieht man jedoch nichts Besonderes bei der Querung, man muss nicht drüber springen und spürt auch auf dem Schiff keinen Ruck.

Die hohe Bedeutung dieses geografischen Orts auf 66,5 Grad nördlicher Breite, ist zuweilen geradezu ein Wallfahrtsort für Nordlandfahrer. Sie ist also eher emotionaler und symbolischer Natur. Und doch hat sie einen beeindruckenden rationalen Grund. Sie beruht auf einer interessanten astronomischen Konstellation: Die Erdachse steht nicht senkrecht zur Laufbahnebene unseres Planeten um die Sonne, sondern ist schräg. Damit herrscht Schatten, wenn der Pol von der Sonne abgewandt ist. Es ist Winter. Im Sommer, wenn die Achse der Sonne zugeneigt ist, ist es hell. Tag und Nacht wechseln im hohen Norden nicht so häufig wie in den Gegenden weiter südlich. Am Polarkreis und in Richtung Norden zunehmend, herrscht im Winter Dunkelheit und im Sommer die Mitternachtssonne. Genauer gesagt: Zur Sommersonnenwende geht am Polarkreis die Sonne nicht mehr unter den Horizont. Sie scheint 24 Stunden an diesem einen Tag. Und zur Wintersonnenwende Ende Dezember bleibt sie unterm Horizont. Je weiter nach Norden man reist, desto länger dauert die Zeit völliger Helligkeit oder Dunkelheit. Am Nordkap kann man viele Tage lang die Mitternachtssonne bewundern. Auf Spitzbergen, 1000 km weiter nördlich des Kaps, wandert die Sonne noch Ende Juli rundum entlang des Horizonts, während sie erst Anfang März nach 5 Monaten Nacht zum ersten Mal wieder einen Strahl über den Berg schickt. Und direkt am Pol, noch einmal 1000 km weiter gen Norden, scheint, beziehungsweise verschwindet sie schließlich jeweils ein halbes Jahr lang durchgehend.

Ein „Highlight" des Nordens ist sicherlich die Aurora borealis, das Polarlicht. In der Dunkelzeit zwischen Oktober und März erscheinen die grünen, manchmal roten und violetten Fahnen bei klarem Wetter am Nachthimmel. Sie entstehen in der Nähe der Magnetpole der Erde. Ihre Farbe hängt davon ab, in welcher Höhe die Sonnenwindteilchen auf den Sauerstoff und Stickstoff unserer Luft treffen. In der Regel passiert das ungefähr 100 km über der Erdoberfläche. Die Lichtspiele faszinieren mit ihrer lautlosen Stille (Gibt es eine laute Stille? Samische Ureinwohner können sie hören.) und flüchtigen Bewegung. Den Lichtertanz live zu erleben, das geht ans Herz. Kaum einer kann sich dem Zauber entziehen. Immer mehr Touristen, viele aus Fernost, werden deshalb im Winter mit der Aussicht auf diese faszinierende Leuchterscheinung angelockt. Die Polarlichtjagd findet dann häufig per Bus oder SUV in großem Stil und mit großem Hallo statt und ist der Renner unter den Reiseprogrammen in Tromsø, Hammerfest und Kirkenes. Von lautloser Stille ist dann nicht mehr die Rede. Wer den einsamen und schweigenden Genuss des grandiosen Schauspiels sucht, findet ihn abseits der Touristenzentren.

Ein Genuss waren mir auch jedes Mal, wenn ich hier unterwegs war, die Begegnungen mit Tieren und Pflanzen. Schwarze Wälder, dunkle Seen, felsgraue, glatt geschliffene Berge und weiß schäumende Wasserfälle – sie sind ein immer wiederkehrender Anlass zur Freude – und für wunderbare Fotos. Der Fachbegriff für dieses Vegetationsgebiet lautet „borealer Nadelwald". „Boréas", der Nördliche, ist der Gott des Nordwindes. Der macht dem Nadelgehölz – Fichten, Tannen, Lärchen, Kiefern - wenig aus, ist es doch bestens an lange Kälteperioden und kurze Vegetationsphasen angepasst. Diese Art von Wald ist charakteristisch für den Norden. Es gibt ihn nur auf der Nordhalbkugel unserer Erde, weil auf der Südhalbkugel die Landmassen fehlen, die eine für dieses Ökosystem geeignete Vegetationszone bieten würden. Die wilden, relativ unberührten Wälder bestehen – im Gegensatz zu den in Deutschland verbreiteten Wirtschaftswäldern - aus Bäumen jeden Alters.

Bis zur Baumgrenze, ungefähr am 68. Breitengrad, was der geografischen Breite von Svolvær und Narvik entspricht, wachsen die Nadelbäume 15 – 20 Meter hoch und haben dichtes Geäst bis zum Boden. Taigawald wird diese Zone genannt, denn charakteristisch dafür sind auch die Sümpfe, das reichliche Totholz und die dichten Sträucher am Boden. Wahrlich ein Urwald, in dem ein Wanderer die Orientierung verlieren kann.

Jenseits der Baumgrenze, weiter nördlich, gelangt man in die Waldtundra. Hier werden die Bäume weniger hoch und wachsen lichter, vermischt mit verkrüppelten Birken, Erlen und dichtem Gebüsch. Das Gelände ist übersichtlicher, aber nicht weniger urwüchsig. Und noch weiter nördlich schließt sich die Tundra an, in der klimabedingt nur noch verkrüppelte Birken, Erlen, Pappeln und niedrige Pflanzen wachsen, zum Beispiel Beerensträucher. Noch weiter oben breitet sich die Rentierflechte aus, die Leibspeise des Rens. Im gesamten borealen Waldgebiet finden sich vielfältige Moose, Flechten und Sumpfpflanzen. Wer hier wandert und das norwegische Jedermannsrecht nutzt, kann sich an vielen, vielen Pilzen, und im Hochsommer an dicken Blau-, Preisel- und Multebeeren erlaben. Das war nicht der unwichtigste Grund, warum es mich immer wieder dorthin gelockt hat.

Ich erinnere mich gern an unsere Bergtouren auf den Lofoten vor 40 Jahren. Wir kämpften uns auf weglosen Wanderungen durch die „Birkenraufzone", wie wir das Gelände voller Sümpfe und Birkengestrüpp im Tal nannten. Weiter oben führte unser Pfad durch den „Sauerkrautfarn", dessen lange, grüne Blätter einen unter dem Grünzeug unsichtbaren Boden voller Stolpersteine und Moorlöcher versteckten. Und wir „verloren" mitten im Anstieg viel Zeit beim „Abfressen" der Steilhänge, die von grünen Teppichen voller besonders köstlicher Heidelbeeren und Multebeeren bedeckt waren. Mit unseren vom Saft geschwärzten Fingern wischten wir uns den Schweiß von der Stirn – und standen nach stundenlanger Plagerei dreckig, aber glücklich auf einem der Trolltinder („Trollzinnen") oder einem anderen Gipfel der Lofotenmauer. Als Belohnung für alle Mühen erwartete uns ein grandioser Rundblick über den Atlantik, die Inselkette, die unzähligen zackigen Berge, dazwischen Schneefelder, Seen und Wasserfälle.

Wo ein besonderes Klima herrscht und spezielle Pflanzen wachsen wie in Nord-Norge, gibt es natürlich auch spezielle Tiere. Bei meiner Online-Recherche zum Begriff „Fauna Nordnorwegen" erschien als Erstes ein Artikel über die Wald-Wegschnecke, eine Nacktschnecke. Nicht gerade die aufregendste Tierbegegnung, fand ich, und erinnerte mich daran, wie entzückt ich war, auf der Fahrt nach Norden meinen ersten Elch leibhaftig zu treffen. Ein großes Männchen mit prächtigem Geweih schritt mit schaukelndem Gang durch die Dämmerung. Leider musste ich später feststellen, dass es sich „nur" um ein Rentier gehandelt hatte. Einem Elch bin ich in der Wildnis bis heute nicht begegnet. Jedenfalls sei hiermit festgestellt, dass es in Nord-Norge außer Nacktschnecken noch andere Tiere gibt.

Rentier und Elch sind in der Sprache der Zoologen Stirnwaffenträger aus der Familie der Hirsche und der Unterfamilie der Trughirsche. Eine Bezeichnung, so köstlich, dass ich sie mir gern auf der Zunge zergehen lasse. Die mächtigen Tiere sind im Norden, im Taigawald und in der Waldtundra also, zuhause. Die halbwilden Rentiere suchen tagsüber nach Nahrung und sind häufig anzutreffen. Elche dagegen treten, wenn überhaupt, erst in der Dämmerung aus den dichten Wäldern und sind dann kaum vom dunklen Hintergrund zu unterscheiden. Nur mit viel Glück bekommt man einen vor die Kameralinse. Auch der Marder, die häufigste Art unter den nördlichen Säugetieren, außerdem Wolf, Braunbär, Luchs, Nerz und Vielfraß zeigen sich nicht gern in der Öffentlichkeit. Die scheuen Gesellen suchen die Einsamkeit des Waldes und der Tundra. Vielleicht erfreuen sie sich aber mit uns der Gesellschaft der über 300 Vogelarten, die es im nördlichen Wald gibt, darunter der Singschwan und das Birkhuhn. Für naturverbundene Wanderer und Camper in diesem Gebiet gibt es jedenfalls einiges zu entdecken.

An der Küste des Nordmeers leben weitere Tierarten – Vögel, Fische, Meeressäuger. Mehrmals hatte ich das Glück, einen Seeadler zu sehen, zudem Trottellummen und Dreizehenmöwen an den Vogelfelsen der Steilküste. Auch Papageientaucher kann man dort finden. Sie sind scharf auf die Heringsschwärme an der Küste. Ein Highlight auf dem Nordmeer ist die Beobachtung von Zwergwalen, von Orcas und von Buckelwalen, die sich zwischen den, der Küste vorgelagerten Inseln (z.B. bei Krøttøya im Andfjord) tummeln und ihren Blas in die Luft prusten.

Und was ist mit den Menschen, die im hohen Norden leben? Zunächst sind sie vermutlich so unterschiedlich wie Menschen überall in der Welt. Andererseits vermute ich, dass die Landschaft und die Naturkräfte der Arktis immer schon Spuren in ihrer Mentalität hinterlassen haben. Sind sie deshalb oft so wortkarg, knorrig, dickköpfig, eigenwillig? Sind sie deshalb oft so hilfsbereit, weltoffen, kulturell interessiert? Sie sind jedenfalls anders als die Menschen im Süden, in Bergen zum Beispiel oder in Oslo. Sie haben norwegische oder samische oder kvenische Wurzeln oder sind von irgendwo her eingewandert.

Erzählungen aus der Vergangenheit und aus der Literatur geben uns eine Vorstellung davon, wie ein Land und die Mentalität seiner Ein-

wohner zusammen passen. Auch wenn sich in den letzten 200 Jahren viel verändert hat, so beschreibt doch kaum einer den nordnorwegischen Menschenschlag eindrücklicher als der norwegische Schriftsteller Knut Hamsun (1859 – 1952). In seinem Roman „Segen der Erde" (1917) schildert er in starken Bildern, wie ein Mann, Isak, im öden Hinterland von Tromsø beginnt, Land urbar zu machen und zusammen mit seiner Frau Inger eine Existenz als Bauer aufzubauen. Isak gestaltet das Land, das Land prägt ihn. Nicht nur dessen Schicksal und das seiner Familie, sondern auch die lebensnahe Schilderung des harten Lebens in Nordnorwegen im 19. Jahrhundert hat die Kommission für den Literaturnobelpreis 1920 so beeindruckt, dass sie den Preis an Hamsun vergab. (Paul List Verlag 1951) Eine Leseprobe zum Nachempfinden:
„Die Tage waren mit Feldarbeit ausgefüllt, mit immer mehr Feldarbeit! Er reinigte neue Strecken von Wurzeln und Steinen, pflügte sie um, düngte, pflügte, hackte, zerkleinerte Klumpen mit den Händen und mit den Absätzen, so glatt wie Plüsch. Dann wartete er ein paar Tage, und als es nach Regen aussah, säte er Korn." (S. 30)

Die feinen Leute aus dem Tromsø des 19. Jahrhunderts dagegen waren an der Mode und dem Lebensgefühl der bürgerlichen Gesellschaft Mitteleuropas orientiert. Die Geldströme aus dem Fischgeschäft konzentrierten sich in diesem Handelszentrum an der Küste. Wachsender Wohlstand beflügelte die Bildung und Kultur der norwegischen Einwohner. Kleidung wurde vornehmlich in Mitteleuropa und nicht in Oslo eingekauft.
Dr. Elias Haffter, ein junger Schweizer, besuchte die Stadt mit dem Beinahmen „Paris des Nordens" 1899 mit einem Kreuzfahrtdampfschiff. Er begegnete den dort beheimateten vornehmen Norwegern, als diese die „Auguste Viktoria" besichtigten. Sein Reisebericht zeigt auch, dass schon damals Touristen im fremden Land keine Scheu vor der Verletzung der Privatsphäre der Einheimischen hatten: *„An Bord promenierte unterdessen halb Tromsø; familienweise waren die großen Kaufleute der Stadt hergekommen, um mit Erlaubnis des Kapitäns den stolzen Bau zu sehen. Da entzückten uns die prächtigen norwegischen Kindergestalten. Speziell bildete ein zehnjähriger Junge mit seinen zwei kleinen Schwesterchen den Mittelpunkt aller Aufmerksamkeit – alle drei blauäugig und flachsbehaart und von selte-*

nem Liebreiz, daneben das Bild naturwüchsiger Kraft und Gesundheit. In der großen blonden Mutter, welche die Kinder anführte, kämpfte der mütterliche Stolz mit dem Unbehagen über die gar zu übertriebene Liebenswürdigkeit, mit der die Fremden sich an die Kleinen heranmachten, und als photographierende Amerikanerinnen sie kurzer Hand auf die Seite nahmen, als Gruppe aufstellten und der Reihe nach mit ihren Momentapparaten beschossen, wurde ihr die Sache zu bunt; sie rief ihr unten harrendes vornehmes Privatboot, beförderte ihren lebendigen Schatz hinein und gab sich offenbar auf der Rückfahrt Mühe, das bißchen Eitelkeit, das sich allenfalls auf die kindlichen Herzen hatte lagern wollen, mit sorgsamer und liebevoller Hand abzuwischen!" (Briefe aus dem hohen Norden, S. 130).
Anmerkung C.K.: Das norwegische Jantelov, das informelle Gesetz der Gleichheit, lässt grüßen – mehr zum Thema „niemand soll etwas Besonderes sein" im Kapitel „Norwegen – Land im Glück?"!
Ganz anders lebte die samische Urbevölkerung zu dieser Zeit im Norden – darüber mehr im letzten Teil dieses Kapitels!

Schifffahrt entlang der Küste Norwegens

Machen wir doch einmal Pause auf der langen Fahrt mit dem Schiff im Norden oder auf schmalen Straßen um die Fjorde herum. Versetzen wir uns 150 bis 200 Jahre in die Vergangenheit, an den Beginn des Industriezeitalters. Wie ging eine solche Reise vor sich? Wie lange hat es gedauert, entlang der Küste von Bergen nach Alta oder gar Kirkenes zu gelangen? Und wie langwierig war die Fahrt über Land von Oslo nach Tromsø und weiter? Was konnte alles dabei passieren? Die Infrastruktur nördlich des Polarkreises war erbärmlich schlecht und verkehrspolitisch vernachlässigt.
Im Laufe des 19. Jahrhunderts änderte sich das. Die Route über den 2500 km langen Wasserweg zwischen Süden und Norden wurde als wirtschaftlichste Lösung des Transportproblems erkannt und für Handel und Verkehr erschlossen. Die Norweger haben alles gegeben, um dies zu ermöglichen. Es lohnt sich, näher hinzuschauen, wie es ihnen gelang, die Küstenorte per Schiff miteinander zu verbinden.

Ausgangspunkt für unsere historische Betrachtung des Schiffsverkehrs könnte ein Museumsschiff im Handelsmuseum in Bodø sein. Die „Anna Karoline", eines der letzten drei erhaltenen „Jekter", ist ein stolzes Zeugnis der Erschließung der nördlichen Schiffsroute . Das seit 2019 eröffnete Handelsmuseum (Jektefartsmuseet, Kvernhusveien 26) wurde extra gebaut, um das wertvolle Schiff angemessen zu präsentieren.

Auf dem Seeweg nach Norden und zurück gab es schon seit der ersten Besiedlung Skandinaviens Schiffe, zuerst Ruderboote, später Segelboote. Der Schiffsverkehr nahm zu. Seit dem 12. Jahrhundert betrieben die Einwohner des Nordens Handel mit der deutschen Hanse. Mehr als 200 Lastschiffe waren nun zweimal im Jahr vom Nordatlantik nach Bergen unterwegs, beladen mit hohen Stapeln von Trockenfisch. Sie waren gebaut wie das Museumsschiff, die „Jekt" Anna Karoline – kompakt, Planken geklinkert, das Deck halb abgedeckt, ein Mast mit zwei Rahsegeln.

Im frühen 19. Jahrhundert, zu Beginn der Industrialisierung, kamen allmählich auch Dampfschiffe entlang der Küste zum Einsatz. Zunächst um Waren zu befördern – Trockenfisch, Pelze, Tran nach Süden; Getreide, Salz und Werkzeug nach Norden. Zunehmend nutzten auch Personen den Schiffsweg, Handelsreisende, Einheimische, Touristen. Die Fahrt selbst war praktisch, zweckmäßig und relativ bequem. Die Fahrtzeiten jedoch zogen sich in die Länge und bedeuteten oft eine Geduldsprobe. Äußere Umstände verhinderten ein flottes Tempo. So konnte man beispielsweise nur bei Tageslicht fahren, nachts war es wegen der Untiefen und Riffe zu gefährlich. Radar und Nachtsichtgeräte gab es noch nicht. Die Segelschiffe mussten zudem immer wieder auf passende Winde warten. Die besonderen Verhältnisse im Norden - die lange Dunkelzeit im Winter und widriges Wetter zu jeder Jahreszeit, heftige Stürme, Nebel, hoher Seegang - machten einen regelmäßigen Schiffsverkehr unmöglich und verursachten hohe Kosten.

Die Geburtsstunde der Hurtigrute
Diese Situation wurde im Laufe der Zeit zunehmend als unbefriedigend empfunden. Norwegen war ein wirtschaftlich aufstrebendes Land. Sowohl die Bewohner des Nordens als auch der Handel im

ganzen Land und die Regierung in Christiania/Oslo verlangten eine Lösung des Problems. Gebraucht wurde eine regelmäßige und verlässliche Schifffahrtslinie für Menschen und Handelsgut – auch bei Nacht, auch im Winter.

Ein tüchtiger norwegischer Kapitän, Richard With, verstand die Zeichen der Zeit. Er gründete eine Reederei, kaufte ein Schiff, die DS Vesterålen, und erforschte damit im Verlauf mehrerer Jahre die Bedingungen der Seefahrt entlang der Küste. Alles, was ihm wichtig erschien, notierte er: Die nautisch schwierigen Stellen, den genauen Kurs und die Abstände zwischen bestimmten geografischen Punkten. Er plante, wo zusätzliche Leuchtfeuer unverzichtbar waren und erstellte einen Finanzplan. Manche Zeitgenossen erklärten ihn für verrückt. Doch er ließ sich nicht beirren und reiste mit allen Unterlagen zum Storting in die Hauptstadt. Dort erläuterte er den Abgeordneten, wie er sich das vorstellte, im Sommer mit seinem Dampfschiff regelmäßig einmal pro Woche zwischen Trondheim und Hammerfest und im Winter zwischen Trondheim und Tromsø zu fahren. Beeindruckt von seiner flammenden Rede beschloss die Regierung, das Projekt zu subventionieren.

Mit der Zusage der Fördermittel (70 000 nkr) und einem Vertrag über 4 Jahre in der Tasche eröffnete er am 2. Juli 1893 mit der „Vesterålen" die Route von Trondheim nach Hammerfest. Das war der Beginn der „Hurtigrute", norwegisch für „schneller Reiseweg".

Und hurtig ging es weiter. Neue Schiffe kamen zum Einsatz, der Linienverkehr wurde ausgedehnt, seit 1898 nach Süden bis Bergen, 1908 nach Norden bis Vardø und 1914 bis Kirkenes – und das mehrmals pro Woche. Seit 1936 schließlich gab es täglich eine durchgehende Linie von Bergen bis Kirkenes. Bis heute! Mit 14 Schiffen, bezuschusst vom Staat, beschleunigte sich der wirtschaftliche Aufschwung des Nordens. Befördert wurden die Post und Passagiere, aber auch alle Arten von Gütern, auch PKWs und andere Schwerlasten. Es gab bis in die 80er Jahre des letzten Jahrhunderts keine Laderampen an den Schiffen. Und so wurde alles, was sich nicht selbst über die Gangway bewegen konnte, mit hohem Aufwand per Kran an Bord gehievt.

Und Jahr für Jahr wurde die Bewilligung der staatlichen Fördermittel verlängert. Die Hurtigrute war die wirtschaftliche Lebensader des Landes geworden.

Von einer Versorgungslinie zum Wahrzeichen

Aber die Zeiten ändern sich. Vor 30 Jahren befand sich der Betrieb der Hurtigrute kurz vor seiner Einstellung. Was war geschehen? Die Linienschifffahrt war Ende des 20. Jahrhunderts nicht mehr der einzige Weg für Post, Waren und Personen. Immer bessere Straßen und günstige inländische Fluglinien erlaubten eine bequemere und schnellere Beförderung. Die Schifffahrt mit der Hurtigrute wurde immer mehr eine Sache für Urlauber und Leute mit Zeit. Diese Einnahmequelle funktionierte zwar gut, aber nicht gut genug, um ohne öffentliche Förderung auszukommen. Norwegen zögerte. Meist ausländische Touristen mit staatlichen Zuschüssen subventionieren, wer kann sich das auf Dauer leisten?

Die Debatte bewegte das Land, beschäftigte das Storting, und führte schließlich zu einer interessanten Erkenntnis: Hurtigruten bedeutete inzwischen mehr als ein Verkehrsmittel. Sie war mit der Zeit zu einer einzigartigen Institution geworden, einem Wahrzeichen norwegischer Identität, einer Marke. Und so hat Norwegen Anteile an der Firma behalten und die Subventionen immer wieder verlängert – bis heute, obwohl internationale Reedereien große Beteiligungen an dem Unternehmen erworben haben und der Passagiertransport zunehmend durch Kreuzfahrtangebote ergänzt wurde (mehr dazu bei Martin Hofmann: Die Geschichte der Hurtigruten).

Nach wie vor fährt deshalb die Hurtigrutenflotte unter norwegischer Flagge. Das älteste Schiff, 2015 im klassischen Stil renoviert, ist die MS Lofoten, Baujahr 1964, das neueste die MS Fridtjof Nansen, Baujahr 2012, ein Hybrid-Expeditionsschiff. Während der Coronakrise 2020 war die Firma Hurtigruten die erste, die im Sommer wieder Kreuzfahrtschiffe in den hohen Norden schickte. Allerdings hatte das seinen Preis. Die Covid-19-Seuche brach an Bord der Roald Amundsen aus, wurde aber zunächst aus Angst vor der öffentlichen Blamage von der Schiffsführung vertuscht. Schließlich waren 62 Personen infiziert. Ganz Norwegen empfand diese Schlamperei als große Schande – nicht zuletzt aufgrund der hohen symbolischen Bedeutung der Marke Hurtigruten für das norwegische Selbstbewusstsein.

Trotzdem: die Geschichte des Erfolgs der Marke „Hurtigruten" und eine geschickte Werbung machen auch heute die schnelle Schiffslinie für viele attraktiv.

Die Eisenbahn verbindet den Norden

Nachdem die Küstenschifffahrt sozusagen in trockenen Tüchern war, wurde 1903 in Norwegens Norden ein weiteres Infrastrukturproblem gelöst: Eine neue Bahnlinie stellte die Verbindung zwischen der Eisenerz-Bergwerkstadt Kiruna in Schweden und der Küstenstadt Narvik her. Sie erschloss den Transportweg übers Gebirge für die wertvollen Bodenschätze zum ganzjährig eisfreien Hafen der Stadt am Nordmeer. In der anderen Richtung, jenseits des Hochlands, bestand die Bahnlinie von Kiruna schon seit 1899 bis zum schwedischen Ostseehafen Luleå, der jedoch im Winter zufror und deshalb nur im Sommer nutzbar war. Norwegen war also mit diesem technischen Wunderwerk endlich auch an die nord- und osteuropäischen internationalen Handelswege angeschlossen. Technische Höchstleistungen ermöglichten die Realisierung des Projekts. Eine 40 m hohe Brücke überspannte mit 11 Pfeilern das Norddal. Die Pfeiler wurden von der deutschen Firma MAN hergestellt und per Schiff in den Norden gebracht. Diese Brücke sollte 40 Jahre später im 2. Weltkrieg noch eine interessante Rolle spielen.

1915 wurde die erste Teilstrecke elektrifiziert und 1922 die ganze Eisenerzbahn. Bis heute werden in ewig langen Wagenkolonnen täglich zig-tausende von Tonnen Eisenerz befördert.

Die Hurtigrute und die Kirunabahn sind nur zwei Bespiele dafür, wieviel Norwegen investiert hat, um die Infrastruktur des nördlichen Teils des Landes auszubauen und damit die Wirtschaft zu fördern. Nach wie vor ist jedoch die Fischerei die wichtigste Einkommensquelle im Norden. Deshalb wird heute ordentlich in die Fischindustrie investiert – und die jahrelange Sorge wegen Arbeitslosigkeit in dieser Region ist einem Fachkräftemangel gewichen. Das Einkommen pro Einwohner ist kräftig gestiegen und nähert sich dem norwegischen Durchschnittsverdienst. (Aftenposten vom Januar 2020)

Nordnorwegen im 2. Weltkrieg

Ein Reisender im Norden Norwegens kommt nicht umhin, die Spuren des letzten großen Kriegs zur Kenntnis zu nehmen – alte Bunker, versunkene Wracks von Kriegsschiffen, Soldatenfriedhöfe, Gedenksteine für russische Zwangsarbeiter und für in den Kämpfen gefallene Norweger, Alliierte, Deutsche. In einigen Orten gibt es kaum Häuser, die älter als 75 Jahre sind. Der Krieg zwischen Hitler-Deutschland und den Alliierten hat im letzten Jahrhundert auch die Arktis mit Tod und Zerstörung überzogen.

Diese Geschichte zu hören, ist zwar nicht unbedingt ein Genuss, wie wir alle ihn uns im Urlaub wünschen. Doch ein kurzer Abriss der Ereignisse ist trotzdem angebracht und angesichts der historischen „Sehenswürdigkeiten" eigentlich ein Muss. Die Geschehnisse aus der Zeit von 1940 bis Kriegsende sind im kollektiven Gedächtnis Norwegens verankert und ein wichtiges Thema im Schulunterricht.

Wer heute zu Wasser und zu Lande in der Arktis unterwegs ist und die fast menschenleeren Regionen mit ihrer grandiosen Natur bereist, frägt sich vielleicht, was hier in der Einsamkeit Soldaten zu suchen gehabt haben sollen.

Nun, es gab hier viel zu verlieren und eine Menge zu gewinnen. Der Zugang zur Ostsee und ihren Anrainerländern und die Herrschaft über den Nordatlantik und die nordeuropäischen Häfen waren für Hitler Grund genug, in Skandinavien anzugreifen. Im Frühjahr 1940 besetzte er Dänemark und Norwegen in einer überraschenden Nacht- und Nebelaktion, obwohl beide Länder im Krieg bisher neutral geblieben waren.

Am 9. April 1940, früh morgens, drangen deutsche Kriegsschiffe, unterstützt von der Luftwaffe und Landstreitkräften, gleichzeitig in mehrere wichtige Häfen des Landes ein. Sie besetzten, neben Oslo, Kristiansand, Egersund, Arendal, Bergen, Stavanger im Süden, auch Trondheim und Narvik. Norwegen war völlig überrascht und begegnete dem Angriff nur mit einer jämmerlich schwachen oder sogar ohne Gegenwehr.

Hitler verfolgte klare Ziele mit dieser Aktion „Weserübung". Die Besetzung Norwegens sollte eine Seeblockade der Briten im Nordatlantik verhindern, den Zugang zur Ostsee kontrollieren, die Versorgung mit Stahlveredlungsmetallen und Eisenerz für die deutsche Rüstungsindustrie sichern und die Vision eines großgermanischen Reiches verwirklichen.

Dänemark kapitulierte nach kurzer Zeit, nicht so Norwegen. Es leistete bis Anfang Juni 1940 Widerstand, bevor es sich schließlich der Übermacht beugte.

Was aber geschieht im Norden?

Von besonderer Bedeutung ist Narvik. Zur Erinnerung: Der ganzjährig eisfreie Hafen ist der Umschlagplatz für Eisenerz, das mit der Bahn aus dem schwedischen Kiruna zum Nordatlantik transportiert wird. Allerdings haben die Alliierten – Briten, Franzosen, Polen - ebenso den Plan, Narvik zu erobern – die Deutschen sind ihnen nur um wenige Stunden voraus und besetzen den Hafen von Narvik und die Stadt.

Chronologie vom April 1940 bis Kriegsende

Eine knappe Zusammenfassung der Geschehnisse in chronologischer Reihenfolge:

9. April 1940, 4 Uhr morgens: Besetzung Narviks durch deutsche Streitkräfte.

Nur zwei norwegische Kriegsschiffe liegen im Hafen zur Verteidigung von Narvik – die Eidsvold und die Norge. Sie werden zur Kapitulation aufgefordert, antworten nicht und werden daraufhin versenkt. 2000 Gebirgsjäger gehen an Land und besetzen die Stadt. Die 10 deutschen Zerstörer im Ofotfjord und Narvik-Hafen, die sie herbrachten, sollen sofort wieder auslaufen. Doch die Abfahrt verzögert sich, weil nur **ein** Tanker mit Treibstoff durch die britische Blockade gelangt ist. Alle zehn Schiffe bleiben deshalb im Hafen.

10. April: Überraschungsangriff der britischen Marine auf den Hafen von Narvik.

Je zwei Schiffe der beiden Streitkräfte werden dabei versenkt. Inzwischen versperren jedoch 9 britische Kriegsschiffe den Fjordausgang, ein Ausbruch ist nicht möglich. Die Deutschen sitzen in der Falle.

13. April: Ein neuer Angriff der Briten.

Die deutsche Streitmacht ist durch Treibstoffmangel und Erschöpfung der Munitionsvorräte geschwächt. Im folgenden Gefecht werden alle 10 Kriegsschiffe entweder zerstört oder versenken sich selbst, damit sie nicht in die Hände der Briten fallen. 2000 Marinesoldaten können noch vor dem Untergang der Schiffe an Land gebracht werden, wo sie zusammen mit weiteren 2600 deutsch-österreichischen Gebirgsjägern versuchen, Narvik gegen die Alliierten zu halten. Das gelingt zunächst, doch nur für kurze Zeit.

14. April: Landung von 25 000 Alliierten im Raum Harstadt. Sie marschieren auf Narvik zu.

24. April: Angriff norwegischer Einheiten auf Narvik. Die Briten unterstützen die Attacke, indem sie Narvik beschießen. 4500 deutsche und österreichische Soldaten halten die Stadt weiterhin besetzt.

Mitte Mai: Einnahme von Narvik durch alliierte Streitkräfte. Die deutschen Besatzer ziehen sich in die umliegenden Berge zurück, halten aber die Erzbahn-Trasse nach Kiruna. Ein Versuch der Norweger, die riesige Eisenbahnbrücke über das Norddal zu sprengen, gelingt nur teilweise. Da der Sprengstoff gefroren ist, werden nur einige wenige Bögen der Brücke zerstört. Die Deutschen reparieren die Strecke innerhalb weniger Wochen.

24. Mai - 8. Juni: Überraschende Wendung in Narvik
Bis Anfang Juni 1940 halten die Alliierten die Stellung in Narvik. Die deutschen Besatzer haben zunehmend Nachschubprobleme. Deutschland ist kurz davor, den Kampf aufzugeben und das Feld zu räumen und damit Nordnorwegen aufzugeben. Doch im letzten Moment kommt alles anders.

Als Hitler im Mai die Westoffensive eröffnet, werden Ende des Monats alle alliierten Truppen andernorts dringend gebraucht und deshalb aus Norwegen abgezogen. Zum Abschied zerstören sie noch den Hafen der Stadt. Die Deutschen können Narvik am 8. Juni erneut besetzen.

9. Juni: Der König verlässt Norwegen Richtung England
Die abenteuerliche Flucht des norwegischen Königs auf geheimen Wegen bis nach Tromsø und von dort über den Atlantik nach England bleibt unvergessen. Haakon VII. und die norwegische Regierung hatten die Hauptstadt bereits am 9. April verlassen, im Gepäck

die staatlichen Goldreserven der Norge Bank. 53 Tonnen Edelmetall in Form von Barren und Münzen reisen mit, in Kisten und Fässern verpackt. In Midtskogen bei Elverum wird er und seine Familie von deutschen Fallschirmtruppen angegriffen, entkam aber unverletzt. Er sagt „Nein" zur Aufforderung, sich und sein Land zu ergeben: Dieses „Kongens Nei" ist in die Geschichtsschreibung eingegangen. Von England aus organisieren König und Minister eine Exilregierung und den Widerstand gegen die Besatzung.

10. Juni: Kapitulation Norwegens
Die Deutschen haben nun freie Bahn. Der Nationalsozialist Josef Terboven wird für die nächsten 5 Jahre zum Reichskommissar ernannt und ist - zusammen mit der SS - als oberster Dienstherr zuständig für die Verwaltung des Landes.

Juni 1940 – Winter 1944: Besatzung und Widerstand
Die Besatzer arbeiten eng mit dem Norweger Vidkun Quisling zusammen, einem ehemaligen Offizier und Minister, der die Partei Nasjonal Samling (NS) anführt – die nationalsozialistische Partei in Norwegen seit 1933. Quisling wird Ministerpräsident der von der Besatzungsmacht eingesetzten Marionettenregierung, die Norwegen nach nationalsozialistischem Vorbild neu ordnen soll. Die Begegnung mit deutschen Wehrmachtssoldaten, am Ende des Kriegs 340 000, gehört für die 3 Millionen Norwegerinnen und Norweger nun zum Alltag, ebenso wie der Mangel an Gütern des täglichen Bedarfs durch die Zwangswirtschaft. Die Aufrüstung des Landes gegen den drohenden Überfall durch die Alliierten zwingt nicht nur die Einheimischen zur Mitarbeit. Über hunderttausend Zwangsarbeiter, die meisten aus Russland, werden ins Land geholt, um Straßen, Eisenbahnlinien, Festungen, Bunker, U-Boot-Häfen zu bauen und Aluminium zu produzieren.
Gegen die feindliche Übernahme durch Hitlerdeutschland wird heimlich eine kleine Streitmacht gebildet. Und es entstehen überall im Land Widerstandsgruppen, die mit Anschlägen auf die Bahnlinien oder Brücken versuchen, die Machtentfaltung der Deutschen zu stören. Mit allen Mitteln wehrt sich die Besatzungsmacht gegen diese Partisanen-Angriffe. Überführte Attentäter werden zum Tode verurteilt oder in Straflager eingewiesen. In der Nähe von Narvik befindet sich eines davon, das größte ist das Lager Grini bei Oslo.

1944/45: Aktion Nordlicht und Kriegsende

Den Norden Norwegens trifft der Krieg besonders schmerzlich. Aus strategischen Gründen werden – im Rahmen einer Aktion mit Namen „Nordlicht" - die Einwohner zwangsevakuiert und das Land verwüstet.

Die Geschichte dazu: Vergeblich hatten die Deutschen versucht, Murmansk zu erobern, den eisfreien russischen Hafen an der Barentssee. Sie wollten damit die Waffenlieferungen der Alliierten an Russland unterbinden. Im Gegenzug rückt die rote Armee nun nach Westen vor, überschreitet die Grenze nach Norwegen, erobert im Oktober 1944 Kirkenes und dringt innerhalb kurzer Zeit bis zur Tanabrücke vor.

Daraufhin wird von den Besatzern die Evakuierung der gesamten Bevölkerung des Nordens östlich des Lyngenfjords beschlossen. Über 70 000 Menschen müssen ihre Häuser innerhalb kürzester Zeit verlassen. Nach dem menschenverachtenden Prinzip der „Politik der verbrannten Erde" wird daraufhin die gesamte Infrastruktur - Städte, Dörfer, Verkehrswege, Schiffe, Brücken, auch die Tanabrücke – zerstört, niedergebrannt, dem Erdboden gleichgemacht. Der Feind soll nichts mehr vorfinden, was ihm von Nutzen sein könnte.

Bitter, dass sich die brutale Aktion bald als so nutzlos wie überflüssig erweist. Die Westalliierten veranlassen die Russen, sich aus Nordnorwegen zurückzuziehen.

Und so ging es weiter

Ein Drittel der Bewohner von Troms og Finnmark und Nordland widersetzte sich dem Abtransport und versteckte sich über den Winter 1944/45 in den Bergen und Wäldern, in Höhlen und notdürftigen Verschlägen. Wer diese schwierige Zeit überstand, kehrte nach Kriegsende sobald wie möglich in die alte Heimat zurück, um mit dem Wiederaufbau zu beginnen. Die Regierung in Oslo unterstützte das Vorhaben mit Zuschüssen und Fachleuten für Architektur – jedoch ohne ein Verständnis für kulturell unterschiedliche Bedürfnisse. Typisch norwegisch eben – Gleichheit und Gerechtigkeit für alle. Besonders für die samische Urbevölkerung war das eine Enttäuschung.

Dass sich Norweger nicht so leicht unterkriegen lassen, beweist ein Foto vom 17. Mai 1945: Inmitten der zerstörten Stadt Hammerfest lassen sie sich den ersten Umzug zum Nationalfeiertag nicht verderben.

Wer sich jemals darüber gewundert hat, dass in Hammerfest, in Alta und in anderen Orten Nordnorwegens kaum alte Häuser zu sehen sind, findet die Erklärung dafür in diesen schrecklichen Ereignissen. Zeugnisse dieser Geschichte: Das Schicksal der vertriebenen Bevölkerung von Nord-Norwegen kann im Wiederaufbaumuseum in Hammerfest genauer betrachtet werden. Der Widerstandskampf wird in Trondheim im „Museum der Widerstandsbewegung", im erzbischöflichen Palast neben dem Dom, mit Bild und Wort geschildert. Gleich daneben befindet sich das militärhistorische Museum. Hier wird an alle kriegerischen Auseinandersetzungen der Geschichte Norwegens erinnert, angefangen mit den Wikingern bis zum 2. Weltkrieg in Nordnorwegen. Auch in Narvik befasst sich eine Museumsausstellung mit den 40er-Jahren des 20. Jahrhunderts, das „Krigsmuseum" in der Kongensgate. Eines der Wracks aus der Schlacht vom Juni 1940 im Hafen von Narvik, die „Georg Thiele", ist noch im Rombaksfjord zu sehen.

Nach Kriegsende begann die Aufarbeitung der Okkupationszeit. Gegen 46 000 Norweger, die verdächtig waren, ihr Land während der Besatzung verraten zu haben, wurde ermittelt. Je nach Art und Umfang der Kollaboration mit den Deutschen wurden sie mit dem Tode bestraft (25, auch Quisling) oder zu Gefängnisstrafen verurteilt (18 000).

Es gäbe über Norwegen zur Zeit des Zweiten Weltkriegs und danach auch noch anderes zu berichten – beispielsweise über die Judenverfolgung, die auch hier im Norden stattfand. Menschen jüdischer Abstammung wurden in norwegische Lager (eines davon in der Nähe von Narvik) oder deutsche Konzentrationslager gebracht. Oder über die Kinder von deutschen Soldaten, die „Deutschenkinder", und ihre Mütter, die als „Flittchen" noch lange Zeit verachtet und gemobbt wurden. Infos mit weiterführender Literatur zu diesen Themen findet man bei Interesse im Internet. Einen authentischen, historisch fundierten Roman hat Gisela Heidenreich über ihre eigenen Erfahrungen als Kind mit deutscher Mutter und norwegischem Vater geschrieben: Das endlose Jahr

Nordnorwegen ist auf jeden Fall eine Reise wert – im Sommer und im Winter, mit PKW, Camper oder Fahrrad. Oder aber mit den pünktlichen, gut organisierten und mit freundlichem Personal ausgestatteten öffentlichen Verkehrsmitteln – der Nordlandsbahn der Ofotbahn und zahlreichen. Buslinien (siehe www.nordnorge.com). Das wäre eine viel versprechende Art, zum Nordlicht oder zur Mitternachtssonne zu reisen, von der ich noch träume.

Lesetipps

Hamsun, Knut: Segen der Erde (1917) Deutsche Erstausgabe München 1918

Heidenreich, Gisela: Das endlose Jahr. Die langsame Entdeckung der eigenen Biographie – ein Lebensborn-Schicksal. Bern, München, Wien 2002 Umschlagtext: Eine Tochter reist mit ihrer Mutter nach Oslo, wo sie 1943 in eine Lebensborn-Heim geboren wurde. Endlich will sie die «ganze Wahrheit" über ihre Herkunft und die Verstrickungen ihrer Mutter in die Nazipolitik herausfinden.

Hofmann, Martin: Die Geschichte der Hurtigruten

Ruloffs, Eckart: Was geschah in Midtskogen? In: dialog 55, Mitteilungen der deutsch-norwegischen Gesellschaft e.V. Bonn, Juni 2021, S. 29-31 Außergewöhnlich gut recherchierte Faktensammlung über den Angriff deutscher Fallschirmjäger auf den vor den Nazis geflüchteten norwegischen König und die Regierung 1940. Ort des berühmten „Kongens Nei".

Store norske lexikon /www.https:/snl.no: hurtigruta, Nord-Norge, Norge under andre verdenskrig, Weserübung – Tysklands angrep på Norge,

Wöhncke, Doris: Nicht alle freuen sich über diesen Besuch. Politik heute, Politik gestern. In: dialog 50, Bonn 2017 S. 23 – 25 „dialog" heißen die Mitteilungen der Deutsch-Norwegischen Gesellschaft e.V. Bonn, die zweimal im Jahr Interessantes und Informatives über Norwegen anbieten. Für alle, die mehr als aus gewöhnlicher Reiseliteratur über das Lieblingsland im Norden erfahren wollen. Alle Hefte online und mehr unter: www.dng-bonn.de

www.visitnorway.de/nordnorwegen/ „Arktische Abenteuer" Tourenvorschläge

www.nordnorge.com Tourenvorschläge, differenziert nach Reisen mit Bus, Bahn oder eigenem Auto

© Thorsten Zinßer

DIE SAMEN

Schicksal der Ureinwohner Nordskandinaviens gestern und heute

Über die Samen und ihre bewegende Geschichte würde ich gerne mehr wissen und schreiben, als in einem Kapitel Platz findet. Im Rahmen dieses etwas anderen Reiseführers, der ein ziemlich weites Spektrum unterschiedlicher Themen zu Norwegen enthält, beschränke ich mich auf das, was mir wichtig ist und was ich in einem meiner Vorträge auf Kreuzfahrtschiffen den Gästen im Laufe einer Stunde vermitteln kann.

Ursprünge

Eines meiner liebsten Ziele auf der Reise durch Nord-Norge sind die Felsritzungen aus der Steinzeit und Bronzezeit. Sie wurden in den 1960er-Jahren entdeckt und werden seitdem von Archäologen kartiert und erforscht. Zu sehen sind die Darstellungen von Jagd- und Fischereimotiven in der Umgebung von Alta, nördlich von Hammerfest, im Alta Museum. Aufgrund der historischen Bedeutung dieser Funde erhielt das Museum den Status eines Weltkulturerbe-Zentrums für Bergkunst. Hier, 5 km südwestlich vom Zentrum von Alta in Hjemmeluft, findet sich ein großer Teil der heute bekannten Felsritzungen. Es gibt zwei Wege, 1,2 km und 3 km lang, auf denen man die faszinierenden Bilder von Rentier, Elch, Bogenschützen, Booten und Fischen, in Stein geschlagen, geschnitten, geritzt, entdecken und bewundern kann. (Es handelt sich also nicht um Felszeichnungen oder Höhlenmalereien.) Die ungefähr 3000 Figuren wurden in unserer Zeit zur besseren Sichtbarkeit mit roter Farbe nachgezogen.

Man muss nicht historisch interessiert und gebildet sein, um sich an den Formen, deren Komposition und den damit erzählten Geschichten zu erfreuen. Aber ein Fantasieflug in die Vergangenheit und die Vorstellung, wie die Menschen damals gelebt haben und mit einfachsten Mitteln den Herausforderungen dieser kalten, kargen, gefährlichen Welt begegnet sind, lässt die Bilder und Motive lebendig werden. Die Ritzungen sind 4000 bis 1700 Jahre vor der heutigen Zeit entstanden. Zur Zeit ihrer Erschaffung befanden sie sich auf Meereshöhe. Die Hebung der Festlandsplatte seit dem Ende der Eiszeit vor mehr als 10 000 Jahren ist die Ursache dafür, dass die Gebilde heute einige Meter über dem Meeresspiegel zu finden sind.

Wer waren die Menschen, die diese Felskunst hervorbrachten? Nomaden, Jäger und Sammler müssen es gewesen sein, das kann man den Szenen und Abbildungen entnehmen. Sie sind vielleicht in der Steinzeit aus dem Süden oder aus Gebieten eingewandert, die wir heute Russland und Finnland nennen. Ganz genau weiß man das nicht.

Bisher konnte man nur im Sommer, wenn der Schnee weg war, die steinzeitlichen Kunstwerke sehen. Nun gibt es eine Ausstellung

"Spuren im Stein", die ganzjährig die Ansicht möglich macht. Figuren in Stein geritzt – sie sind geblieben als Zeugnisse der Existenz der Steinzeitmenschen in dieser entlegenen Gegend. Das Volk der Samen stammt möglicherweise von ihnen ab.

Das Volk der Samen – Geschichte und Kultur

Es war einmal ein junger Schweizer. Im Jahr 1899 unternahm der wohlhabende und wohl gebildete Dr. Elias Haffter eine Kreuzfahrt in den hohen Norden, von Hamburg über die Nordsee, entlang der norwegischen Küste übers Nordmeer bis nach Spitzbergen und zurück. Er schrieb seine Erlebnisse und Eindrücke für die Thurgauer Zeitung auf. Im Laufe dieser für die Zeit recht exklusiven Reise legte das Schiff, ein „Prachtsdampfer" von Hapag, auch als „schwimmender Palast" bezeichnet, getauft auf den Namen „Auguste Victoria", in Tromsø an. Die 400 Passagiere, Damen und Herren der besseren Gesellschaft aus Europa und USA, erkundeten den Ort und die Umgebung. Neugierig schlenderten sie durch eine Siedlung von Indigenen, „guckten hinein, wo irgend eine Thür- oder Fensteröffnung dazu einlud" (S. 133), ekelten sich vor der „schrecklichen Fisch- und Thranatmospäre", bestaunten die originelle Einrichtung dieser Lappen, schüttelten den Kopf über die „kulturarme, aber gewiß ganz zufriedene Gesellschaft" (S. 129) und versuchten, sich „durch Zeichen und allerlei sprachliche Kühnheiten mit den Eingeborenen zu unterhalten" (S. 134).

Originalton Haffter:

„Ab und zu begegneten wir bereits einigen Lappen, die mit selbstverfertigten Artikeln zu Markte zogen, in Rentierfelle oder blaue Kittel gekleidet, schmutzig und unsagbar duftig, jeder, wie der Erdball, mit und in seiner eigenen Atmosphäre kreisend. Wehe dem, der sie kreutzte! Aber die Gesichtsbildung fanden wir durchaus nicht häßlich, wie man sie sonst schildert, weder beim weiblichen noch beim männlichen Geschlechte, und wenn wir einen Jungen oder Alten mit unserem stereotypen Gruß „Grüetzi Lappi" anredeten, ging sogar etwas recht Freundliches, fast Anmutiges über seine Züge."

(Elias Haffter: Briefe aus dem Hohen Norden. Eine Fahrt nach Spitzbergen mit dem Hapag-Dampfer „Auguste Viktoria" im Juli 1899).

Mehr als hundert Jahre später lächeln wir Reisende vielleicht über die hochnäsige Attitüde dieser Mitteleuropäer. Wir besuchen im Norden Norwegens samische Museumsdörfer und Märkte, bewundern die blau-rot-goldenen Gewänder, die Fellschuhe und die Rentierschlitten, kaufen gerne samisches Kunsthandwerk, die silbern verzierten Armbänder, die Messer und Fellwaren. Doch sind wir wirklich aufgeklärter als der junge Akademiker des 19. Jahrhunderts? Wissen wir eigentlich mehr als er, beispielsweise darüber, warum die Lappen heute nicht mehr Lappen genannt werden, oder warum die samische Bevölkerung im 21. Jahrhundert ihre Traditionen wieder intensiv in Erinnerung bringt?

Ich wusste bei meiner letzten Kreuzfahrt in Nordeuropa auch nahezu nichts über die Ureinwohner und wollte im Rahmen einer Bustour ins Bergland hinter Hammerfest mehr über sie erfahren. Ein in samische Tracht gekleideter Mann holte unsere Gruppe am Bus ab und führte uns in eine traditionelle Behausung, eine typische Gamme mit einem Dach, auf dem Gras wuchs. Erwartungsvoll schauten wir durch die Tür und bückten uns, um den dunklen Raum zu betreten. Auf Fellen auf dem Boden saßen wir Besucher dann eng beieinander um ein offenes Feuer in der Mitte. Der Gastgeber erzählte eine Stunde lang sachlich über das Leben der Samen früher und erklärte die Gegenstände im Raum. Danach durften wir im Haus nebenan, wo es Tische und Bänke gab, einige Häppchen Rentierfleisch und Elchwurst probieren und Tee trinken. Die Frau des Samen und der halbwüchsige Sohn, beide auch in traditioneller Kleidung, bedienten uns. Anschließend konnten noch Fragen gestellt werden – wir erfuhren, dass die Samin normalerweise als Lehrerin arbeitet und auch der Junge zur Schule geht.

Zuerst war ich danach ziemlich enttäuscht und zweifelte an der Qualität der kleinen Inszenierung. Sie entsprach zwar dem Bild, das ich von Werbeflyern bereits kannte, aber über die Geschichte des samischen Volkes und die Bedeutung ihrer Kultur wusste ich nicht mehr als vorher. Doch dann zweifelte ich an meinem hohen Anspruch. Konnte ich als Teil eines großen Touristikunternehmens mehr erwarten als eine touristische Attraktion? Mehr Tiefe? Mehr Hintergrund? Jedenfalls war ich nun motiviert, mich intensiver mit den Samen, mit ihrem Land und ihrer Kultur zu befassen. Was ich herausfand, ist eine bewegende Geschichte über ein vom Schicksal gebeuteltes Volk.

Leben der Samen in der Zeit der Freiheit

Ungewiss ist, seit wann die samische Urbevölkerung in Nord-Norge lebt. Einige Forscher vermuten, dass die Vorfahren ungefähr 2000 – 2500 Jahre vor Chr. aus Nordasien oder entlang der Küste aus Süden einwanderten. Dies widerspricht allerdings der Auffassung, dass sie schon lange vorher, vor ungefähr 10 000 Jahren, als Nachkommen der Steinzeitmenschen hier im Nordkalott, auf der „Kappe" Skandinaviens lebten. Man weiß es nicht gewiss. Jedenfalls sind sie genetisch nicht mit Mongolen oder sibirischen Volksstämmen verwandt, sondern haben einen hohen Grad an Gemeinsamkeiten mit Europäern.

Samisches Siedlungsgebiet erstreckte sich ursprünglich über den gesamten Norden Skandinaviens (Finnskandia) und Teile Russlands und reichte noch zur Wikingerzeit bis südlich des Polarkreises.

In diesem riesigen Gebiet lebten die Ureinwohner fast dreitausend Jahre lang als unabhängiges, friedliches, kulturell hoch entwickeltes Volk. Doch vor ungefähr tausend Jahren änderte sich ihr Schicksal, eine Spirale der Zerstörung begann und setzte sich bis zum Ende des zweiten Weltkriegs fort. Um die Politik und Kultur der heutigen Samen in Norwegen zu verstehen, ist eine Reise in ihre Vergangenheit hilfreich. Machen wir uns auf den Weg!

Über die Lebenssituation bis zur Zeitenwende gibt es kaum gesichertes Wissen, da die Samen selbst, außer ein paar Runen, keine schriftlichen Zeugnisse hinterließen. Auch Siedlungsspuren – Fallgruben, Fundamente von Gammen, Opferstätten und Gräber sind selten. Im ersten Jahrtausend nach Christus haben andere über sie berichtet. Der Römer Tacitus zum Beispiel schreibt im Jahr 98 n. Chr., dass im Norden ein fremdes Volk lebt, das Finni genannt wird. Und in frühmittelalterlichen Schriften und Sagen finden sich weitere Hinweise auf die „Finni" oder „Finner". Lappen hießen ursprünglich nur diejenigen, die in Schweden, in Lappland, daheim waren; zeitweise wurden jedoch alle Mitglieder der Urbevölkerung so genannt.

Übrigens veränderte sich erst später die Bedeutung in einen herabsetzenden Begriff – Lappe als jemand mit zerlumpter, ungewaschener, schlecht riechender Kleidung (norw. „lapp": Fetzen, Flicken). Ähnlich wie bei den Begriffen „Neger" oder „Zigeuner" ist es heute politisch nicht mehr korrekt, diese Bezeichnung zu benutzen. Heute wird die indigene Bevölkerung Samen oder Samí genannt, ihr Land heißt Sápmi.

Die Erzählungen aus dem 9. und 10. Jh. n. Chr. ergeben ein positives Bild samischen Lebens in den ersten Jahrhunderten unserer Zeitrechnung. Wir lernen ein mutiges, starkes und handwerklich geschicktes Volk kennen. Das Land war Gemeinschaftsbesitz, mehrere Familien teilten sich ein Gebiet, eine Siita.
Als Nomaden wohnten die Indigenen in Gammen, samisch Goahti. Diese kegelförmigen Behausungen hatten eine aus Grassoden, Brettern oder Zeltstoff gefertigte Außenhaut und konnten relativ schnell ab- und an einem anderen Ort wieder aufgebaut werden.
Im Inneren war der Boden mit Reisig ausgelegt und mit Rentierfellen bedeckt. Darauf saß die Familie beim Essen und bei häuslichen Tätigkeiten. Auch geschlafen wurde hier. In der Mitte hängte ein Kochtopf über der glühenden Feuerstelle unter dem oben offenen Dach. Das Hab und Gut wurde in Truhen aufbewahrt oder an Haken ringsum aufgehängt.
In der Heimat der Samen, dem großen, weiten Land, in dem Berge und Fjorde natürliche Barrieren bilden, gab es nicht nur eine Sprache, sondern mindestens fünf verschiedene Sprachen, je nachdem ob die Gemeinschaften in den südlichen oder nördlichen Landesteilen, an der Küste oder im Landesinnern wohnten. Die Wurzeln des Samischen sind, wie die des Finnischen und Ungarischen, im Osten Europas, im Ural zu suchen.
Sicher erzählten sich die Familien in der Dunkelzeit des Winters Geschichten und Märchen. Die alten Texte sind verloren gegangen, doch die Figuren auf den Trommeln stellen vermutlich Gestalten aus diesen Geschichten dar. Großmütter, Großväter, Eltern, Händler auf ihren Wanderungen haben sie nicht nur gesprochen sondern auch gesungen, gejoikt. Das Joiken (siehe Kasten) konnte die Menschen auch über weite Strecken miteinander verbinden, von Zelt zu Zelt, von Gamme zu Gamme.

Das Volk der Samen glaubte, dass die Natur, in der es lebte, beseelt ist. Besondere Felsen, Wasserfälle, Bäume, Berge, Himmelskörper konnten heilige Orte oder Gottheiten sein. Dieser Glaube prägte den Alltag der Ureinwohner. Schamanen, samisch genannt Noaiaden, konnten mit Hilfe ihrer „runebomme", der Symbol-Trommel, Verbindung zu den Geistern und Göttern herstellen (siehe Kasten). Schmuck, Waffen und Werkzeug, gefertigt aus Glasperlen, Zinn- und Silberfäden, und Naturmaterialien vom Rentier hatten spirituelle Kräfte und konnten vor Gefahren und Unglück schützen. Das Kunsthandwerk der Indigenen, das Duodji, war also Teil der Religion. Die Kinder lernten es von klein auf.

Männer und Frauen betrieben gemeinsam Bären- und Rentier-, Wal- und Robbenjagd und fuhren zum Fischfang die Flüsse hinauf und hinaus aufs Meer. Sie sammelten Früchte in Wald und Feld, bearbeiteten sogar hier und da den Boden, hielten ein paar Schafe und Ziegen und zähmten einzelne Rentiere für den Hausgebrauch. Manche folgten den wilden Rentieren jedes Jahr auf deren Zug zu den Sommer- und Winterweiden. Es gab an und von diesen Tieren wohl nichts, das sie nicht brauchen und zum Überleben verwerten konnten – Milch, Fleisch, Fell, Knochen, Sehnen, Geweih. Als geschickte Handwerker stellten sie Werkzeuge und Gegenstände des täglichen Gebrauchs her. Kleidung, Möbel, Geschirr, ja sogar Schiffe und Skier.

Der Joik, der alte Gesang der Samen, ist eine Mischung aus Lied, Gedicht und Ballade. Seine Harmonie klingt in unseren Ohren etwas seltsam, sie erinnert ein bisschen an das alpenländische Jodeln. Bei beiden Musikarten ist die Tonfolge einfach. Eine Joike kommt oft ohne Worte aus und versetzt Sänger und Zuhörer in ein Gefühl der Verbundenheit mit Natur und Landschaft. Der samische Joik kann aber auch ein Thema haben. In solchen Gesängen geht es um Tiere, Pflanzen, um Landschaft, Himmel oder Erde, oft aber auch um das Lob für oder den Spott über eine bestimmte Person. Wenn in früheren Zeiten zum Beispiel ein Rentierdieb erwischt worden ist, wurde das mit frechen Versen schadenfroh kommentiert. War er erfolgreich, berichtete die Joike von seiner Heldentat.

Erich Wustmann, ein ostdeutscher Volkskundler, hat in der Mitte des vorigen Jahrhunderts jahrelang das Volk der Rentiersamen begleitet, ihr Leben beobachtet, die Sprache gelernt und mit dem Tonband ihre Gesänge aufgenommen, verschriftet und übersetzt. („Klingende Wildnis" Erlebnisse in Lappland. Eisenach und Kassel 1956).
Er hat, mit den Worten und dem Mitgefühl eines Freundes der Ureinwohner, seine Erfahrungen geschildert.
Auch magische Wünsche können zum Thema werden, schreibt er.
„Es gibt Dinge in der Wildmark, die wir nie begreifen werden. Sie hängen vielfach mit den heidnischen Vorstellungen der Lappen zusammen, obwohl sich die Lappen Christen nennen und tatsächlich auch fleißig zur Kirche gehen. Unvergänglich ist jedoch die Tundra, und unvergänglich ist die Mystik der Heiligen Berge und Opfersteine... Vorbei ist die große Zeit der Zauberer, Noaiaden und Medizinmänner, zerbrochen und verfault ist die letzte Zaubertrommel... so wie das letzte Zauberlied in allernächster Zeit verklingen wird."(67)
Hier der Gesang einer Mutter für ihren geliebten Sohn (Wustmann S. 68)

Zauberrene gebe ich dir, mein Sohn Mikkel,
damit du dein Lebtag lang genug Rene haben sollst.
Jedes Ren, das du einem gibst oder welches ein anderer
nimmt ohne Erlaubnis und dein Wissen,
soll nicht leben.
Habe keine Angst, mein Sohn Mikkel,
wenn du nach meinem Tode deine Mutter an der Seite
deiner Herde stehen siehst!
Wisse, dass deine Mutter nur auf der Wacht steht bei deiner Herde!

Auch ein Kinderlied hat Wustmann aufgezeichnet und übersetzt. Es handelt vom Nordlicht und vom „Dompfaff, der, mit einem Leckerbissen im Schnabel und rotem Brustlatz, durch die Bäume des Waldes huscht." (S. 38 f).
Nordlicht! Nordlicht!
Fettbissen im Munde.
Braugrünen Rock an.
Goldseide am Halse.

Joiks sind nun doch nicht ganz ausgerottet, das letzte Zauberlied doch nicht verklungen. Die Kunst des Joikens wird heute wieder gepflegt und vorgetragen, besonders auch von jungen Menschen. Auf Konzerten, auf youtube und anderen Kanälen kann man die modernen Interpreten hören, die jedoch die traditionelle Musik mit modernen Melodien und Rhythmen, mit Jazz- und Technoelementen mischen. Das Lied der Band KEINO, der Beitrag Norwegens zum ESC in Tel Aviv 2019, enthält Joik-Elemente.

Ist es nicht faszinierend, dass diese Samen zur Zeit der Wikinger (und vermutlich schon früher, als das noch niemand aufgeschrieben hat) schnelle, hochseetüchtige Schiffe bauten und auf Skiern über Schnee und Eis laufen konnten? Die „Finni" und der „Ski" – das gehörte allzeit zusammen, als „Skifinnen" wurden sie von Zeitgenossen bewundert. Davon zeugt eine alte norwegische Urkunde, in der Frieden gelobt wird „solange Falken fliegen, Föhren wachsen, Kinder schreien, Flüsse ins Meer fließen und Finnen Ski laufen."

Foto: Norsk Folkemuseum

Die Runebomme war das wichtigste Werkzeug der Schamanen, der
Noaiaden. Das Instrument hatte einen Rahmen aus Holz oder Horn

und war mit Rentierhaut bespannt. Die Oberfläche zierten bedeutungsvolle Symbole, Götter- und Sagengestalten. Mit Hilfe der Trommel konnten die weisen Männer und Frauen Verbindung zu den Naturgeistern herstellen. Sie versenkten sich in Trance, indem sie die Trommel schlugen. Während der feierlichen Zeremonie lag ein Stückchen Rentierhorn darauf, das sich durch die Schwingungen des Hämmerchens bewegte und bei einer der Runen liegen blieb. Die jeweilige Position wurde gedeutet, um wichtige Ereignisse des Alltags zu kommentieren. Götter und Göttinnen wurden zur Zukunft von Herde, Wild und Jagd, Schwangerschaft, Geburt und Tod befragt und ihre Hilfe beschworen. Noaiaden waren hoch verehrte Respektspersonen – sogar bei den Wikingern, die in den Norden reisten, um sich beraten zu lassen.

Solch eine Trommel befand sich auch im Besitz einer jeden Familie. Sie wurde von ihren Ältesten als spirituelles Instrument im Alltag verwendet. Die Trommel verkörperte das spirituelle Wesen der samischen Religion – auf sie konzentrierte sich deshalb der Kampf der Kirchen gegen den heidnischen Glauben.

Die Samen konnten also weit mehr als man ihnen in der Neuzeit zugetraut hat. Über einen Zeitraum von dreitausend Jahren lebten sie frei in einem freien Land. Was führte dazu, dass sie ihre Stärke und ihr Selbstbewusstsein verloren haben?

Nun – dieses weite, freie Land war auch für andere attraktiv. Und die waren nicht pingelig, sich zu nehmen, was sie konnten. Und so stelle ich mir die Geschichte vor:

Die Samen in der Zeit ihrer Kolonisierung

Eines Tages, im 8. oder 9. Jahrhundert, begegnete ein Same, der Vater einer großen Sippe, der gerade eine Rentierkuh heimtrug, die er in einer seiner Fallen gefangen hatte, einigen hoch gewachsenen, blonden, wild blickenden fremden Männern. Das waren Nordmänner aus der Gegend von Trondheim oder Haugesund, dem alten Königssitz im Süden, Wikinger, die auf der Suche nach neuem Land mit ihren Schiffen nach Norden gesegelt waren. Sie hatten Hunger und

Lust auf Rentierbraten. Da kam der samische Jäger gerade recht – ob sie ihn niederschlugen oder mit ihm handelten, weiß man nicht. Jedenfalls waren sie nicht die letzten, die sich hier oben umschauten.

Die lange Reise lohnte sich auch – von den „nordmenn", wie sie sich selbst nannten, von den Norwegern also, kamen immer mehr über den Polarkreis. Sie konnten die Erzeugnisse der Ureinwohner, die Tierhäute, Pelze, den Tran aus dem Fett von Walen und die Walrosszähne aus hartem Elfenbein, gut brauchen. Waren die Fremdlinge friedlich gesinnt, dann tauschten sie dafür Salz, Edelmetalle und Messerklingen. Wahlweise holten sie sich einfach, was sie begehrten. Manche Archäologen meinen, dass die wehrhaften Nordmänner die friedlichen Ureinwohner vor Feinden beschützten und im Gegenzug deshalb von ihnen Waren erhielten. Das mag glauben, wer will, harte Beweise gibt es dafür nicht. Jedenfalls finden sich in der Umgebung von Tromsø Siedlungsspuren aus dieser Zeit sowohl von Samen wie auch von „nordmenn". Ottar von Hålogaland, ein berühmter nordischer Seefahrer, hatte dort ein großes Anwesen.

Auf Augenhöhe befanden sich im frühen Mittelalter Samen und Wikinger, was den Schiffsbau betraf. Die samischen Schiffe waren schnell und seetüchtig. Wer weiß, ob nicht die Wikinger, die berühmten Spezialisten des Schiffsbaus, bei den Ureinwohnern sogar einiges dazu gelernt haben? Jedenfalls kauften sie ihnen das eine oder andere Schiff ab. Die alten Sagen erzählen, dass Samen bei den Atlantiküberquerungen der Wikinger nach Island und bei der Besiedlung der Insel mit im Team gewesen sind. Sogar eine Heirat soll es gegeben haben – zwischen Harald Schönhaar, dem ersten König der Wikinger, und einer samischen Prinzessin namens Snøfrid. Ich zweifle sehr an dieser Geschichte. Wo eine Prinzessin ist, muss es auch einen König geben – und von beiden ist in den alten Schriften ansonsten nie die Rede. Die Samen lebten in einer gleichberechtigten Gesellschaft. Da Harald jedoch weit herum kam und mehrere Frauen geehelicht haben soll, kann durchaus auch eine Samin dabei gewesen sein. Was nicht heißt, dass diese sich ihm freiwillig anschloss. Wer weiß das heute so genau?

Wie man sich denken kann, waren die Begegnungen zwischen den beiden Volksstämmen nicht immer freundschaftlich. Die Skandinavier aus dem Süden wollten ihre Siedlungsräume erweitern, das unendlich weite Land für den Ackerbau erschließen (was zur damaligen Zeit fast bis Tromsø möglich war) und Fischfang betreiben und drängten deshalb immer weiter in die Gegenden nördlich des Polarkreises. Die ursprünglichen Einwohner verloren Raum, Ressourcen und Lebensqualität. Sie wollten ihr angestammtes Land nicht so einfach teilen, sie versuchten, sich zu wehren, teils mit Aufständen, teils mit Schlitzohrigkeit und Tricks. Doch schließlich waren sie den übermächtigen Eindringlingen unterlegen. Wen wundert das, die waren als Wikinger ja damals überall raubend und mordend unterwegs, bekannt als gewaltbereite Eroberer und rücksichtslose Kämpfer. Sie verlangten Steuern in Form von Naturalien und zwangen die Urbevölkerung zur Mitarbeit bei der Jagd und Fischerei.

Es war also schlimm gekommen für die Samen im Mittelalter. Und danach kam es in ihren Augen noch schlimmer.
In der frühen Neuzeit, so ab dem 16. Jahrhundert, begann die Phase der Kolonisierung in der ganzen Welt. Europäische Nationalstaaten bildeten sich heraus, steckten ihre eigenen Grenzen ab und eroberten neue Erdteile. Im Hochgefühl, die überlegene Kultur zu besitzen, beuteten sie deren Einwohner aus, missionierten sie, steckten sie mit ihren Krankheitskeimen an und bereicherten sich an ihren Bodenschätzen. Nicht anders verhielten sich die Regierungen in Skandinavien, in Russland, Schweden, Finnland, Norwegen. Auch in ihren Ländern erstarkte der Nationalgedanke und mit ihm nahm die Unterdrückung, Vertreibung und Verachtung der Samen zu. Norwegen befand sich zu dieser Zeit in einer Union mit Dänemark, litt selbst unter den schlechten Bedingungen der Abhängigkeit und suchte im Norden nach neuen Räumen. Gegen ihre Unterwerfung durch entschlossene Norweger konnte sich die unpolitische und friedliche Urbevölkerung nicht wehren. Ihre Gebiete wurden von profitgierigen Gutsherren und fremden, meist dänischen staatlichen Beamten verwaltet, die das samische Volk nach Kräften aussaugten. Zur grassierenden Armut trugen noch die Abgaben bei, die nun in Form von Bargeld an den Staat zu zahlen waren. Wer nicht zahlen konnte, wurde als billige Arbeitskraft zu Wald- und Straßenbauarbeiten und

anderen Hilfsdiensten eingesetzt. Erst in dieser Zeit begannen viele Samen, den halbwilden Rentierherden auf ihre Winter- und Sommerweiden zu folgen. Vielleicht wichen sie den neuen Herren lieber aus, als ihre Freiheit und ihren unabhängigen Lebensstil zu verlieren.

Später, im 18. Jahrhundert holte sich nicht nur die staatliche Macht was sie begehrte, sondern auch, Hand in Hand mit ihr, die protestantische Kirche. Der Bischof von Kopenhagen fand, dass die armen Heiden in Nordnorwegen zum Christentum bekehrt werden sollten. Er schickte Priester und Mönche als Missionare, darunter Thomas von Westen. Der ließ Kirchen bauen und richtete Schulen ein, in denen die samischen Kinder lesen und schreiben lernen sollten. Immerhin fand der Unterricht damals noch in samischer Sprache statt, denn die zukünftigen Gläubigen sollten die „frohe Botschaft" ja verstehen.

Das war gut gemeint, aber schlecht getan. Denn die vermeintlichen Segnungen der Zivilisation stießen auf Widerstand. Die geistlichen Herren zwangen die in ihren Augen störrischen Barbaren mit Gewalt, ihre Religion, ihre hergebrachten spirituellen Überzeugungen abzulegen. Joiken war nun bei Strafe verboten. Herr von Westen sammelte alle Zaubertrommeln ein, derer er habhaft werden konnte, und verbrannte sie. Ein Zeichen sollte gesetzt werden, dass die Zeit des Aberglaubens vorbei sei. Die Noaiaden wurden vertrieben oder gelyncht. Hexenverfolgungen waren an der Tagesordnung. Diese abschreckenden Beispiele sollten die zögerliche Gemeinde vom rechten Glauben überzeugen. Zudem verstanden sich die frommen Männer gut mit den christlichen norwegischen Machthabern, die selbst oft keine Lust hatten, in ihre neu erworbenen Ländereien im kalten, dunklen Norden zu reisen. Die Pastoren übernahmen bereitwillig weltliche Verwaltungsaufgaben und den Einzug von Steuern.

Änderte sich die Diskriminierung der indigenen Bevölkerung, als im 19. Jahrhundert die Aufklärung und Industrialisierung den Zeitgeist prägten? Mitnichten. Es wurde aus samischer Perspektive noch schlimmer. War bisher das Bestreben Norwegens vor allem auf die

Macht über Religion und Ländereien gerichtet gewesen, so ging es nun um Assimilierung. Die Samen sollten so werden wie die Norweger. Startschuss dafür war der Geburtstag Norwegens, der 17. Mai 1814.

An diesem Tag wurde das Grundgesetz verabschiedet. Der Stolz darüber und die Überzeugung, dass es nichts Besseres geben konnte, als norwegisch zu sein und norwegisch zu leben, gab der Zwangsnorwegisierung der Samen einen kräftigen Schub. Die in Europa vorherrschende Ideologie des Sozialdarwinismus, die Überzeugung also, dass es höherwertige Rassen gibt, die sich von Natur aus gegen minderwertige Gattungen durchsetzen müssen, verstärkte sich durch das wachsende nationale Selbstbewusstsein. Norwegen war eifrig bemüht, das Ideal des „Jantelov", des Gesetzes, dass alle gleich sind und niemand etwas Besonderes sein und wollen soll, mit allen Mitteln durchzusetzen. Weil die sogenannten Lappen meist in sehr ärmlichen Verhältnissen lebten und die norwegische Sprache nicht verstanden, galten sie als geistig minderbemittelt, primitiv, ungebildet und unmoralisch. Die norwegische Bevölkerung, ihre Politiker und ihre Beamten hatten deshalb auch kein schlechtes Gewissen dabei, diese Minderheit entschlossen den eigenen Werten und Vorstellungen vom richtigen Leben anzugleichen.

Die Amtssprache war norwegisch und in Schule und Kirche war samisch sprechen nun verboten. Norwegisiert wurden auch alle Familien- und Ortsnamen. Angehörige der samischen Ethnie waren zwar theoretisch als Staatsbürger anerkannt, praktisch aber von der politischen Teilhabe, von Hausbesitz und den Bildungs- und Berufsmöglichkeiten der dominanten Norwegerkultur weitgehend ausgeschlossen. Das Stimmrecht durfte nur ein Mann ausüben, der Gutsbesitz hatte oder finanziell wohlhabend war.

In diese Phase der samischen Geschichte fällt auch die Szene, die der Schweizer Autor Haffter beschrieben hat. Es wundert vor diesem Hintergrund nicht, dass der junge Tourist die verarmten, am Rande der Gesellschaft lebenden samischen Einwohner als exotische Halbwilde betrachtete und über ihre Lebensweise im Vergleich mit Schweizer Standards buchstäblich die Nase rümpfte.

Fridtjof Nansen konnte interessanterweise das Know-how der Ureinwohner für seine Zwecke nutzen. Im Rahmen der Expedition nach Grönland 1883 warb er zwei samische Männer zur Verstärkung seines 6-köpfigen Teams an. Sie konnten hervorragend Ski laufen und hatten Erfahrung, wie Menschen in Eis und Schnee überleben könnten. Nansen schätzte ihre Expertise.

Was Hänschen nicht lernt, lernt Hans nimmermehr. Dieser Überzeugung war vielleicht auch das norwegische Storting. Im Eifer der Assimilierungskampagne schien es geboten, samische Kinder ihren Eltern zwangsweise wegzunehmen. Noch Anfang des 20. Jahrhunderts kam es vor, dass Beamte die Kleinen aus den Armen von Vater und Mutter rissen und in Internate brachten. Hier wurden sie nur notdürftig mit den wichtigsten kulturellen Gepflogenheiten der norwegischen Gesellschaft bekannt gemacht: Beten und Arbeiten. Wie unglücklich müssen die Jungen und Mädchen, die bisher in Freiheit und nah an der Natur bei ihren Eltern gelebt hatten, gewesen sein. Viele Kinder wurden an norwegische Familien zur Adoption freigegeben. Für manche war das ein Weg in ein moderneres, vermeintlich besseres Leben. Nicht wenige machten sich später auf die Suche nach ihrer Elternfamilie im Norden, um ihre Herkunft zu klären und ihre Identität zu finden. Das Schicksal dieser Kinder war in Norwegen lange ein Tabuthema. Christine Kabus hat einen Roman darüber geschrieben: Die Töchter des Nordlichts. Er ist durchaus lesenswert und sehr anrührend.

Sápmi – das Land der Samen heute

Heute, im 21. Jahrhundert gibt es im hohen Norden Skandinaviens regelmäßig Konzerte, Märkte und Festivals, bei denen sich Angehörige der samischen Urbevölkerung treffen, ihre Kultur leben und pflegen und sich voller Selbstbewusstsein den Gästen und der Welt zeigen. Im Februar Winterevent in Tromsø und Tana, an Ostern Markt in Kautokeino, im Sommer Treffen in Manndalen/Troms und im Herbst beim Skábma Festival in Lebesby – rund ums Jahr finden Veranstaltungen statt. Vom Joik zum Lassowerfen, vom Rentierwettlauf zum Schneescooterrennen, von der Musik zum Filmfestival, das Volk der Samen feiert sich. Was ist passiert, seit die Samí der Zwangsnorwegisierung entkommen sind?

Bis zum 2. Weltkrieg war es für die indigene Bevölkerung fast unmöglich, ihre Rechte wahrzunehmen, die eigentlich im Grundgesetz von 1814 formuliert waren: Wahlrecht, Recht zum Erwerb von Eigentum, Recht auf ihr Land. Schwierig war es auch deshalb, Land zu erwerben und ein Haus zu bauen, weil die Amtssprache norwegisch war und die Bestimmungen sich an den Interessen der Norweger orientierten. Für Menschen, die jahrzehntelang von den Bildungsprozessen ausgegrenzt waren und die norwegische Sprache nicht beherrschten war es fast unmöglich, Anteil an den staatlichen Zuschüssen für Nordländer zu bekommen. Deshalb bemühten sich viele Sámi, zu „guten" und „richtigen" Norwegern zu werden und vergaßen und verdrängten dabei ihre Herkunft und ihre Traditionen.

In Norwegen begann die indigene Bevölkerung der Sámi erst in der zweiten Hälfte des 20. Jahrhunderts die Realisierung eigener Rechte zu erkämpfen. Durch intensive Bemühungen, eine eigene Identität zu entwickeln, haben die Sámi wichtige Erfolge erzielt. Norwegen hat die Angehörigen der Ethnie als Urbevölkerung anerkannt und ihnen bestimmte Rechte in Bezug auf Sprache, Bildung, öffentliche Mittel, Landbesitz und Flächennutzung zugestanden.

Trotzdem ist der Prozess der Emanzipation nach wie vor sehr schwierig. Es gab und gibt bis heute immer wieder politische Entscheidungen der norwegischen Regierung, die über die Köpfe der ethnischen und kulturellen Minderheit hinweg gegen deren angestammte Rechte verstoßen. Nur ein Beispiel dafür ist der Bau eines Staudamms bei Alta in den achtziger Jahren zur Stromgewinnung. Weite Teile der Rentierweiden sollten überflutet werden. Durch den entschlossenen Widerstand der Rentierhalter konnte das Projekt wenigstens teilweise eingeschränkt werden.

Unter den Norwegern machen die Samen knapp 2% der Bevölkerung aus (ssb samerstatistik). Das Siedlungsgebiet des samischen Volkes erstreckt sich heute über die zwei Provinzen Nordland und Troms og Finnmark. Die meisten Angehörigen der ethnischen Gruppe sind sesshaft, wohnen entlang der Küsten oder in den Städten und arbeiten in der Landwirtschaft, in der Fischerei, in sozialen und technischen Berufen – und zunehmend im Bereich der Touristik.

Heutige Samen leben ganz modern und norwegisch in ihrem Haus und gehen bürgerlichen Berufen nach.

Nur 14% der samischen Bevölkerung in ganz Skandinavien sind heute noch Rentiersamen. Schon seit ungefähr 400 Jahren haben sie die wilden Rentiere weitgehend gezähmt und eigene Herden herangezogen. Im Rhythmus des Jahres folgen sie nach wie vor der Drift ihrer Tiere. Es sind vor allem diese Menschen, die wir Touristen als Sámi wahrnehmen und die durch ihre Tracht, ihre Herden und ihre Lebensweise auffallen. Doch auch sie haben inzwischen die Annehmlichkeiten der neuzeitlichen Welt angenommen – ihre Rentierherden werden nicht mehr von Hunden zusammengehalten, ihre Schlitten nicht mehr von Rentieren gezogen. Schneemobile und Hubschrauber erleichtern heute die Arbeit mit den Tieren, die – obwohl relativ zahm - nicht mit braven, alpenländischen und norddeutschen Kühen verglichen werden können.

Die Interessen der Samen werden heute von einem gewählten Parlament vertreten, dem Sameting. Es hat die Aufgabe, die politischen und wirtschaftlichen Rechte des samischen Volkes zu formulieren und gegenüber der Regierung zu vertreten. Der Rat hat aber auch den Auftrag, die samischen Sprachen, die Kultur und Kunst zu pflegen, zu verbreiten und in der Welt hörbar zu machen. Die samische Volksgemeinschaft soll so ihre Traumata aus der Vergangenheit überwinden, ein Zusammengehörigkeitsgefühl entwickeln und selbstbewusst in der Öffentlichkeit auftreten. Dazu werden sowohl Kindergärten und Schulen eingerichtet, in denen samisch die Unterrichtssprache ist, als auch verschiedene Veranstaltungen mit Musik, Brauchtum und Kunsthandwerk durchgeführt, zu denen jedermann eingeladen ist. Die Ortsnamen auf den Straßenschildern sind inzwischen hier im hohen Norden zweisprachig. Sogar eine Hochschule gibt es seit 1989 in Kautokeino, der Hauptstadt des Samengebietes. Hier werden samische Geschichte und Kultur erforscht und Lehrkräfte und Journalisten ausgebildet. Studierende kommen aus allen Ländern nach Sápmi – aus Finnland, Russland, Schweden und Norwegen.

Mit Selbstbewusstsein vertreten die Sámi heute ihre Interessen gegenüber der Regierung und den norwegischen Mitbürgern. Der aktuelle Kampf mit den Waldbesitzern um die Weideflächen zeigt, dass der Konflikt zwischen verschiedenen Kulturen und Traditionen noch nicht gelöst ist.

Jeder Nordlandreisende kennt heute die Flagge der Sámi: In ihren Farben blau, rot, grün und golden, die auch die Farben der samischen Tracht sind, weht sie an bestimmten Tagen über öffentlichen Gebäuden oder ziert Verkaufsbuden auf dem Markt. Blau für das lebensspendende Wasser, rot für Wärme, Licht und Liebe, grün für die Natur, die alle ernährt, und goldgelb für die Sonne, für das Leben. Der geteilte Kreis symbolisiert die hart erkämpfte Gemeinschaft des Volkes, seine beiden Hälften die Sonne – rot – und den Mond – blau. Als frühchristliches Symbol finden wir dieses Zeichen schon auf den alten Runebommer. Die Flagge symbolisiert die Welt der Sámi und ihr Land „Sápmi"- in **einem** Bild. Sie ist seit 1986 offiziell in Gebrauch – ein starker, schöner bildlicher Ausdruck der Identität des samischen Volkes.

Samische Kultur im Museum:

Norges Arktiske Universitetsmuseum in Tromsø: Zwei samische Ausstellungen (zudem eine archäologische Ausstellung und eine zur Geologie–und Biologie Skandinaviens). Adresse: Lars Thørings Veg 10, zu erreichen mit dem Bus Nr. 18-636, der nahe dem Marktplatz, gleich ums Eck losfährt.

Karasjok: Samische Sammlungen, eine Ausstellung von Kunst- und Gebrauchsgegenständen aus früheren Jahrhunderten

Kokelv, ein Dorf in der Gemeinde Hammerfest (1,5 Std. Fahrt): Ein Museum im Nillagården über die Kultur der Seesamen

Auf der E6 Hammerfest-Nordkap - Porsanger-Kommune mit dem Hauptort Lakselv (2 Std. Fahrt von Hammerfest), der einzigen offiziell anerkannten trikulturellen und trilingualen Gemeinde – norwegisch, samisch, kvenisch: Museum mit Ausstellungen zu Kunstgeschichte und Geschichte aller drei Kulturen der Samen in Norwegen, einschließlich der Geschichte des 2. Weltkriegs.

Lesetipps

Elisabeth Herrmann: „RAVNA. Tod in der Arktis" Verlag cbt 2021
und „RAVNA. Die Tote in den Nachtbergen" Verlag cbt 2022
Zwei Thriller, die in der Gegend um Vardø spielen. Im Mittelpunkt
die junge Polizistin Ravna, eine Samin, deren Leben und Arbeit zwischen Tradition und Moderne nicht leicht ist.

Kabus, Christine: Töchter des Nordlichts. Roman. Bastei Lübbe
2014
Oslo, 2011. Nora ist Mitte dreißig, als sie den Namen ihres Vaters
erfährt: Ánok, ein samischer Student, der damals plötzlich aus dem
Leben ihrer Mutter verschwand. Nora spürt, dass sie ihr Glück erst
finden wird, wenn sie in die Heimat ihres Vaters reist. Doch die Sami
und ihre Kultur erscheinen ihr lange fremd. Bis sie auf den charismatischen Hundezüchter Mielat trifft ... Im Jahr 1915 beginnt die
Geschichte im Samí-Land.

Wustmann, Erich: Klingende Wildnis. Erlebnisse in Lappland. Eisenach und Kassel. 1

Fridtjof Nansen, am Rathaus in Oslo

WETTRENNEN ZUM NORDPOL

Abenteurer, Forscher und Hasardeure unterwegs

Was ist an der Polarforschung so interessant? Was ist daran so faszinierend, dass sich meine Leserinnen und Leser, die an einem geruhsamen Seetag den Luxus ihres Kreuzfahrtschiffes genießen oder zuhause in ihren bequemen Sesseln sitzen, mit den alten Geschichten von Abenteurern in eisiger Wüste beschäftigen sollten?

Zum einen bekommen einige vielleicht Lust, eine ihrer nächsten Reisen über Trondheim hinaus weiter in den Norden zu unternehmen, Richtung Nordpol bis nach Spitzbergen. Hier könnten sie auf die Spuren der Polarforscher treffen. Zum andern ist die Entdeckung und Erkundung des Nordpols ein wichtiger Faktor der nationalen Identität der Norweger, von der in einem Kapitel weiter vorne schon einmal berichtet wurde. Nicht nur Norwegen, auch Schweden, Dänemark, die Niederlande, England, die USA, Deutschland waren vor mehr als hundert Jahren stolz auf ihre Polarforscher – und auch heute erwecken Arktisprojekte wie MOSAIC, die große Gemeinschaftsunternehmung zahlreicher Nationen im Jahr 2019/2020, unsere Bewunderung. Es lohnt sich auf jeden Fall, ein wenig über die Fahrten, Wagnisse, Erfolge und Misserfolge der Polarforscher zu erfahren. Es gibt spannende, zum Teil unglaubliche Geschichten von ihnen zu erzählen.

Motive

Zunächst stellt sich die Frage, was Männer wie Fridtjof, Roald Amundsen und andere antrieb, sich gegen Ende des 19. und Anfang des 20. Jahrhunderts in Kälte, Gefahr und Abenteuer zu begeben.

Schauen wir uns eine Karte vom Nordpolargebiet genauer an: Grönland, Norwegen, Alaska, Russland, Spitzbergen. Mittendrin das Packeis, das mal mehr mal weniger Ausdehnung hat.

Es ist für uns heute kaum vorstellbar – aber die Menschen in dieser Zeit hatten keine Ahnung davon, wie es am Nordpol, auf 90 Grad nördlicher Breite, aussah. Keiner war je dort gewesen. Umso mehr Fragen gab es dazu:

- War das Meer spiegelglatt zugefroren wie ein See?
- Oder offenes, tiefes Wasser, umgeben von einer Eismauer, mit Inseln in der Mitte?
- War das Land an der Polkappe flach oder befand sich dort ein Meer, rund wie ein Teich?
- Oder gab es dort ein hohes, zum Himmel ragendes Gebirge?

Die mächtige Barriere aus Packeis versperrte den Weg nach Norden. Flugzeuge, geeignet zum Überfliegen einer Strecke von 20 Breitengraden, gab es noch nicht. Das ganze Gebiet war ein weißer Fleck auf der Landkarte – beziehungsweise ein schwarzes Loch in der

Phantasie. Das lockte mutige Männer, es zu beleuchten, Licht ins Dunkel zu bringen.

Ein Traum beherrschte damals die Einbildungskraft: Hinter dem Packeis wäre ein großer See, und der Pol in der Mitte, eine geheimnisvolle Insel, ja sogar ein Paradies. Man müsste nur erst einmal die Eismauer überwinden, um nachsehen zu können, welches Land sich dahinter verbirgt – und um es dann zu „erobern". Dies zu schaffen, mit allen verfügbaren Mitteln - mit Schiff, Schlittenhunden, Skiern, Ballon oder Luftschiff war eine Sache von persönlichem Ehrgeiz und das Ziel zahlreicher Expeditionen in Richtung Pol.

Noch ein weiteres Motiv bestimmte die arktischen Expeditionen: Die Suche nach einer Nordost-Passage – vom Atlantik bis nach China oder umgekehrt - und einer Nordwest-Passage – vom Atlantik bis nach Alaska:

Die Schifffahrtswege von Europa nach Ostasien und zum Nordpazifik waren seinerzeit unendlich lang. Man musste, um dorthin zu gelangen, den afrikanischen Kontinent bzw. das südamerikanische Kap Horn umsegeln, mühsam, stürmisch, langwierig.

Der Suezkanal, 1869 eröffnet, verkürzte zwar die Strecke. Aber der Weg war immer noch ewig weit für ein Segelschiff. Das gleiche gilt für den Panamakanal, 1914 fertig gebaut. Wie viel Ersparnis an Zeit und Geld hätte man, wenn eine Durchfahrt nördlich der Kontinente gefunden werden könnte. Schon seit dem 15. Jahrhundert hatten Portugiesen, Basken, Spanier, Engländer versucht, einen Weg durch die arktischen Gewässer zu finden. Vergeblich. Einer von ihnen war Willem Barents, ein Holländer, der zwischen 1594 und 1597 auf drei Expeditionen nach der Nord-Ost-Passage suchte und dabei Spitzbergen entdeckte. Auch James Cook wagte die Suche nach einer Durchfahrt, 1775, jedoch auch er vergeblich. Die Expedition des Amerikaners John Franklin auf der Suche nach der Nord-West-Passage Mitte des 19. Jahrhunderts scheiterte auf schreckliche Weise. Stan Nadolny hat die Geschichte in seinem Roman „Die Entdeckung der Langsamkeit" beschrieben. Und den Fund von Franklins Schiff „Erebus" hat Michael Palin in einem Buch gleichen Namens beschrieben.

1878/79 versuchte der Schwede Adolf Erik Nordenskjöld mit seinem Schiff „Vega" von den neusibirischen Inseln aus in Richtung Osten nach Japan zu segeln. Einen Winter lang musste er allerdings im Packeis gefangen verbringen, bevor es weiter ging. Doch er war schließlich erfolgreich und kam durch. In seiner Heimat Schweden wurde er bei der Rückkehr von einer begeisterten Menschenmenge empfangen. Kapitän DeLong, der sich mit seinem Schiff Jeanette auf die Suche nach dem lange verschollenen Nordenskjøld begab, verlor Schiff und Leben dabei – lieferte aber einen entscheidenden Hinweis für die Expeditionspläne Fridtjof Nansens (siehe weiter unten Abschnitt Nansens Expedition).

Ein wichtiger Antrieb, warum die Menschen vom Wettlauf an den Nordpol geradezu besessen waren, bestand im allgemein verbreiteten Nationalstolz. USA, Italien, Schweden, Deutschland – und Norwegen beteiligten sich an dem Rennen. Jede Nation wollte die erste sein, die ihre Fahne dort aufpflanzt, wo die Längengrade dieser Erde zusammentreffen. Und der Landessohn, der es schaffte, würde Ruhm und Ehre ernten. Eine sensationsgierige Presse schürte das Feuer der Begeisterung kräftig mit.

Es gab aber auch ein ernsthaftes wissenschaftliches Interesse an der Polarforschung. International war sie in der zweiten Hälfte des 19. Jahrhunderts zu einem aktuellen und wichtigen Thema geworden. Deutschland, Österreich, Italien, USA und natürlich die skandinavischen Länder beschlossen, gemeinsame Projekte zur wissenschaftlichen Erkundung der Pole zu unterstützen.

1873 fand ein großer, internationaler Meteorologen-Kongress in Wien statt. Man plante, gemeinsam mehrere meteorologische Stationen in den Polargebieten zu errichten, um die Arktis zu erforschen. 1882–1883 wurde das erste internationale Polarjahr veranstaltet. Im Mittelpunkt standen Arbeiten zur Erforschung des Polarlichts, des Erdmagnetfelds und des Wetters.

Das Thema lag also in der Luft – und Norwegen war durch seine geografische Lage bestens geeignet, um von dort direkt nach Norden zu starten.

Für uns Norwegenreisende werde ich nur über die Projekte berichten, die von Norwegen aus gestartet sind. Genauer: Mit einer Ausnahme von Spitzbergen aus. Von da lag der Pol am nächsten.

Diese Männer waren bereit, mit den technischen Mitteln ihrer Zeit und ohne Beachtung des finanziellen und zeitlichen Aufwands die Herausforderung anzunehmen.

Hier die Übersicht, über wen hier erzählt wird:

- **Fridtjof Nansen,** Norwegen, 1893 – 1896 mit dem Segelschiff „Fram"
- **Salomon August Andrée,** Schweden, 1896/97 mit dem Wasserstoffballon „Adler"
- **Walter Wellmann,** USA, 1909/1910 mit dem Luftschiff „America"
- **Roald Amundsen,** Norwegen, 1925 mit einem Flugzeug und 1926 mit dem Luftschiff „Norge"
- **Umberto Nobile,** Italien, 1926 mit dem Luftschiff „Norge" und 1928 mit dem Luftschiff „Italia"

Fridtjof Nansen (1861-1930)
Nordpolexpedition: 1894 - 1896

Nansen war – trotz seiner jugendlichen Abenteuerlust - ein ernsthafter Wissenschaftler. Seine Pläne waren gut durchdacht – und vor allem machte er sich Gedanken über die Konsequenzen seines Tuns. Das bewahrte ihm und seinen Leuten aus meiner Sicht letztlich das Leben. Aber er war auch ein typischer Mann seiner Zeit: Frau und Kind konnten ihn nicht davon abhalten, seine ehrgeizigen Absichten zu verfolgen und jahrelang unter Lebensgefahr unterwegs zu sein.
Er qualifizierte sich als Forscher und Expeditionsleiter durch mehrere arktische Unternehmungen. Und wurde berühmt dafür.
1888 durchquerte er Grönland als erster von Ost nach West auf Skiern – zusammen mit seinem Freund Otto Sverdrup, ein paar anderen Norwegern und zwei Inuits. Ein überaus wagemutiges Unternehmen! Das Landesinnere war damals vollständig unbekannt. Doch von einem Landsmann, dem jungen Eivind Astrup, der mit dem Amerikaner Peary den Norden Grönlands erforschte, um zu entdecken, ob Grönland eine Insel oder ein Teil des amerikanischen Kontinents war, lernte er eine Menge über Fortbewegung, Kleidung und Verpflegung auf arktischen Unternehmungen. (Im Fram-Museum in Oslo gibt es einen eigenen Raum, der dem kurzen Leben Eivind Astrups gewidmet ist.)

Nansen musste auf dem Weg über den Gletscher ein mehr als zweitausend Meter hohes Gebirge überwinden. Das Wagnis gelang. (Die Norweger begannen übrigens in dieser Zeit nach seinem Vorbild mit dem Skifahren, vor allem mit dem Langlaufen.)

Weil er das letzte Schiff zurück nach Hause verpasste, musste er in Grönland überwintern. In dieser Zeit lernte er von den Inuit Wesentliches über das Leben und Überleben in Eis und Schnee. So wurde er ein Experte für die Arktisforschung.

Anfang der neunziger Jahre erfuhr er, dass Teile eines Schiffswracks (Stück Holz, Kleidungsreste, Proviantliste) an der Südspitze Grönlands gefunden wurden. Es waren die Reste eines amerikanischen Kriegsschiffs namens Jeanette, das auf der Suche nach Nordenskjølds „Vega" an der Nordküste Sibiriens im Eis eingefroren und von der Kraft des Eises erdrückt worden war. Was für eine Überraschung, als drei Jahre später, mehr als 4000 Kilometer weiter westlich, Überreste der Jeanette auftauchten!

Die Nachricht vom Fund der Schiffsreste war für Nansen die Initialzündung seines Nordpolprojekts. Er war sich nämlich sicher, dass die Bruchstücke der Jeanette mit dem Packeis über den Nordpol hinweg befördert worden waren. Es musste eine Eisbewegung geben – eine Drift. Die Ost-West-Drift. Diesen Effekt wollte er nun nutzen, um den Nordpol zu erreichen.

Die norwegische Regierung und private Sponsoren waren bereit, die Reise zu finanzieren. Die Kosten für das Unternehmen, inklusive des Baus eines geeigneten Schiffes waren immens – und doppelt so teuer wie ursprünglich gedacht.

Das Schiff

Das war Nansens Plan: Mit einem besonders stabilen Schiff wollte er sich vom Packeis einfangen lassen, um mit der Drift ganz bequem zum Nordpol getragen zu werden.

Die „Fram" wurde nach seinen Angaben gebaut – aus besonders glattem Holz und mit einem ungewöhnlich bauchigen, fast runden Rumpf. Diese besondere Form sollte bewirken, dass der Druck des Eises das Schiff anhob statt es zu zerquetschen. Allerdings gab es einen Nebeneffekt dieser Bauweise: Die Fram war langsam und behäbig unterwegs – und sehr kibblig. Das Ruder der Fram konnte hochgezogen werden, sodass sie nicht vom Eis eingeschlossen wurde. Und genial war die Idee Nansens, ein Windrad auf Deck zu installieren, das bei Wind Strom erzeugen konnte und so die Treibstoffvorräte sparen half. Der Expeditionsleiter Nansen nahm vorsichtshalber Proviant für fünf Jahre mit – es war nicht planbar, wie lange die Fahrt dauern würde. (Das Original der Fram und Informationen über die intelligente Bauweise kann im Fram-Museum in Oslo erkundet werden.) Der Norweger segelte mit diesem besonderen Schiff, zusammen mit 12 Begleitern, im Juli 1893 von Vardø, Norwegen, los. Sein Freund Otto Sverdrup, der mit ihm Grönland überquert hatte, war als Kapitän dabei.

Auf den Spuren Nordenskjølds, der die Durchfahrt nach Japan gefunden hatte, fuhr er in vielen Wochen bis zu den ostsibirischen Inseln. Unterwegs, an der sibirischen Küste bei Khabarova, erwarb er 35 Schlittenhunde und nahm sie mit an Bord. Er hatte so seine Pläne, wozu er sie brauchen würde. Dann, im frühen Herbst, ankerte er in der Nähe des Ortes, wo die Jeanette ein paar Jahre zuvor havariert war, und ließ sich absichtlich einfrieren.

Er wartete zunächst ab, was passieren würde. Leider passierte nicht viel. Die Drift des Packeises nahm ihn zwar mit, aber nicht stetig nach Norden, sondern wechselhaft – mal nördlich, mal südlich, mal östlich, mal westlich.

Die Drift

Auf entsprechenden Karten auf Wikipedia (Nansen Polarexpedition) oder im Fram-Museum in Oslo, sieht man, wie die unberechenbare Eisdrift die Fram umher trieb. Nach 6 Wochen befand sich das Schiff südlicher als zu Beginn der Fahrt im Griff der Scholle. Allmählich wurde klar – die Zeitdauer und Richtung der Bewegung waren unkalkulierbar.

Die nächsten Monate verbrachte Nansen damit, alles Mögliche auszuprobieren, wie man sich effektiv über die Eiswüste bewegen kann. Mit Hunden, Schlitten, Skiern. Dazu hatte er genug Zeit – sein Schiff lief inzwischen ja nicht weg. Er entdeckte, dass er mit Langlaufskiern genauso schnell unterwegs sein konnte wie die Schlittenhunde, die er in Russland mit an Bord genommen hatte.

Für die Mannschaft war es oft sehr langweilig. Im Sommer war es unangenehm hell auf dem Eis. Die Sonne schien hier im Norden 24 Stunden am Tag. Im Winter drückte die ewige Dunkelheit aufs Gemüt der Männer. Es gab nichts Sinnvolles zu tun. Karten spielen war auf Dauer keine befriedigende Beschäftigung. Deshalb dachte sich Nansen allerlei Aufgaben für seine Jungs aus – sportliche Ertüchtigung auf dem Packeis zum Beispiel und Mithilfe bei der Forschungsarbeit. Regelmäßig mussten die Dicke des Eises und die Wassertiefe des Meeres darunter vermessen und notiert werden. (Das Meer unter dem Eis war viel tiefer als angenommen.) Trotzdem war die erzwungene Untätigkeit schwer zu ertragen für Menschen, die ein Ziel vor Augen hatten. Besonders Nansen fühlte sich sehr belastet vom Druck, den Erfolg des Unternehmens zu erreichen und war von Unruhe, Zweifeln und Ungeduld geplagt.

Nach 18 Monaten wurde deutlich, dass die Fram auf diese Weise nicht zum Nordpol gelangen würde. Das Eis bewegte sich zu langsam und in die falsche Richtung.

Mit Schlitten, Skiern, Boot und zu Fuß

So verließ Nansen im März 1894 am 84. Breitengrad die Fram, zusammen mit Fredrik Hjalmar Johansen. Den suchte er als Begleiter aus, weil er ihn als einen der besten Turner und Skisportler der Mannschaft kennen gelernt hatte und ihm am ehesten zutraute, das gefährliche Unternehmen zu bewältigen. Zuvor hatten sie schon mehrmals versucht, auf Skiern und mit Schlittenhunden, mit Kajaks im Gepäck, bei Temperaturen von mehr als -40 °C sich Richtung Pol auf den Weg zu machen. Doch sie mussten zweimal umkehren, weil Schlitten und Ausrüstung optimiert werden mussten. Nun brachen sie endlich auf.

Sie kamen bis zu einer nördlichen Breite von 86° 13,6′ (damaliger Nordrekord). Und von dort kehrten sie um. Was war der Grund?

Der Weg durch Eis, aufgetürmte Schollen und offenes Wasser gestaltete sich deutlich schwieriger, als sie sich das vorgestellt hatten. Das Eis wurde nämlich nicht glatter je näher man zum Pol kam, wie Nansen vorher gedacht hatte. Die Schollen türmten sich zu meterhohen Hindernissen auf, dazwischen gab es halb gefrorene Tümpel aus Schnee und Wasser, bei deren Durchquerung die Männer bis auf die Haut nass wurden. Aber was noch schlimmer aufs Gemüt drückte war, dass sich in diesem Jahr das Eis schneller nach Westen bewegte, als die beiden Abenteurer nach Norden voran kommen konnten. Der Pol rückte in immer weitere Ferne. So beschlossen sie umzukehren. Am 8. April taten sie das - mit dem Ziel, die Inselgruppe Franz-Josephs-Land im Süden zu erreichen. Der Rückweg gestaltete sich abenteuerlich, mühsam und entbehrungsreich.

Folgende Schilderung aus Nansens Tagebuch macht die Gefahren deutlich, die von den beiden Männern zu bewältigen waren:

Montag, 5. August. Noch nie haben wir so schlechtes Eis gehabt wie gestern, doch brachten wir es trotzdem fertig, unseren Weg mit Gewalt fortzusetzen. Zwei glückliche Begebenheiten hatten wir an diesem Tag, die erste war, dass Johansen nicht von einem Bären aufgefressen wurde ... Wir brachen gestern Morgen um 7 Uhr auf und kamen auf besonders schlechtes Eis. Es war, als ob ein Riese ungeheure Blöcke kopfüber, kopfunter hinabgeschleudert, und dazwischen nassen Schnee mit Wasser gestreut habe, in dem wir bis über die Knie einsanken. Auch tiefe Tümpel befanden sich zwischen den Blöcken. Es war eine Quälerei über Berg und Tal, auf und nieder über Block hinter Block, über Rücken hinter Rücken, mit tiefen Spalten, dazwischen keine freie Stelle groß genug, um nur das Zelt aufzuschlagen: So ging es die ganze Zeit weiter. Um unser Unglück zu vollenden, herrschte ein solcher Nebel, dass wir keine hundert Meter weit sahen. Nach einem erschöpfenden Marsch erreichten wir endlich eine Rinne, die wir mit den Kajaks überqueren mussten. Wir machten den Rand der Rinne von dem jungen und dem Schlammeis frei. Dann zog ich meinen Schlitten an den Rand und hielt ihn fest, damit er nicht hineinglitt. Plötzlich wurde es hinter mir lebendig und Johansen schrie: "Schnell die Büchse!"

Ich drehe mich um und erblicke einen ungeheuren Bären, der sich gerade auf Johansen wirft. Ich greife nach meiner Büchse, die – im Futteral! – auf dem Verdeck liegt, allein in diesem Augenblick gleitet das Kajak ins Wasser. ... Der Bär muss unserer Fährte wie eine Katze gefolgt sein und sich, von den Eisblöcken verdeckt, herangeschlichen haben. ... Während Johansen, ohne etwas zu argwöhnen oder sich umzublicken, zurückging ... hatte er plötzlich am Ende des Kajaks ein Tier hocken sehen, aber geglaubt, dass es der Hund „Suggen" sei. Ehe er noch Zeit hatte, recht zu begreifen, dass das Tier dazu zu groß war, hatte er einen Schlag hinter das rechte Ohr bekommen, dass ihm die Funken aus den Augen stoben, und war dann auf den Rücken gefallen. Er suchte sich so gut wie möglich mit den Händen zu wehren; mit der einen Hand packte er das Tier bei der Kehle und drückte sie mit aller Kraft zu. Gerade als ihn der Bär in den Kopf beißen wollte, hatte Johansen gerufen: „Schieß schnell!" Der Bär hatte fortwährend nach mir her geblickt und ohne Zweifel darüber nachgedacht, was ich wohl tat. Dann aber hatte er den Hund zu sehen bekommen und sich gegen ihn gewandt. Schnell wie der Gedanke hatte Johansen losgelassen und war fortgekrochen. Der Bär versetzte „Suggen" einen Schlag, der ihn aufheulen ließ. ... Inzwischen war Johansen auf den Beinen und bei seiner Büchse, die aus dem Kajak herausragte. Dann schoss ich. Der einzige angerichtete Schaden bestand darin, dass der Bär Johansen etwas Schmutz von der rechten Backe abgekratzt hatte, sodass man dort einen weißen Streifen sah. ..." (S. 200ff)

Doch zurück zum Beginn des Rückwegs im April. Warum versuchte Nansen nicht, seine Fram einzuholen, die ja mit der Drift fürwahr nicht eilig unterwegs war? Er hatte jedoch keine genauen Informationen, wo sie sich befanden. Sie hatten in der Mitternachtssonne vergessen, ihre Uhren aufzuziehen. Die waren zeitweise stehen geblieben. Und so konnten sie mit Sextant und Kompass nur die Richtung, nicht jedoch ihren Standort bestimmen. Damit konnten sie nicht berechnen, wo sich die Fram befinden könnte. Funkkontakt gab es damals noch nicht. Mehr durch Zufall als durch gezielte Planung gelangten sie dann doch nach mehr als einem Jahr auf eine rettende Insel auf Franz Josefs Land.

Noch ein Winter

Bis dahin war es jedoch noch ein langer Weg. Nachdem sie anfangs rasch voran gekommen waren, wurden sie immer wieder durch widriges Wetter und Gelände, durch Sturm und Treibeis behindert. Als im Juli endlich das Eis offen war, bauten sie aus den beiden Kajaks, den Schlitten und Skiern einen Katamaran und segelten nach Süden. Der frühe Wintereinbruch im August 1885 zwang sie jedoch, noch einmal zu überwintern - auf einer kleinen, menschenleeren Insel.

In einer selbst gebauten Höhle aus Felsbrocken, Moos, Bärenfellen, Walrosshaut und Schnee verbrachten sie einen langen Winter – von August 1895 – Anfang Juni 1896. Fast 10 Monate also! Jetzt konnte Nansen anwenden, was er in Grönland von den Inuit gelernt hatte.

Die Kajaks kamen im offenen Meer noch zum Einsatz. Durch einen Sprung ins eiskalte Wasser hatte Nansen sie retten können, als die Leinen gerissen waren. Verdreckt, erschöpft, aber lebendig erreichten die zwei Männer im Sommer 1886 *Kap Flora*, eine Landzunge auf einer Insel des Franz-Josef-Archipels. Sie trafen dort - wieder ein Glücksfall - den Kapitän eines britischen Expeditionsschiffes, Frederik G. Jackson. Der wartete auf der Insel in einer Hütte, ausgestattete mit Vorräten, auf sein Schiff.

Nach einigen Wochen kam dann, überraschend noch **vor** Einbruch es nächsten Winters, ein Versorgungsschiff. So konnten Nansen und Johansen im August 1896 die Rückfahrt von *Kap Flora* nach dem Festland antreten.

Die Fram war inzwischen mit der Eisdrift bis nach Spitzbergen getrieben. Just zu dem Zeitpunkt, als der Schwede Salomon August Andrée seinen Wasserstoffballon vorbereitete, mit dem er plante, zum Nordpol zu fahren.

Das Eis gab die Fram im Sommer 1896 frei. Sie fuhr zurück nach Norwegen – wo die Mannschaft mit Nansen und Johansen ein Wiedersehen feiern konnte (August 1896).

Ergebnisse des Projekts

Trotz des Scheiterns seines Plans, den Nordpol zu erreichen, waren Fridtjof und seine Geldgeber mit den Ergebnissen der Expedition sehr zufrieden. Sie hatte den Nachweis erbracht, dass sich zwischen dem eurasischen Festland und dem Pol keine größere Landmasse befand, kein flaches Gewässer, sondern von Packeis bedeckte Tiefsee.

Nansen hatte mit seinen Leuten Methoden des Überlebens und des Transports entwickelt und erprobt, die für die späteren Polarforscher in Nord und Süd von entscheidender Bedeutung sein sollten. Bemerkenswert ist zum Beispiel, dass der mitgenommene Proviant nicht mehr nur aus gesalzenem Fleisch, Fisch, Pemmikan, Fleisch von getöteten Eisbären und Robben bestand, sondern auch aus

Konserven in der Dose. In Stavanger war zu dieser Zeit die erste Konservenfabrik Europas eröffnet worden.

Die erste Forschungsreise der *Fram* war zugleich die letzte große Expedition Nansens. 1897 erhielt er eine Forschungsprofessur im Bereich Zoologie an der Universität von Christiania (heute Oslo) und wurde dort 1908 zum Lehrstuhlinhaber für Ozeanographie ernannt.

Die Veröffentlichung seiner Reiseerlebnisse (zu Deutsch: „In Nacht und Eis") 1898 machte ihn finanziell unabhängig. Lesen Sie das Buch, wenn Sie genauer wissen wollen, was Nansen so alles erlebt hat – es ist spannend und bewegend zugleich.

Politisch setzte er sich erfolgreich für die Selbständigkeit seines Landes ein und wurde Botschafter in London. Später diente er dem mittlerweile unabhängigen norwegischen Königreich in unterschiedlichen Positionen. Nach dem 1. Weltkrieg rettete er unzähligen russischen und armenischen Flüchtlingen das Leben und erhielt 1922 in Anerkennung seiner erfolgreichen Tätigkeit als Hochkommissar des Völkerbundes (Vorläufer der UN) den Friedensnobelpreis.

Im Sommer 2019 startete in Deutschland eine internationale Forschergruppe mit dem Eisbrecher Polarstern die erfolgreiche MOSAIC-Expedition auf Nansens Spuren. Beteiligt waren 82 Forschungsinstitute aus 20 Ländern und über 800 Personen mit unterschiedlichen Aufgaben. Wie Nansen ließ man das Schiff im Herbst einfrieren, um mit der Eisdrift zu treiben und Messungen vorzunehmen. Allerdings befand sich die Scholle, an der die Polarstern andockte, viel weiter nordwestlich als der Startpunkt der Fram. Aufgrund der fortschreitenden Erderwärmung war das Eis bis weit in den Herbst 2019 hinein nicht fest genug. Die Polarstern war nur ein Jahr unterwegs, bevor sie im Oktober 2020, nach einem Abstecher über den Nordpol zum Ausgangspunkt der Drift, um Messungen nach zu holen, wieder nach Bremerhaven zurück kehrte. Nansen wäre vermutlich neidisch gewesen, wenn er das erlebt hätte – war für ihn doch die Unternehmung am 86 ° nördlicher Breite zuende.

Die Bedingungen, unter denen das Projekt stattfand, unterscheiden sich jedoch auch in anderer Hinsicht grundlegend von Nansens Unternehmung. Schon die Planung dauerte länger – 10 Jahre Vorlauf waren notwendig, um all die Forschungsthemen, Forschergruppen und Managementaufgaben zu planen und zu koordinieren, zum Beispiel die Auswechslung des Teams zur Halbzeit, die Organisation vielfältiger, fachübergreifender Forschungsthemen, die Bewältigung schwieriger Verhältnisse für moderne technische Instrumente bei extremem Wetter.

Ähnlichkeiten gibt es in Bezug auf die Schwierigkeiten, die zu überwinden waren: Eis bewegt sich unberechenbar, Eis bricht auf und türmt sich zu gefährlichen Hindernissen, hungrige Eisbären kommen vorbei und stören bei der Arbeit.

Unterschiedlich sind die wissenschaftlichen Ziele: Nansen wollte seinerzeit kennen lernen und messen, was bisher unbekannt war. MOSAiC hatte den Ehrgeiz, die Ergebnisse der unterschiedlichen Fachrichtungen zu verbinden – mit dem Ziel, die Ursachen und Folgen der Erderwärmung, insbesondere des beschleunigten Klimawandels in der Arktis zu verstehen.

Die nächsten Expeditionen, die ich hier vorstelle, starteten alle von der Nord-West-Küste Spitzbergens aus. Erinnern Sie sich noch einmal daran, dass es im Sommer dank des Golfstroms dort eisfrei war und ist und die Entfernung zum Pol sehr günstig.

Danskøya im Norden und Ny-Ålesund im Westen sind perfekte Ausgangspunkte für Polabenteuer.

Salomon August Andrée (1854 – 1897)
Nordpolexpeditionen: 1896 und 1897

Andrée wurde in Schweden geboren. Er war ein ziemlich dickköpfiger Macher. Seine Ziele verfolgte er mit einer Sturheit, die ihresgleichen sucht. Zudem war er ein kluger Kopf mit vielen Ideen für technische Lösungen bei der Luftfahrt. Und er war ehrgeizig, so ehrgeizig, dass er ein Projekt startete, dessen Erfolg nicht nur ungewiss sondern sehr unwahrscheinlich war. Er war aber auch ein treuer Kamerad, der sich rührend um seine jüngeren Gefährten kümmerte, solange er dazu in der Lage war. Das ist seine Geschichte:

Andrée studierte in Stockholm als Ingenieur und machte als Leiter der technischen Abteilung des schwedischen Patentamts eine gewisse Karriere. Sein großer Traum war es, den Nordpol mit einem

Wasserstoffballon zu überqueren und von dort weiterzufahren - zur Beringstraße oder wohin auch immer ihn der Wind tragen würde. Er war geradezu besessen von dieser Idee und scheute sich nicht, sogar seinen besten Kollegen zu betrügen, um sie zu realisieren.

Vorgeschichte
1896 bereitete er seinen ersten Versuch vor. Von Spitzbergen aus, von Danksøya, wollte er starten. Zu seinem Team gehörten der Meteorologe Nils Gustav Ekholm und ein Chemie-/Physikstudent, Nils Strindberg, als Fotograf. Die Vorgeschichte dieser Expedition in aller Kürze:
Ein besonderes Problem musste vorab gelöst werden: Ein Ballon fährt normalerweise mit dem Wind und ist nicht beliebig steuerbar. Welches Mittel gibt es, um die Fahrtrichtung selbstbestimmt zu wählen? Mehrere Fahrversuche machte Andrée deshalb mit dem Wasserstoffballon Svea in Nordeuropa – bei gutem Wetter und wenig Wind. Dabei experimentierte er mit Segeln und der Funktion von schweren Schleppleinen mit Bodenkontakt, um zu steuern.
Er warb mit flammenden Worten für seine Idee bei der Königlichen Akademie der Wissenschaften und malte seine Vorstellung, wie sie gelingen könne, in glühenden Farben aus.
Folgendermaßen lautete seine Theorie, die er einer Kommission der Wissenschaftsakademie in Stockholm vortrug:

- Der Ballon musste genug Auftrieb für 3 Personen und 3 Tonnen Ausrüstung haben, dann würde das Vorhaben gelingen.
- Die Hülle des Ballons sollte in Frankreich oder Italien mit Hand genäht werden. Wertarbeit sozusagen.
- Mitternachtssonne sei günstig, weil man so, bei Licht, rund um die Uhr unterwegs sein könne.
- im Sommer gebe es wenig Niederschlag und stets gute Sicht in der Arktis,
- Die Ballonhülle würde niemals von Schnee bedeckt sein und zu schwer werden, denn Schnee über 0 Grad taue und unter 0 Grad werde er weg geblasen werden.

- Mit der Regulierung der Last in den Säcken der Schleppleinen – bei Bedarf Last abwerfen - könne er die Fahrhöhe korrigieren, um nicht zu hoch in kalte Luft zu steigen oder zu tief übers Eis zu schrammen.
- Mit zusätzlichen Segeln könne er die Fahrtrichtung bestimmen wie bei einem Segelboot.
- Die Schleppleinen würden sich nicht am Boden verhaken, weil es keine Bäume gebe und das Eis glatt sei.
- Und: im Sommer wehe der Wind vor allem aus dem Süden – in der richtigen Richtung also, um zum Nordpol zu gelangen.

Niemand in Schweden hatte Erfahrung mit solchen Ballonfahrten und so konnte niemand die Theorien Andreés überprüfen. (Aus Deutschland kamen einige Warnungen!) Die schwedische Akademie aber genehmigte die Finanzierung des Projekts. Denn damit sollte dessen wissenschaftliches Ziel gefördert werden - die kartografische Dokumentation und Auswertung des überflogenen arktischen Gebiets durch Fotografien.

Und so geht die Geschichte weiter - der Reihe nach:
Am 21. Juni 1896 begannen Andrée und seine Leute auf Danskøya im Norden Spitzbergens mit dem Bau eines Hangars für den „Øren", den Adler, wie er seinen Ballon nannte.
Die Herstellung des Wasserstoffs geschah in großen Anlagen vor Ort, weil dieses leicht flüchtige Gas damals noch nicht transportfähig war. Es gab dafür keine geeigneten Behälter. Dann wurde der Ballon mit Gas gefüllt. Doch welche Enttäuschung! Ein Teil des Gases entwich langsam aber stetig - vermutlich an den Nähten, aber auch durch den dünnen Stoff selbst. Es stellte sich allmählich heraus, dass dieser Ballon mit seiner Last nicht genügend lange in der Luft bleiben konnte, um den Nordpol zu erreichen. Ekholm, der Experte für Wind und Wetter, warnte dringend vor einem Start.
Doch Andrée war entschlossen, alles zu tun, um das Unternehmen zu retten: Er ließ jede Nacht heimlich Gas nachfüllen, um den gefährlichen Verlust zu vertuschen. Es ist unverständlich, wie dieser Mann solche Manipulationen auf Kosten seines Lebens und dem der

Mitfahrer vor sich selbst verantworten konnte. Der Ehrgeiz war wohl stärker als der gesunde Menschenverstand.

Zunächst jedoch passierte nichts Schlimmes:
Wegen des schlechten Wetters und wegen ungünstiger Winde – die kamen beständig von Norden her - musste er den Start auf den nächsten Sommer verschieben. Ekholm erfuhr durch Zufall auf der Heimfahrt nach Schweden von den betrügerischen Machenschaften Andrées. Er war ärgerlich über den Vertrauensbruch, seine Skepsis nahm zu. Er glaubte nicht, dass das Unternehmen gelingen könne, wenn es keine wirklich dichte Ballonhülle gebe.

Doch Andrée schlug alle Warnungen in den Wind. Nichts konnte ihn von seinem Vorhaben abbringen. Zeitgenossen und Historiker vermuten, dass der Druck der Erwartungen in der Öffentlichkeit und bei den Geldgebern immens auf ihm lastete. Er scheute einfach die Schande, die ihn treffen würde, wenn er aufgab. Ich glaube, nach allem, was ich über ihn gelesen habe, dass er stur und rechthaberisch war. Machen Sie sich selbst ein Bild von seiner Persönlichkeit und lesen Sie Per Olof Sundmans Roman „Ingenieur Andrées Luftfahrt" (1967)! Das Werk beruht auf den Tagebüchern Andrées und Strindbergs und beschreibt in karger Sprache und mit beklemmender Spannung die Ereignisse rund um Andrées Expedition.

Zweiter Versuch

1897, im Sommer nach dem vergeblichen Startversuch zum Pol, wurde ein neues Projekt gewagt – immerhin mit stärkerem Gewebe für die Ballonhülle und dichteren Nähten. Mit schweren Schleppleinen, die bei Bedarf übers Eis schrabben sollten, und mit drei Segeln, die gesetzt oder gerefft und je nach Wind ausgerichtet werden konnten, sollte das Gefährt wie ein Segelschiff navigiert werden. Der Ingenieur Andrée hatte das in der Theorie genau geplant und unter angenehmen Windverhältnissen zu Hause ausprobiert. Doch die Realität war eine andere. Sie entsprach letztlich nicht den Plänen Andrées.

Nils Strindberg war wieder mit von der Partie. Und an Stelle des kritischen Ekholm nahm Andrée den jungen Ingenieur Knut Frænkel mit, der voll Vertrauen zu seinem großen Vorbild aufschaute und keine schwierigen Fragen stellte.

Wieder wurde der Ballon im Hangar aufgebaut und mit Gas gefüllt. Einige Tonnen Ausrüstung wurden mitgenommen, Kleidung, Kajaks, Schlitten, Zelte, Skier, Kochutensilien. Und Proviant für mehrere Wochen, obwohl geplant war, innerhalb von höchstens 30 Stunden den Pol zu erreichen. Aber für unvorhergesehene Ereignisse sollte doch vorgesorgt werden. Große Teile der Last wurden in den Schleppleinen verstaut, um ihnen Stabilität und Gewicht zu verleihen. Beim Start, am 11. Juli, kam es aber ganz anders, als sich Andrée das vorgestellt hatte:

Als endlich, nach langem Warten der ersehnte Südwind wehte, entschloss sich Andrée zum Start, obwohl dieser Wind von heftigen Böen begleitet war. Beim Aufsteigen, noch bevor das Gefährt ganz in der Luft war, stieß die Ballonhülle heftig an der Wand des Hangars an, sodass der Stoff großflächig beschädigt wurde. Dies war das erste Missgeschick. Das zweite folgte sogleich.

Drei der Schleppleinen gehen gleich beim Start verloren. Sie sind mit einem Gewinde unterhalb des Korbs befestigt, jedoch vom Bodenpersonal falsch herum aufgerollt worden, sodass sich die Schrauben durch die Drehung der Seile auf- statt zudrehen. Befreit von dem Gewicht der schweren Leinen schießt der Ballon in die Höhe, – und Andrée verschwindet mit seinen jungen Begleitern in den Wolken... Alle Anwesenden denken, er werde nach diesen besorgniserregenden Ereignissen auf der nächsten Insel, auf Vogelsand, notlanden. Das geschieht jedoch nicht.

Man hörte nichts mehr von den drei Männern, 33 Jahre lang.

Was war geschehen?

Erst 1930 werden ihre sterblichen Überreste durch einen Zufall gefunden. Ein norwegisch-isländisches Expeditionsschiff kommt in die Gegend von Nordost-Spitzbergen, als das Meer gerade mal wieder eisfrei ist. Auf der Insel Kvitøya finden sie ein Grab und zwei offen da liegende Skelette, ein paar Kleidungsstücke, Utensilien, eine Skizze vom geplanten Bau einer Hütte – und die Tagebücher und Fotofilme von Andrée. Die konnten trotz der langen Verweildauer in arktischer Kälte noch entwickelt werden. Welch ein Glück für die Nachwelt! Denn aus diesen Quellen kann man heute nachvollziehen, was geschehen ist, als der Ballon mit den drei Männern hoch am Himmel verschwand:

Nach dem Höhenflug hatte ein Fallwind den Ballon zu Boden gedrückt, sodass er mehrmals aufs Wasser aufschlug. In Panik wurde ein Sandsack nach dem anderen los geschnitten, um Höhe zu gewinnen. Der Ballon stieg wieder um 400 Metern hoch. Knut Frænkel, der Erzähler in Sundmans Roman, berichtet sehr anschaulich und äußerst trocken, wie die drei Ballonfahrer feststellten, dass sie mit den Schleppseilen auch die Manövriermöglichkeit für ihr Gefährt verloren hatten. Wir können nachlesen, wie schwerfällig die Fahrt weiterging, weil der Wind ausblieb. Doch sie beschlossen, nicht zu landen, wo es noch einen Rückweg gegeben hätte, auf der Insel Holändarnäs. Strindberg warf noch einen Behälter mit Briefen an seine Verlobte ab.

Und dann nahm das Schicksal seinen Lauf.

Das Gas zog sich zusammen, weil die Luft oben sehr kalt war, und wieder sanken sie auf die Eisfläche zu. Durch die feuchte Luft im Polargebiet und die dichten Nebel, die es da oft gibt (mit denen Andrée bei der Planung nicht gerechnet hatte), vereiste die Oberfläche der Gashülle und wurde schwer. Das Gefährt sank also wieder in Richtung Boden, in Richtung Packeis.

Damit der Ballon mehr Höhe gewann, warfen sie noch mehr Ballast ab. Der Ballon stieg hoch. Doch die Passagiere mussten feststellen, dass sie durch die beschädigte Ballonhülle zunehmend Gas verloren und wieder absanken. Die verbliebenen Leinen verhakten sich wenig später in aufgetürmten Eisschollen und rissen. Das Gefährt schoss wieder in die Höhe.

Der Wind wechselte immer wieder, auch weil in verschiedenen Höhen unterschiedliche Winde wehten – und damit änderte sich auch die Fahrtrichtung. So hoppelte das Gefährt steuerlos dahin, auf und ab, hin und her, streifte das Eis, stieg in den Himmel. Und als der Wind einschlief, stand das Gefährt stundenlang still im Nebel, ohne Sicht, von Nässe und Eis beschwert. Eine zermürbende Situation.

Das ging 65 Stunden, fast drei Tage lang, immer so weiter – eine qualvoll lange Strecke. Es ging alles andere als stetig voran, sondern, je nach Wind, Lastenausgleich und Steuermaßnahmen, heftig hin und her im Zick-Zack. Schließlich, nach langem Zögern, fiel dann doch der Entschluss zur Landung. Am Morgen des 14. Juli. Die Aus-

sicht, den Pol zu erreichen, war angesichts der schwierigen Wetter-
verhältnisse gleich Null. Das leuchtete sogar Andrée ein.

Zu Fuß durch Kälte, Nässe und Eis
Nun waren sie auf dem Packeis und mussten versuchen, irgendwie
zurück zu kommen, zu Fuß, mit Schlitten, mit Boot. Das Eis war ja
nicht glatt und fest, sondern uneben, mit aufgetürmten Schollen,
Spalten, halb gefrorenen oder offenen Tümpeln. Viele Teile der Ausrüstung und Proviant hatten sie bereits unterwegs abgeworfen oder
verloren. Aber sie hatten noch ein kleines Zelt und die notwendigs-
ten Utensilien für das Leben in der arktischen Kälte behalten.
Einige Tage verbringen sie an der Landestelle, dann beginnt der
anstrengende Weg durchs Packeis zurück.
Sie kämpfen sich mühsam voran, schießen Eisbären, um den Hunger
zu stillen. Andrée schreibt alles auf in sein Tagebuch.
Ihr Ziel ist Franz-Josephs-Land, wo schon Nansen das Versorgungs-
lager von Jackson angepeilt hatte. Oder ein Proviantlager auf den
Sieben Inseln im Norden Spitzbergens. Doch die Eisdrift haben auch
sie unterschätzt. Sie werden in die falsche Richtung getragen: zu
weit östlich für die Sieben Inseln und zu weit westlich für Franz-
Josephs-Land.
Sundman schildert die Situation, die Mitte August herrschte, auf der
Grundlage der auf Kvitøya gefundenen Tagebücher und Filme (S.
315ff): Das Wetter wurde immer kälter, die Sonne stand schon sehr
niedrig am Horizont und gab kaum mehr Wärme her, Positionsbe-
stimmungen waren sehr schwierig, weil Ihre Uhren stehen geblieben waren. So musste mit komplizierten Rechenverfahren die astronomische Zeit gesucht werden. Auch der Kompass maß nicht verlässlich die Himmelsrichtung, da er vom arktischen Erdmagnetis-
mus gestört wurde. Die unberechenbare Eisdrift brachte jegliches
Orientierungsvermögen durcheinander.
Dazu kam unangenehmes, nasses Wetter, die Kleidung und die
Schlafsäcke waren durchweicht und kalt. Und der Weg war durch
weichen Schnee und Schmelzwasser, aber auch durch die riesigen
Eisbrüche äußerst schwierig für die Männer mit ihren schwer be-
packten Schlitten. Nach vielen Wochen, im Oktober 1896, als der
Winter schon hereingebrochen ist, erreichen sie schließlich, auf ei-

ner Eisscholle treibend, eine menschenleere Insel im Nordosten Spitzbergens, Kvitøya. Die vollkommen erschöpften Männer planen eine Hütte zu bauen - aus dem Boot, dem Schlitten, Segeln, Steinen und Schnee.

Doch bevor sie damit fertig sind, stirbt als Erster Strindberg, 25 Jahre alt. Man fand sein Grab 1930 in einer Rinne. Er war unter faustgroßen Steinen begraben. Dann stirbt auch Frænkel, 27 Jahre alt. Er konnte wohl nicht mehr begraben werden. Schließlich stirbt als letzter Andrée, 43 Jahre alt – im Sitzen, den Blick nach Süden gerichtet. So ist in der Presse zu lesen. Sundman erzählt es ein wenig anders. Aber mit dem gleichen Ergebnis: Alle drei sind tot, noch bevor der Winter und die Dunkelheit vollends herein gebrochen sind.

Schweden holt die menschlichen Überreste der Polarforscher nach Hause und verbrennt diese für eine Urnenbestattung. Es gibt ein großes Staatsbegräbnis zu Ehren der drei Helden. Noch heute rätselt die Welt, woran die drei gestorben sind. Ein Eisbär? Trichinen? Bleivergiftung? Selbstmord wegen Ausweglosigkeit? Oder einfach Erschöpfung. Ihre Asche kann darüber keine Auskunft mehr geben. Auf Kvitøya steht heute ein Denkmal – zur Erinnerung an die drei tapferen Schweden.

Walter Wellman (1858 – 1934)
Nordpolexpeditionen: 1906, 1907, 1909 mit Luftschiff

Er war ein amerikanischer Journalist, ein Luftschiffpionier und stolzer Mann. Aber anscheinend auch ein vorsichtiger Mensch. Zwar war er von der Vorstellung begeistert, als erster den Nordpol mit einem Luftschiff zu überqueren. Doch hatte er keine Lust, dabei ums Leben zu kommen. So war er, im Vergleich mit anderen, letztlich doch vernünftig genug, rechtzeitig die eigenen Grenzen zu erkennen und umzukehren.

Hier zunächst die Vorgeschichte. Sie ist wieder einmal ein lebendiger Beweis, wie entschlossen, ja eher noch besessen Männer wie er damals von der Idee waren, den Pol zu queren oder zu erreichen.

Schon 1893 hatte Wellman begonnen, die Arktis von Spitzbergen aus mit einem Schiff zu erkunden. Doch dieses sank. 1898/99 versuchte er zu Fuß eine Expedition Richtung Pol. Doch er brach sich ein Bein bei einem Eisbeben. Von da an war er sicher, dass er nur mit einem Fluggerät das Ziel erreichen könne.

Die Zeitung *Chicago Record Herald* forderte ihn auf, eine Expedition mit einem Luftschiff zu unternehmen und sorgte für die notwendigen finanziellen Mittel.

Von der Däneninsel im Norden Spitzbergens aus, dem selben Ort, von dem auch Andrée gestartet war, wollte er im Sommer 1906 starten, wie einige Jahre vorher auch der damals noch verschollene Andrée. Wie Andrée seinerzeit wollte er nicht wahrhaben, dass auf Danskøya im Sommer meist der Nordwind weht, dass die These vom stetigen Südwind einfach nicht stimmt.

Wellman ließ einen Hangar erbauen, in dem das Luftschiff vor dem Wetter geschützt aufgebaut werden konnte. In einem größeren Steinhaus wohnte er selbst, die Arbeiter waren in Hütten ringsum untergebracht. Eine richtige kleine Siedlung entstand hier in der Virgo-Hamna-Bucht, im äußersten Norden Spitzbergens.

Das Wasserstoffgas für die Füllung des Gasbehälters wurde, wie vor 10 Jahren, in steinernen Öfen vor Ort produziert (deren Reste sind heute noch sichtbar).

Weil wie so oft auf Spitzbergen die Winde widrig waren und das Wetter schlecht war, wurde jedoch der Start auf den nächsten Sommer verschoben. Im Jahr darauf begann Wellman einen zweiten Versuch. Diesmal, im Jahr 1907 also, steigt die „America" auf. Aber schon nach 24 km ist die Fahrt zu ende. Das Luftschiff muss notlanden. Schlechtes Wetter! Schneesturm.

Auf Drängen der Zeitung startet Wellman 1909 noch einen weiteren Versuch. Mit einem größerem Luftschiff und dem entsprechend größeren Hangar.

Er ist angetrieben von der Öffentlichkeit und den Erwartungen seiner Geldgeber.

Viele amerikanische Touristen und Fans, auch viele Journalisten sind gekommen, um das Ereignis persönlich zu erleben. Doch auch dieses Experiment endet nach kurzer Strecke, nach 40 km. Er muss notlanden. Ein Begleitschiff, die Farm, rettet die Mannschaft und will das Luftschiff zurück an Land schleppen. Doch das Seil reißt im Sturm, die America steigt auf in 2000m Höhe. Die Gashülle platzt. Beim Absturz wird die Kanzel völlig zertrümmert. Dumm gelaufen!

Aber durch den rechtzeitigen Abbruch des Unternehmens hat Wellman sein Leben und das seines Teams gerettet.

Was blieb übrig von dem ganzen ehrgeizigen Unternehmen? Ein Trümmerhaufen!

Die Reste der beiden Expeditionen auf Danskøya kann man heute noch unverändert besichtigen. Sie werden vom norwegischen Staat als schützenswertes Kulturdenkmal angesehen und so vor Veränderung und Aufräumaktionen bewahrt.

Ich habe die Spuren der Polarforscher im Sommer 2016 auf Spitzbergen besichtigt, Reste aufwendiger und gefährlicher Unternehmungen. Von den unglaublichen Geschichten, die ich dabei erfuhr, war ich so fasziniert, dass ich unbedingt mehr über sie erfahren wollte. Dieser Bericht ist das Ergebnis meiner Recherchen.

Wer die Gelegenheit hat, eine Spitzbergenumrundung zu machen, sollte sich nicht entgehen lassen, diesen Handlungsort der Polarforscher in der Bucht Virgo Hamna zu besuchen.

Roald Amundsen (1872 – 1928)
Nordpolexpeditionen: 1925 und 1926

Amundsen war - im Vergleich zu Nansen - weniger ein Forscher als ein Seemann und Abenteurer. Hartnäckig, ja eigensinnig verfolgte er seine Ziele, er gab nicht gleich auf. Auf den Fotos erscheint er mir arrogant und abweisend. In der Literatur wird er als schwieriger Mensch beschrieben, als mürrisch und aufbrausend, als einer, der keine Konkurrenz und keine Kritik vertrug. Im Fram-Museum in Oslo wird er nichtsdestoweniger als wissenschaftlich aktiver Expeditionsleiter dargestellt. Ob das so stimmt, mögen Experten entscheiden. Auf jeden Fall aber war er ein äußerst begabter Kapitän und mutiger Pionier.

Er interessierte sich schon als Jugendlicher mehr für Polarexpeditionen als für die Schule. Mit drei Altersgenossen erprobte er sein Durchhaltevermögen als 16-jähriger in den winterlichen Bergen Südnorwegens. Ein Medizinstudium brach er nach dem Tod der Mutter ab und widmete sich von da an nur noch seinem Fernweh. Er heuerte als Matrose an, wurde zwei Jahre später Steuermann und nahm an einigen Expeditionen teil. In Hamburg lernte er bei einem

Physikprofessor, Georg von Neumayer, die modernsten Messtechniken für die Navigation.

F. Nansen war schon seit einigen Jahren auf den 11 Jahre jüngeren Landsmann aufmerksam geworden und förderte ihn mit Rat und Tat.

Von 1903 bis 1906 bewältigte Amundsen als erster die Nord-West-Passage, mit Hilfe des kleinen Segelschiffes *Gjøa*, einer nur etwa 20 m langen „Hardangerjakt". Dafür erhielt er 1906 einen Orden. Norwegen war erst kurz zuvor, nämlich 1905, unabhängig geworden und feierte Amundsen als Nationalhelden. Die Durchquerung zeugte von der hohen Leistung Amundsens als Kapitän. Die Gjøa ist im Fram-Museum Oslo zu besichtigen, viele Fotos und Materialien illustrieren das spektakuläre Unternehmen.

Weltruhm erhielt Amundsen 1911 für seinen erfolgreichen Wettlauf mit dem Briten Robert Scott zum Südpol. Er hatte kein Interesse am Nordpol mehr, seit der Amerikaner Peary behauptet hatte, diesen von Kanada aus als Erster „erobert" zu haben. Dies ist jedoch eine andere Geschichte, die hier nicht erzählt werden soll. Bis heute ist Pearys Erfolg umstritten, weil die Umstände, unter denen er den Pol erreicht haben will, zweifelhaft sind. Jedenfalls kehrte Amundsen, der schon mit der Fram auf dem Weg nach Norden gewesen war, sofort um und segelte in die Antarktis, zunächst ohne jemandem etwas zu sagen. Erst irgendwo im Südatlantik eröffnete er seiner Mannschaft, was er vorhatte. Die Expedition wurde trotz dieser Eile und Geheimnistuerei ein voller Erfolg. Mit Skiern und Hunden erreichte er einen Monat vor Scott den Südpol. Das Ende der Geschichte kennen Sie sicher.

Viele Jahre später, 1925, versuchte Amundsen, den Nordpol als Erster mit dem Flugzeug zu erreichen. Gemeinsam mit seinem Sponsor, dem Amerikaner Lincoln Ellsworth, startete er in Ny-Ålesund, Spitzbergen. 6 Männer mit zwei Flugbooten des Typs Dornier Wal wagten den Flug in Richtung Pol.

Sie mussten jedoch schon bald wegen technischer Probleme notlanden, am 21. Mai an der Position 87° 43′ nördlicher Breite und 10° 20′ 1″ westlicher Länge. Das war die bis dahin dem Nordpol am nächsten gelegene Position, die je ein Flugzeug erreicht hatte. Eine der Maschinen bohrte sich ins Eis und wurde schwer beschädigt.

Es stellte sich als unmöglich heraus, beide Maschinen wieder flott zu machen. Amundsen und seine Crew aber gaben nicht auf. Sie bauten in mehr als drei Wochen eine Startpiste für eines der Flugzeuge. Das Essen wurde rationiert. Etwa 400 Gramm Nahrung pro Tag wurde verteilt. Trotzdem schafften die 6 Männer über 600 Tonnen Eis und Schnee zur Seite und glätteten den Boden. Zu sechst bestiegen sie das verbliebene Flugzeug und kehrten heim, wo man sie bereits verschollen geglaubt hatte.

Ein Jahr später, 1926, wollte Amundsen doch noch den Nordpol erreichen - mit Hilfe eines Luftschiffs. Italienische Förderer streckten 25% der Kosten vor. Der Aeroclub Norwegen brachte den größten Teil der Kosten auf und sorgte für Landungsfelder und Versorgungsstützpunkte in Norwegen. Sein amerikanischer Freund Ellsworth finanzierte schließlich noch ein Sechstel der Gesamtkosten. Amundsen, der finanziell klamm war, hoffte, durch ein erfolgreiches Projekt wieder zu Ansehen, Buchverträgen und mehr Geld zu kommen.

Der italienische Luftfahrtkapitän, Umberto Nobile, baute das Luftschiff unter Mitarbeit von speziell ausgebildeten Fachleuten – 120 Meter lang, mit windschnittigem Kiel und von drei 250 PS starken Motoren unterstützt. Er allein hatte die Erfahrung, das Gefährt zu beherrschen. Unter großen Mühen und Gefahren steuerte er das Luftschiff von Rom aus über die Alpen nach Leningrad und von dort nach Spitzbergen.

Dort wurde Gas nach gefüllt und notwendige Ausrüstung ergänzt. Dummerweise musste Amundsen zwei Tage vor dem Start zuschauen, wie der Amerikaner Byrd mit einem einmotorigen Flugzeug von Spitzbergen aus zum Pol startete und nach 17 Stunden zurückkehrte. Er behauptete, den Pol überflogen zu haben. Seine Beweise waren und sind jedoch bis heute fragwürdig. Amundsen ließ sich dadurch nicht von seinem Vorhaben abbringen.

Die „Norge" startete am 11. Mai 1926 von Ny Ålesund auf Spitzbergen aus und erreichte am nächsten Tag wirklich den Nordpol, ohne jedoch zu landen. Nach dem Überflug des Pols und dem Abwurf der italienischen und norwegischen Flaggen fuhr das Luftschiff weiter bis nach Alaska, wo es, drei Tage nach dem Start, landete. Eine Notlandung wegen Schlechtwetter. Das Gefährt musste dort gänzlich abgebaut werden, weil es für einen Neustart keine Infrastruktur gab, keinen Hangar, keinen Wasserstoff und keinen Mast. Nobile, Amundsen und ihr Team waren die ersten, denen es gelang, den Pol zu überqueren, ein großer aeronautischer Erfolg. (Auch wenn die Amerikaner im Hinblick auf Byrd heute noch etwas anderes behaupten – bewiesen ist es nicht!)

Den Ruhm für dieses erfolgreiche Unternehmen heimste jedoch nicht der Ingenieur und Flugkapitän Nobile, sondern Amundsen ein. Von den Italienern hielt der nicht viel und belächelte ihre feinen Uniformen. Er stellte sich als Auftraggeber und Expeditionsleiter in den Vordergrund und wurde von der Presse gefeiert, obwohl er, wie der Autor und Biograf Wilbur Cross in seinem Buch berichtet, während der Fahrt keinen Finger gerührt hatte, um zum Erfolg beizutragen. Doch weil er für die Finanzierung des Unternehmens gesorgt und sein Land Norwegen maßgeblich an dem Projekt beteiligt war, fühlte er sich als der eigentliche Boss.

Nobile ärgerte das sehr – wollte er doch das Verdienst für diese Heldentat sich und seiner Heimat Italien zukommen lassen. Auch Mussolini fand es gar nicht amüsant, hinter Norwegen an zweiter Stelle zu stehen. Er wollte den Erfolg für Italien propagandistisch nutzen und beauftragte Nobile mit einer Vortragsreise durch die USA, damit dieser den italienischen Beitrag zur Polüberquerung öffentlich richtig stellen konnte.

Nobile aber wollte mehr. Er wollte einen neuen, noch spektakuläreren Vorstoß zum Nordpol wagen. So rüstete er mithilfe neuer Sponsoren ein neues Luftschiff aus, nannte es nach seinem Heimatland „Italia" und flog wieder los. Und so ging die Geschichte weiter, wie ich es aus dem Buch des amerikanischen Journalisten Wilbur Cross „Tragödie am Pol" erfahren habe. Dessen Roman über Nobile beruht auf Tagebuchnotizen, auf zahlreichen Interviews mit Teilnehmern der Expedition und auf zeitgenössischen Zeitungsartikeln. Im Folgenden beziehe ich mich hauptsächlich auf seinen spannenden, halb dokumentarischen Bericht.

Auch Roald Amundsens Geschichte ist noch nicht zu Ende. Ein letztes Mal wird er im Zusammenhang mit Nobiles zweiter Polexpedition wieder in Erscheinung treten. Auf tragische Weise. Sie dürfen gespannt sein.

Umberto Nobile (1885 – 1978)

Nordpolexpeditionen: 1926 und 1928

Nobile, Luftschiffpionier und General, war ein stolzer Italiener und begabter Luftschiffsbau-Ingenieur. Er war Experte für halbstarre Luftschiffe, die er für stabiler und praktischer hielt als die starren, viel längeren Zeppeline der Deutschen, die im Ersten Weltkrieg zum Einsatz gekommen waren. Mit dieser Meinung stand er aber in Italien ziemlich allein da. Deshalb und weil er den Faschismus kritisch sah, geriet er bei der Regierung und bei den Generälen der italienischen Luftwaffe in Misskredit. Mit Fake News versuchten ihn seine Feinde anzuschwärzen und als Feigling darzustellen. Er war zum Teil heftigen Angriffen in der Öffentlichkeit ausgesetzt, sein guter Ruf war deshalb umstritten. Zu Unrecht, wie Cross ausführlich erzählt. Diese Situation sollte ihm, im Zusammenhang mit der Geschichte seiner zweiten Polfahrt, noch zu großem Schaden gereichen.

Zunächst jedoch überführte Umberto Nobile sein neues Luftschiff in einem gefährlichen Flug von Mailand nach Spitzbergen und füllte es am Startplatz mit Gas auf – wieder in Ny Ålesund.

Das Schiff war nur etwas über hundert Meter lang, ausgestattet mit drei 250 PS Motoren für den Vortrieb. Man musste das Gas 1928 nicht mehr vor Ort produzieren. Es wurde in 4800 dicken Metallbehältern aus einer Fabrik auf dem Festland nach Spitzbergen transportiert. Beraten von Nansen und anderen Fachleuten, stattete er das Gefährt mit allerlei Ausrüstungsgegenständen aus, mit Zelten, warmer Kleidung, Proviant und technischen Geräten, weil er einen ehrgeizigen Plan hatte. Zur Vertiefung der wissenschaftlichen Kenntnisse über die Arktis wollte er nämlich den Pol nicht nur überfliegen, sondern dort, beziehungsweise auf dem Rückweg nach Süden, einige aus seiner Mannschaft auf dem Eis oder auf offenem Wasser absetzen. Die Männer sollten wissenschaftliche Messungen auf dem Packeis und im Wasser darunter durchführen - Wetter, Eisbeschaffenheit, Wassertiefe und -temperatur, Magnetismus. Nobile rechnete damit, dass es lange dauern könnte, bis diese Männer wieder abgeholt werden könnten, er plante auch für den Fall, dass er wieder notlanden müsste, und lud deshalb alles ein, was ihm und seiner Mannschaft das Überleben sichern könnte. Trotzdem achtete er darauf, keine unnötige Last einzupacken, um Treibstoff zu sparen.

Umberto Nobile startete frühmorgens am 24. Mai 1928 zusammen mit 16 Mann Besatzung in Richtung Pol. Er überflog den Nordpol schon einen Tag später. Daraufhin wendete er, wollte zurück nach Ny-Alesund - und fuhr mitten hinein in eine Schlechtwetterfront. Man konnte es nicht wagen, bei Sturm und schlechter Sicht Menschen auf dem Eis abzusetzen.

Das Wetter wurde schlecht und schlechter. Unglücklicherweise wehte der Wind aus Süden, sodass alle Motorkraft aufgewendet werden musste, um überhaupt voran zu kommen. So wurde allmählich der Treibstoff knapp.

Auf dem Weg zurück Richtung Spitzbergen, mühsam gegen den Südwind ankämpfend, wurde das Luftschiff vom Sturm zu Boden gedrückt und schlug auf dem Eis auf. Die Kabine wurde abgerissen und zerbrach. 10 Männer wurden zusammen mit Nobile herausgeschleudert und zum Teil schwer verletzt.

6 Mitglieder der Mannschaft, die sich nicht in der Gondel, sondern im Gestänge des Schiffsbauchs befanden, wurden mit der, nun von Last der Kabine befreiten Gashülle wieder in die Höhe gerissen. Von ihnen hörte man niemals mehr etwas.

Für die auf dem Eis zurückgelassenen Männer war die Lage sehr ernst, doch sie hatten ein kleines Zelt und das Morsegerät retten können. Es sollte 48 Tage dauern, bis der letzte Mann gerettet war.

Inzwischen fand jedoch eine spektakuläre, internationale Rettungsaktion statt. Cross berichtet in seinem Roman „Tragödie am Pol", dass die Norweger die Suche nach den Überlebenden zu einer nationalen Aufgabe erklärten. Die Schweden, Dänen und Finnen und noch andere private sowie auch öffentliche Forschergruppen schlossen sich an.

Lange war das Schicksal der Expedition im Ungewissen, das Schlimmste wurde befürchtet. An die 1500 Männer, aus Norwegen, den USA, Schweden und anderen Ländern, brachen auf – mit Schiffen, Hundeschlitten, Flugzeugen und anderen Fahrzeugen, um die vermissten Männer zu finden und zu retten. Einer davon war Roald Amundsen, der sich, obwohl er ja mit Nobile noch grollte, sofort bereit erklärte zu helfen, als er hörte, dass die Italia vermisst wurde.

Erstmals am 6. Juni, ungefähr zwei Wochen nach dem Absturz der Italia, empfing ein russischer Funkamateur Morsesignale und verstand sie als Hilferuf der Überlebenden.

Nun konnte die Rettungsaktion gezielter stattfinden. Das norwegische Schiff Braganza und ein sowjetischer Eisbrecher, die Krassin, machten sich auf den Weg zur vermuteten Absturzstelle. Und ein schwedischer Pilot, Einar Lundborg, und sein Kopilot flogen mit einer Fokker, einer wendigen kleinen Militärmaschine zum Unglücksort. In dem Flugzeug war nur für eine weitere Person Platz.

Lundborg drängte Nobile, der beim Absturz mehrere Knochenbrüche erlitten hatte, sich als erster ausfliegen zu lassen. Nach langem Zögern und Diskutieren willigte der General und Projektleiter ein, um von Spitzbergen aus die Rettungsaktion für seine Leute, auch für die sechs Vermissten zu leiten. Sein Hündchen Titina war während der Diskussion bereits in die Maschine gehüpft und der Pilot sah keinen Grund, das winzige Tier zurückzulassen.

Die restliche Mannschaft blieb zurück. Beim zweiten Anflug der Maschine ging sie bei der Landung zu Bruch.

So mussten die Zurückgebliebenen noch drei Wochen länger im Eis ausharren. Sie wurden am 12. Juli von dem sowjetischen Eisbrecher Krassin aufgelesen und an Land gebracht.

Die Entscheidung, seine Mannschaft auf dem Packeis zurück zu lassen und als Erster auszufliegen, sogar mit Hund, nutzten seine Feinde im italienischen Militär, um Nobile zu diskreditieren und seinen Ruf zu schädigen. Sie verbreiteten falsche Nachrichten, die Zweifel an seiner Kompetenz und seinem Charakter schürten. Von der faschistischen Regierung Mussolinis wurde er degradiert. Bis heute liest man in der Fachliteratur, dass Nobile feige und verantwortungslos war. Doch wie Cross nach seinen Recherchen die Umstände beschreibt, entspricht diese Sichtweise nicht der Realität. Fake News eben – Umberto Nobile litt lange darunter. Er wurde sogar angeklagt und stritt sich mit den Gerichten über seine vermeintliche Schuld. Doch nach dem zweiten Weltkrieg wurde er von der neuen italienischen Regierung rehabilitiert.

Wie schon erwähnt, auch Roald Amundsen beteiligte sich mit einem kleinen Wasserflugzeug an der Hilfsaktion. Er und seine Mannschaft starteten am 18. Juni von Tromsø aus mit einem französischen Flieger nach Norden. Nie mehr hat die Welt von ihnen gehört. Sie kamen um, als das Flugzeug havarierte, vermutlich auf dem Weg nach Spitzbergen, irgendwo in der Nähe der Bäreninsel. Es wurde nie gefunden. In Norwegen wird Amundsen als einer der wichtigsten Polarforscher verehrt.

Wer hat den Wettlauf zum Nordpol nun gewonnen? Wer hat denn nun als Erster den Pol erreicht? Waren es Amundsen und Nobile mit ihrem Überflug im Luftschiff? Waren es die Amerikaner - Peary oder Byrd – mit Schlitten bzw. Flugzeug? Oder war es 1920 das Unternehmen „Nordpol 1", als russische Polarforscher von Flugzeugen nahe dem Nordpol abgesetzt wurden und mit der Drift zur Ostküste Grönlands „reisten"? 1969 hat ein Abenteurer aus England mit Skiern den Nordpol nachweisbar mit eigenen Füßen erreicht – aber das interessierte damals, im Jahr der ersten Mondlandung, keinen mehr. Und was ist mit dem Matrosen, der 1975 von einem sowjetischen Atom-U-Boot aus seinem Admiral das Ausstiegstreppchen mitten auf den Pol stellte, nachdem das Boot die Eisdecke durchstoßen hatte? Oder waren noch früher die Amerikaner mit einem U-Boot da?

Wir wissen es bis heute nicht genau. Und heute ist es auch nicht mehr so wichtig. Wenn das die einzige Ungewissheit in unserem Leben wäre, dann könnten wir uns glücklich schätzen.

Was uns heute bewegt, ist die Zukunft der Polargebiete angesichts der Bedeutung und des Wandels in diesen Regionen. Denken wir nur an die dortigen, von vielen Staaten begehrten Rohstoffe, an neue Schiffsrouten, an die bedrohliche Erwärmung und die empfindsamen Ökosysteme, an unklare Gebietsansprüche und nicht zuletzt an den wachsenden Tourismus. Dazu gibt es unterschiedliche politische Interessen und viele abweichende Rechtsgrundlagen. Doch anders als in der Antarktis existiert dazu bisher kein verbindlicher Vertrag. Immerhin befasst sich der Arktische Rat mit diesen wichtigen und komplexen Fragen. Wir sollten auf die Ergebnisse gespannt sein.

Bleiben Sie neugierig!

Lesetipps

Amundsen, Roald.: Die Eroberung des Südpols 1910 – 1912. Wiesbaden 2011

Cross, Wilbur: Tragödie am Pol. Der Absturz des Luftschiffs „Italia" – eine wahre Geschichte. München 2001

Nansen, Fridtjof.: In Nacht und Eis. Die norwegische Polarexpedition 1893 – 1896 Wiesbaden 2016

Sundman, Per Olof: Ingenieur Andrées Luftfahrt, Zürich 1969 (Erstausgabe schwedisch 1967)

ISLAND - WO WILDE KERLE HAUSEN

Eine Schiffsfahrt nach Island – das war vor mehr als tausend Jahren in der Wikingerzeit ein unkalkulierbares und lebensgefährliches Abenteuer.

In unserer Zeit ist die Seereise dorthin nicht mehr so gefährlich, aber immer noch etwas ganz Besonderes. Schon die Annäherung über das Nordmeer vermittelt bei jedem Wetter geheimnisvolle, viel versprechende Stimmungen - egal ob Regen, Wind, Wolken oder Sonne. Und wenn man die Insel am Rande des Polarkreises schließlich erreicht hat, erwarten den Reisenden Gletscher, zum Beispiel der Snæfellsjøkull im Westen, wundervolles Licht, beeindruckende Landschaften und interessante Orte.

Doch damit nicht genug. Besonders berührt, oft sogar überwältigt, fühlt man sich von den Kontrasten, die für Island charakteristisch sind. Auf der Reise durchs Land erlebt man Sonne und Regen in raschem Wechsel, erblickt spiegelglatte Seen und tosende Wasserfälle, bewundert heiße Geysire und eisige Gletscher, fotografiert vielfältige Vulkankrater und bizarre Felsformen.

Und die nordischen Sagen und Märchen über Götter, Riesen, Feen und Trolle sowie die alten Geschichten über die Wikinger als Seefahrer und Siedler stehen in Gegensatz zum modernen Island. Auch wenn dies nur ein scheinbarer ist, wie wir gleich erfahren werden.

Meine Absicht ist es, Ihnen, den Reisenden, ein Szenario zu eröffnen, wo Feuer und Eis, Berge und Wasser, die Sagengestalten und die heutigen Isländer in ihren Beziehungen zueinander anschaulich und lebendig werden. Kurz: die „wilden Kerle" Islands in ihrer vielfältigen Gestalt werden hier vorgestellt. Und wer Lust dazu hat, macht sich nun mit mir auf die Spur ihrer Geschichte. Sie werden sehen - die Entstehung des Landes ist ebenso interessant wie die Entwicklung der isländischen Kultur und Mentalität bis in unsere Zeit.

Isländer – wilde Kerle früher und heute

Die Geschichte Islands und seiner Bewohner, ein Auf und Ab im Laufe der Jahrhunderte, verlief oft dramatisch, selten ruhig, aber immer spannend. Ich bin mir sicher, dass die Wildheit von Natur und Landschaft, die dünne Besiedlung der Insel, aber auch der Kampf ums Überleben, angesichts von Erdbeben, Vulkanausbrüchen, bitterer Armut und Fremdherrschaft, die Mentalität der Isländer geprägt hat. Ihre Energie, ihr Durchhaltewillen und ihre trotzige Kraft bei der Überwindung von Schwierigkeiten hängen mit der Historie des Landes zusammen.

Bis zur Mitte des 9. Jahrhunderts war diese 100 000 km² große Insel, das einstige Thule der Griechen und Römer, unbesiedelt. Der erste Siedler war - laut Snorre Sturlasons Chronik Landnámabók, - der Norweger Naddoddur. Als Geflüchteter vor dem Gesetz oder vor seinen Feinden – so genau weiß man das heute nicht mehr - wohnte er irgendwo auf den Färöer Inseln und war einer der ersten Wikinger, die sich über den Atlantik weiter westwärts wagten. Er war auch ein mutiger Händler und deshalb wohl schon öfter mit seinem Schiff zwischen dem skandinavischen Festland und den atlantischen Inseln unterwegs gewesen. Eines Tages soll er durch einen Sturm von seiner Route abgebracht worden und im Osten eines bis dahin unbekannten, großen, eisigen Landes, beim heutigen Reyðarfjørður, gelandet sein. Er stieg auf einen Berg, um zu schauen, wer da wohnte – aber da war niemand. Da es zur Zeit der Rückfahrt heftig schneite, nannte er das Land „Snæland". Später, als der norwegische Wikinger Flóki Vilgerðarson nach einem extrem eisigen Winter den Versuch abbrach, sich als Landwirt anzusiedeln, bekam es den Namen Eisland/Island. Ungefähr 1000 Bewohner der Färöer Inseln – Männer, Frauen, Kinder, Freie und Sklaven - zogen, als sie von der Entdeckung des unbewohnten Landes hörten, in den folgenden Jahren, also 20 Jahre vor der eigentlichen Zeit der Landnahme, nach Island. Ganz menschenleer war die Insel auch zu dieser Zeit nicht. Ein paar irische Mönche lebten schon dort und suchten Einsamkeit und die Nähe zu ihrem christlichen Gott. Doch sie sollen die Insel fluchtartig verlassen haben, als die Wikinger kamen.

Im Jahr 874 – so die Chronik Landnámabók von Snorre Sturluson - begann die eigentliche „Landnahme", die langfristige Besiedlung Islands durch die „nordmenn", die Nordmänner. Sie dauerte ungefähr 60 Jahre, denn um 930 waren die verfügbaren Ländereien vergeben und kein Platz mehr für neue Siedler.

Der Erste, der mit der Absicht, in Island zu bleiben, hierher kam, soll der Häuptling Ingolfur Árnarson gewesen sein. Er wurde wegen eines Mordes verbannt und hatte seinen Bauernhof in Norwegen eingebüßt. Wie in der berühmten altnordischen Schrift erzählt wird, wählte er seinen neuen Wohnsitz im Südwesten der Insel gemäß dem Schicksal, das ihm die Götter zuwiesen. Er warf deshalb die Säulen seines Häuptlings-Hochsitzes ins Meer und wartete ab, wo sie angetrieben wurden. Da sollte sein Haus gebaut werden. Die Baumstämme wurden in einer „rauchenden" Bucht angeschwemmt. Was seine Leute als „Rauch" deuteten, war wohl der Wasserdampf, der aus den heißen Quellen im Südwesten der Insel aufstieg. Im Umkreis dieser „rauchenden Bucht" – auf altnordisch „Reykjavík" – ließ er sich nieder. So heißt die Wikingersiedlung bis heute, auch wenn es sich dabei um die heutige Hauptstadt handelt.

Sein Bruder Hjørleifur fuhr gemeinsam mit ihm übers Meer und segelte mit seiner Familie und den irischen Sklaven noch weiter westwärts. Die ermordeten ihn jedoch und setzen sich mit seinem Hab und Gut auf eine Insel im Süden Islands ab. Als Árnarson seinen Bruder besuchen wollte und entdeckte, was geschehen war, verfolgte er die Mörderbande und brachte alle um. Die Inseln heißen seitdem Westmænner-Inseln, weil die Iren in Bezug auf ihre Herkunft den Beinamen Westmänner trugen. Soviel zu den wilden Kerlen dieser Zeit.

Auf Árnarson folgten in den nächsten Jahrzehnten viele Wikingerhäuptlinge und einfache Bauern (vgl. dazu das Kapitel „Wikinger" in diesem Buch!). Sie verließen mit ihren Familien, ihrem Vieh und ihren keltischen Sklaven aus Irland und den Britischen Inseln das skandinavische Festland. Manch einer fragt sich vielleicht, warum die Nordmänner und –frauen eine so gefahrvolle Reise wagten. Es gibt gleich mehrere Erklärungen dafür: Das Bauernland ihrer Heimat, im heutigen Norwegen, zwischen all den Bergen, Gletschern und Fjorden gelegen, dieses Land wurde knapp. Die nicht erbberechtigten Zweit- und Drittgeborenen fanden keinen Platz mehr für ihre Familien. Außerdem fühlten sie sich von Harald Schönhaar, dem König von Norwegen, unterdrückt und waren nicht willens, die geforderten Steuern und Abgaben zu zahlen. Sie liebten ihre Freiheit mehr als ein Leben in Sicherheit. Und schließlich ermöglichte ihre geniale Schiffsbau- und Segeltechnik die abenteuerliche Fahrt über das Nordmeer.

Die Siedler brachten außer der Familie und den keltischen Sklaven auch Vieh nach Island mit, Kühe, Schafe, Pferde. Die Nachkommen der Iren und Färöer stecken noch heute zu 25% in den Genen der Isländer. Die Nachkommen der Schafe werden immer noch auf der Insel gehalten - sie leben den ganzen Sommer wild und werden erst im Winter von den Besitzern in den Stall geholt. Die Nachkommen der Pferde werden Islandpferde, oft auch Islandpony genannt. Ein Islandpferd ist aber kein Pony im engeren Sinne sondern ein richtiges Pferd, das auch Erwachsene und schwere Lasten tragen kann. Diese Pferdrasse hält mit ihrem dichten Winterfell das raue Klima Islands gut aus und ist wegen ihrer besonderen Geduld, Belastbarkeit und Bewegungsfähigkeit für das wilde Land sehr geeignet. Außer Schritt, Trab und Galopp können die Tiere im Pass und im Tølt gehen. Diese weiche Gangart schont den Rücken des Reiters und vermittelt ein sicheres Gefühl unterwegs. Die treuen Tiere halfen unermüdlich beim Lebenskampf der Nordmänner und werden noch heute sehr geschätzt. Islandpferd – das ist eine Marke, deren reinrassige Nachzucht ist gesetzlich geregelt.

Haupteinnahmequellen der Siedler waren die Fischerei, die Landwirtschaft und der Handel mit Fisch, Fellen und landwirtschaftlichen Produkten nach Mitteleuropa. Das Meer rings um die Insel war reich an Fischen und Robben. Immer wieder konnte auch ein Wal erlegt werden. Und manchmal verirrte sich ein Eisbär vom Packeis her auf die Insel. Alles, was die Natur zu bieten hatte, wurde restlos verwertet. Da Island zu dieser Zeit ein angenehmeres Klima als heute hatte – immerhin lag die Durchschnittstemperatur um ca. 2 Grad Celsius höher als heute - gab es in den flachen Tälern viel Vegetation, sogar ausgedehnte Birken- und Lärchenwälder und Land für Ackerbau und Viehzucht. Kein Wunder also, dass in der Wikingerzeit mehrere Siedlungen entstanden, in denen zur Siedlungszeit bis zu 25 000 Einwohner lebten.

Freistaat Island

Als Garantie für die politische Unabhängigkeit vom König im fernen Norwegen und um den inneren Frieden zu stärken, gründeten die freien Häuptlinge (auch Goden genannt) im Jahr 930 einen aristokratischen Freistaat und ein Gremium, das Gesetze verkünden und Recht sprechen sollte. Dieses nannten sie Althing, die große Versammlung für alle. Der Bund der Wikingerhäuptlinge wird von den Historikern heute als die erste Republik und das erste Parlament bezeichnet, und mit anderen demokratischen Strukturen der Antike und Neuzeit gleich gestellt. Althing heißt heute noch das isländische Parlament.

Als der geeignete Ort für die Versammlung der Häuptlinge wurde ein Tal nordöstlich von Reykjavík gefunden, Thingvellir. Das ist eine symbolisch und mythologisch bedeutsame Stelle, denn sie befindet sich am Rande der Felsspalte, die sich vor 60 Millionen Jahren gebildet hat, als sich die Erdkruste dort in die nordamerikanische und die eurasische Festlandsplatte teilte. Die dabei entstandenen Felsformationen gaben nun einen würdigen Rahmen für das Althing. Die Männer des Rats und die Vertreter der Bauern trafen sich jährlich zwei Wochen lang, um Gesetze zu beraten, Konflikte zwischen den Familien zu regeln und Urteile zu verkünden.

Das Oberhaupt des Rats stand dabei auf dem Løgberg, dem Gesetzesberg, vor der mächtigen, hohen Felswand mit Blick auf den

Thingvallavatn, den größten See Islands, und auf die ungefähr 1000 Teilnehmer. Der Sprecher konnte wegen der hervorragenden Akustik gut gehört werden. Wer auf seiner Reise durch Island nach Thingvellir kommt, wird sich der feierlichen Stimmung und dem eindrucksvollen Panorama auch heute nicht entziehen können.

Einer der wichtigsten Beschlüsse des Althings wurde im Jahr 1000 n. Chr. gefasst. Auf Druck des norwegischen Herrschers Olav Tryggvason wurde bestimmt, dass sich alle Isländer zum Christentum bekennen sollten. Wer sich nicht taufen ließ, dem drohte die Hinrichtung. Um den Beschluss zu bekräftigen und zu beweisen, dass die alten Götter keine Macht haben, ließ der Bischof Thorgeir ihre Bildnisse in einen Wasserfall, den Godefossen, werfen.

Weil aber die Isländer als typische Wikinger schon immer widerständig waren, wurden die alten Götter heimlich weiter verehrt. Trotzdem wurden überall im Land christliche Kirchen gebaut. Auf deren Holzschnitzereien und auf allein stehenden Steinkreuzen sieht man oft christliche und heidnische Symbole nebeneinander. Friedlich in bescheidenem Wohlstand lebten auch die Familien der Häuptlinge und Bauern fast hundert Jahre lang. Man nennt diese Epoche auch das „Goldene Zeitalter". Vermutlich haben sich die Wikinger damals abends, in der dunklen Zeit des Jahres, am Herdfeuer die Märchen und Sagen erzählt, die von Generation zu Generation mündlich überliefert worden waren. Eigene Erlebnisse in der neuen Heimat, unheimliche Begegnungen mit rätselhaften Gestalten, furchteinflößende Ereignisse wie Erdbeben und Vulkanausbrüche mischten sich unter die hergebrachten Erzählungen.

Island unter fremder Herrschaft

Dann, im Jahr 1180, kamen heftige Streitereien und Familienfehden auf, es gab Mord und Todschlag, bis schließlich im Jahr 1262 die isländischen Frauen und Männer ihre Freiheit verloren. Was hat der hoch geschätzten Unabhängigkeit ein solches Ende gesetzt? Wie so oft waren es Konflikte im Inneren und Machtansprüche von außen. Der norwegische König Håkon IV. Håkonsson und sein Nachfolger Magnus IV. wollten ihren Einfluss über das Festland hinaus erweitern und zunächst mit Intrigen, dann auch durch militärische Aktionen durchsetzen. Island, geschwächt und zerrissen durch die internen Kämpfe, hatte dem norwegischen Herrschaftsstreben nichts mehr entgegen zu setzen. Ein aussichtsloser Krieg gegen diesen starken Gegner wurde vermieden.

Gute hundert Jahre später, ab dem Jahr 1380, änderten sich die politischen Verhältnisse wieder. Diesmal gerieten die Isländer, wie auch Norwegen und Schweden, unter die dänische Krone, weil es die Erbfolge so bestimmte, nachdem die norwegische Königsfamilie ausgestorben war (Kalmarer Union). Island war nun also eine Kolonie Dänemarks, fast 600 Jahre lang, bis 1944.

Die Abhängigkeit von der Fremdherrschaft tat Island nicht gut. Ihre politische und wirtschaftliche Freiheit wurde ab dem 14./15. Jahrhundert immer mehr eingeschränkt. Der Handel mit Europa wurde von den dänischen Königen kontrolliert und ausländische Verwalter zogen rücksichtslos Steuern und Abgaben ein. Aber nicht genug damit. Der internationale Fischhandel wurde von der deutschen Hanse übernommen, weil den Isländern im Laufe des kulturellen Niedergangs die Kunst des Schiffsbaus verloren ging und sie dem Geschäftssinn der Deutschen nichts entgegen zu setzen hatten. Die norddeutschen Hansestädte, allen voran Hamburg, lieferten zwar Getreide, Bier, Holz und Teer im Austausch für Pelze, Schwefel, Wolle und Jagdfalken für die europäischen Fürstenhöfe, doch den Gewinn davon hatten nicht die Isländer. Kulturell allerdings war der Kontakt der Isländer mit den Deutschen durchaus fruchtbar. Der Buchdruck und die damit verbundenen Ideen der Neuzeit, zum Beispiel die Reformation, fanden Eingang in das isländische Alltagsleben.

Zur wirtschaftlichen Notlage kamen Schicksalsschläge wie Krankheiten und katastrophale Naturereignisse. Der Ausbruch des Vulkans Hekla 1389 zum Beispiel zerstörte nicht nur die umliegenden Siedlungen sondern vergiftete mit seinem Schwefelhauch Mensch und Tier im weiten Umkreis. Zwei vom Festland eingeschleppte Pestepidemien töteten mehr als zwei Drittel der Einwohner.

Das Klima veränderte sich, es wurde immer rauer und kälter. Die Ernten wurden schlechter. Die Wälder waren ohnehin längst dem Schiffs- und Hausbau zum Opfer gefallen. Gewalt und Misstrauen prägten das soziale Leben. Es ging bergab mit den Isländern.

Solche besonders schrecklichen Tiefpunkte dieser Zeit wurden in den Chroniken und Jahrbüchern aufgezeichnet. Sie sind wohl der

Ursprung der brutalen Ereignisse, von denen die nordischen Sagen geprägt sind.

Im 16. Jh. erhob sich der dänische König Christian III. im Zuge der Reformation zum Oberhaupt der Kirche und verfügte vollends ein dänisches Handelsmonopol. Isländer durften nichts mehr selbst verkaufen, wer es versuchte, wurde schwer bestraft. Eine Hungersnot war die Folge (und damit der Verlust der isländischen Saga-Manuskripte aus dem 13. Jh. Denn sie sind auf Kalbshäute geschrieben und somit im Alltag vielseitig brauchbar, sogar zur Not essbar).

Bis 1786 dauerte diese harte Politik und in dieser Zeit litten die Isländer immer wieder unter Seuchen, Erdbeben und Missernten. Einer neuen Krankheit, diesmal den Pocken, hatte die vom Hunger geschwächte Bevölkerung wenig entgegenzusetzen. Und schon wieder schlug die Natur zu. Als 1783 der Vulkan Laki ausbrach, wurden 21 % der Bevölkerung getötet. Schwefel und Asche vergifteten das Weideland, fast alle Schafe, ¾ der Pferde und die Hälfte der Rinder. Der Feinstaub und die giftigen Gase zogen mit dem Westwind nach Europa und verursachten dort Dunstwinter und Missernten. Einige Historiker vermuten die dadurch entstandene Not sogar als Auslöser der Französischen Revolution.

Ein neuer Tiefpunkt war also erreicht. Viele Bauernhöfe mussten verlassen werden. In den folgenden Jahrzehnten wanderten zahlreiche Isländer in die USA und nach Kanada aus. Die Bevölkerung war nun auf dem niedrigsten Stand seit 700 Jahren – es gab gerade noch 10 000 Einwohner.

Island im Aufwind

Doch in den folgenden Jahrzehnten, insbesondere in der zweiten Hälfte des 19. Jahrhunderts, nahmen der Wohlstand und das Selbstbewusstsein der Einwohner Islands allmählich wieder zu. Angeregt durch Bildungsreisen, Auslandsaufenthalte und den Blick auf politische, kulturelle und wirtschaftliche Entwicklungen in ganz Europa begannen auch die Isländer, nach ihren nationalen Wurzeln zu suchen. Große Verdienste erwarb sich dabei Jón Sígurdsson, der als Politiker für die Unabhängigkeit von Dänemark kämpfte und als Sprachwissenschaftler die alten Handschriften mit den isländischen Sagen dem Vergessen entriss. Er ist in Reykjavík begraben und seine Statue auf dem Austurvøllurplatz zeugt von der großen Verehrung, die ihm heute noch zu Teil wird.

Diese Veränderungsprozesse verliefen auf den verschiedenen Ebenen ziemlich gleichzeitig: In kultureller Hinsicht erwachte, wie in Norwegen und in einigen Ländern Mitteleuropas, das Nationalbewusstsein der Isländer. Viele der verschollenen Schriften mit den altnordischen Sagas und Mythen wurden wieder gefunden. Die Isländer konnten das Altnordische dieser Geschichten, das sich in den entlegenen Teilen des Landes erhalten hatte, selbst lesen. Und wo die Alltagssprache, Grammatik und Rechtschreibung vom Dänischen beeinflusst war, wurde dies im Laufe dieses Jahrhunderts bereinigt. Neue einheimische Literatur und Lehrbücher brachten das Altnordische wieder in Gebrauch. Stolz entdeckte die isländische Bevölkerung so die Quellen ihrer Kultur. Bis heute ist ihre Identität mit dieser Literatur und nationalen Geschichte eng verbunden. Mehr darüber zu lesen findet sich im dritten Abschnitt dieses Kapitels „Sagen- und Märchengestalten". Junge Menschen studierten in Dänemark und Deutschland, kamen mit einem fundierten literarischen, philosophischen, naturwissenschaftlichen und technischen Wissen zurück und brachten so die Bildung im eigenen Lande voran. 1911 wurde die Universität in Reykjavík gegründet.

Auch wirtschaftlich ging es bergauf. Das dänische Handelsmonopol wurde zunächst gelockert und 1854 ganz abgeschafft, die Abhängigkeit von Dänemark ließ langsam nach. 1874 wurde die erste Verfassung verabschiedet. 1915 das Wahlrecht für Frauen eingeführt – politisch sensationell in dieser Zeit.

1918 schließlich wird Island formal selbständig, ist jedoch weiterhin politisch von Dänemark dominiert. Im 2. Weltkrieg wird die Insel zunächst völkerrechtswidrig – unter dem Vorwand, die Insel vor den Deutschen zu schützen - von den Briten besetzt und seit 1941 sind die Amerikaner stationiert. Erst danach, am 17. Juni 1944, kann endgültig die unabhängige Republik Island ausgerufen werden. Dies geschah ein einem würdigen Ort – in Thingvellir nämlich, das heute Weltkulturerbe der UNESCO ist.

Die Flagge der jungen Republik zeigt ein rotes Kreuz, weiß eingerahmt auf blauem Hintergrund. Die Farben symbolisieren Islands prägende Erscheinungen – Himmel, Feuer, Schnee und Gletscher.

Mit der Staatsgründung beginnt endlich eine Phase eines langfristigen wirtschaftlichen Aufschwungs für die Isländer. Der weltweite Handel mit Fisch und Produkten der Viehzucht blühte auf und die Industrialisierung schritt voran. Island wurde Mitglied er UN, der OECD und der NATO und trat dem Europarat bei. Die Gleichberechtigung von Mann und Frau machte in Island schon früher als im alten Europa Fortschritte. 1984 wählte Island als erstes Land der westlichen Welt eine Frau als Staatspräsidentin. Island ist bekannt für seine familienfreundlichen Gesetze und für den hohen Anteil an Frauen in Führungspositionen.

Seit 1993 gehört das Land zum europäischen Wirtschaftsraum, nicht jedoch zur EU. Dem Walfangabkommen verweigerte sich das Land mit dem Argument, dass der Walfang traditionell zu Island gehöre. Ein Beispiel für den allgemein bekannten isländischen Trotz. Und im sogenannten Kabeljaukrieg gegen Großbritannien wehrten sich die Isländer erfolgreich gegen die Begehrlichkeiten anderer Länder, innerhalb ihrer 200-Meilen-Zone zu fischen.

Durch billige Kredite der Banken wurden jedoch Anfang dieses Jahrtausends viele Isländer dazu verführt, sich in riskante Immobiliengeschäfte zu stürzen. Einen schmerzlichen Einbruch erlebte deshalb Islands Entwicklung, als 2008/09 im Zuge der internationalen Finanzkrise die eigene Immobilien- und Bankenblase platzte und das Land an den Rand des Ruins führte. Da sich vor allem die großen Banken Islands verzockt hatten und die Schulden sich in dem kleinen Land auf relativ wenige Schultern verteilten, traf der Crash die Isländer besonders hart.

Doch wer ein richtiger Isländer ist, der gibt nicht auf – man fängt halt von vorn an und baut neu auf, was verloren war. Eine neue Regierung brachte das Finanzwesen unter strenge staatliche Kontrolle und plante den Beitritt zur EU. Unterstützt wurde der Prozess der Konsolidierung der Finanzen durch hohe Kredite der anderen nordischen Staaten – Norwegen, Dänemark, Finnland, Schweden.

So ist Island nach 10 Jahren heute wieder ein wirtschaftlich starkes Land und blickt frohgemut in die Zukunft. Fischindustrie und Energieverarbeitung sowie der Tourismus sind die wichtigsten Einnahmequellen. Doch das Gesuch um den EU-Beitritt wurde zunächst auf unbestimmte Zeit vertagt. Island hat heute fast 350 000 Einwohner auf einer Fläche von 103 000 qkm.

In den letzten Jahren hat, wie gesagt, der Tourismus, wie überall an bevorzugten Reisezielen, massiv zugenommen. Er ist heute der drittwichtigste Wirtschaftszweig. Waren es im Jahr 2000 noch fast 300 000 ausländische Besucher, so vervierfachte sich deren Zahl bis 2015 auf fast 1.3 Millionen, Tendenz weiter steigend. Obwohl die Einheimischen im Allgemeinen sehr freundlich sind, wird es ihnen doch manchmal zu viel, wenn überall im Land Wohnmobile unterwegs sind und sich die Camper und Zeltler an den einsamsten Orten häuslich niederlassen

Auch tausende von Kreuzschifffahrern in den Straßen der Stadt sind nicht immer willkommen. Doch andererseits ist der Tourismus, insbesondere der Öko-Tourismus und der Walbeobachtungstourismus - neben Dienstleistungs-, High-Tech-Unternehmen und der Fischerei, einer der stärksten Devisenbringer.

Der Stolz über kulturelle Errungenschaften und sportliche Erfolge stärken zudem das Selbstbewusstsein der Isländer. Wer kann die Bilder und Töne vergessen, als bei der Fußball-EM 2016 die Fans ihre Mannschaft zu immer spektakuläreren Erfolgen antrieben. Und bei der WM 2018 war Island das Teilnehmerland mit den wenigsten Einwohnern, auch ein Grund, stolz zu sein.

Wilde Kerle aus der Erdgeschichte Islands

Die Isländer sind, wie gesagt, immer schon wilde Kerle gewesen und auch heute noch voller Tatendrang und Mut. Das braucht uns nicht zu verwundern angesichts der Herausforderungen, vor die das Land seine Bewohner von Anfang an stellte. Wegen der geografischen Lage und den geologischen Gegebenheiten müssen sich die Einwohner Islands ständig mit Erdbeben, Vulkanaktivitäten, Gletscherbewegungen, heißen Quellen und schwefelriechendem Wasserdampf, reißenden Flüssen, tobendem Meer, heftigen Stürmen und rapid wechselndem Wetter auseinander setzen. Sozusagen begegnen hier einander permanent die wilden Kerle. Wer erinnert sich nicht an den letzten großen Ausbruch des Eyjafjallajökull im Jahr 2010. Die feine Asche wurde dabei in große Höhen geschleudert und brachte den gesamten Luftverkehr Europas durcheinander.

Island ist geologisch ein noch relativ junges Land, erst vor einigen Millionen Jahren aus dem Ozean emporgestiegen. Fast 50 Millionen

Jahre vorher waren die nordamerikanische und die eurasische Platte am Grunde des Meeres auseinander gebrochen. Risse entstanden damals in der Erdkruste in 60 km Tiefe, heiße Magma strömte heraus. Ein Grabenbruch bildete sich zwischen zwei parallel verlaufenden Gebirgszügen auf dem Meeresboden.

Seitdem driften die Kontinente auseinander. Vor 17 - 20 Millionen Jahren begann sich das Plattensystem zu heben und tauchte ganz allmählich aus dem Ozean empor. Durch Island zieht sich von Nord nach Süd der mittelatlantische Rücken, eine Kette von insgesamt 33 Vulkansystemen durch die Mitte der Insel. Der Verlauf der Spalte ist heute oberirdisch in einer Abzweigung im Südwesten Islands, bei der Allmænnerschlucht, zwischen vier Vulkansystemen besonders gut sichtbar. Sogar in einem Haus, einem Kaufhaus in der Nähe von Reykjavík, ist, nach einem Erdbeben vor einigen Jahren, die tiefe Kluft unter einer Glasplatte von oben zu bestaunen.

Gletscher, Flüsse und Wasserfälle

Im Wechsel der Kalt- und Warmzeiten der nördlichen Hemisphäre änderte sich der Eisschild, der auf Island lastet, immer wieder. In der letzten großen Eiszeit vor 10 000 Jahren war die Insel von bis zu zweitausend Meter dicken Gletschern bedeckt. Die gruben die weiten, flachen Trog- und U-Täler und schufen die Flussläufe, die sich heute vom Gebirge bis an die Küste erstrecken. Zwar schmolzen sie in den folgenden Warmzeiten, doch vor 2500 Jahren kühlte das Klima erneut ab. Die heutigen Gletscher Islands entstanden. So zum Beispiel der Vatnajøkull im Südosten, die größte der isländischen Eisplatten, und der Snæfellsjøkull im Westen der Insel, den man bei klarem Wetter auf der Fahrt von Akuréyri nach Reykjavík vom Meer aus sieht. Der weiße Berg diente deshalb jahrhundertlang als Orientierungspunkt für Seefahrer. In Jules Vernes Roman „Reise zum Mittelpunkt der Erde" spielt sein Krater eine Rolle als Eingang zum Mittelpunkt der Erde.

Islands Gletscher bewegen mit ihren Eismassen Unmengen von Gestein zum Meer. Dabei kratzen und schaben sie Schluchten und Kare in den Fels und formen die Landschaft der Insel.

Wenn Gletscher in einer Warmphase schmelzen, stürzen manchmal massive Flutwellen aus Gletscherwasser ins Tal. Das war zur Zeit der ersten Besiedelung bis ins 13. Jahrhundert so und geschieht auch heute wieder, seit die sogenannte „Kleine Eiszeit" Ende des 19. Jahrhunderts in eine Warmzeit überging. Durch solche Gletscherläufe werden immer wieder Straßen verschüttet, riesige Fels- und Eisbrocken über weite Strecken transportiert und die empfindliche Vegetation zerstört. Heute ist das Land zu 11% von Gletschereis bedeckt.

Die Flüsse graben sich, besonders bei Tauwetter, durch die Kraft ihrer reißenden Strömung durchs Land zum Meer. Dort, wo sie über mehr oder weniger steile, meist durch Erdbeben entstandene Felswände stürzen, entfalten sie als Wasserfälle gewaltige Erosionskräfte. Auf einen der schönsten und wildesten, den Gullfoss, trifft man im Rahmen einer Rundtour auf dem „Golden Circle". Sehenswert, wunderschön und mächtig ist auch der Godafoss im Nordosten Islands. Das ist der wilde Kerl, dem man im Jahr 1000 die Statuen der alten Götter zum Fraß vorgeworfen hat.

Wind und Wetter

Island liegt mitten im Nordatlantik – dort, wo sich die Wetterküche Europas befindet. Das bedeutet schnelle Wechsel zwischen Regen und Sonnenschein, Schneefall und Tauwetter. Man muss sich immer darauf einstellen, dass sich das momentane Wetter von einer Minute zur anderen ändert. Da der Golfstrom ganz in der Nähe ist, bleiben die Temperaturen im Winter gemäßigt, im Sommer jedoch durch die nördliche Lage eher kühl.

Und dazu kommt der starke Wind, der fast immer und überall weht. Die Sturmböen lassen den Boden in den flachen Wüstengegenden Islands erodieren und entfachen oft sogar Sandstürme, die über weite Strecken die Luft trüben können. Wer meint, in Island sei man nur von Schneestürmen bedroht, der täuscht sich.

Walter Hansen, ein Reisender auf den Spuren der Mythenerzählungen, berichtet in seinem Buch „Asgard" in drastischen Worten, wie er vom Sandsturm überrascht wurde, als er mit seinem Geländewagen in der Missetäterwüste im Hochland Islands unterwegs war. Der Sturm rüttelte so stark an der Karosserie, dass der Wagen nicht nur zu schaukeln begann, sondern das Blech - vom Schütteln der Böen zitternd – einen grellen Heulton von sich gab. Und der feine

Sand gelangte durch die kleinsten Ritzen ins Auto, bedeckte den Innenraum und den Fahrer, kroch in Augen und Nase und rieselte zwischen Kragen und Hals den Rücken hinunter.

Für den Anbau landwirtschaftlicher Produkte und für bequeme Freizeitvergnügen ist diese Gesamtsituation nicht förderlich – eher eine Welt für wilde Kerle eben.

Geysire

Heiße Springquellen gibt es in Island an vielen Stellen, insgesamt ungefähr 600. Sie erwachen als Folge vulkanischer Aktivität, „schlafen" aber nach gewisser Zeit auch wieder ein, wenn sie durch Erosion oder Erdbeben verschüttet werden. Sie verwandeln sich dann in heiße Quellen. Das ist bei der Quelle namens „Geysir" im Südwesten der Fall, die so berühmt war, dass alle anderen Fontänen nun ihren Namen tragen. Geysire entstehen, wenn Sickerwasser durch heiße Magma erhitzt wird. Der Druck von unten steigt an, das Wasser wölbt sich zu einer Blase und entlädt sich plötzlich und eruptiv. Eine siedend heiße Dampfwolke steigt bis 100 Meter empor und reißt erhitztes Wasser mit sich in die Höhe. Der derzeit größte und wildeste Kerl unter den Geysiren ist der Strokkur, den man anlässlich der Fahrt um den „Golden Circle" nordöstlich der Hauptstadt besuchen kann.

Erdbeben und Vulkane

Das Gebiet hat sich bis heute noch nicht beruhigt. Die Erde bebt häufig – mehr oder weniger stark, verschiebt die Tektonik, verursacht Felsstürze und lässt vulkanische Spalten auf- und ausbrechen. Doch auch aus eigener Kraft sind einige Vulkane immer wieder aktiv gewesen. Es gibt aus der Frühzeit Islands keine Überlieferung über Ausbrüche. Doch im Jahr 2018 wurde ein Bohrkern aus dem Eis eines europäischen Gletschers untersucht. Man fand Spuren aus dem Jahr 526 mit Vulkanasche aus Island, aus der Zeit vor der Besiedelung also.

Die Vulkane Islands haben unterschiedliche Formen, je nachdem, wann sie entstanden sind und was sie ausspuken. So entstanden zum Beispiel Tafelvulkane wie der Herdubreid im Hochland Islands, weil ihre Öffnung von einem Gletscher bedeckt war. Der schmolz von unten her durch die Hitze der Lava. Als diese irgendwann durch die Oberfläche des Eises brach, schmolz der Gletscher und Basaltwände blieben übrig.

Eine andere Form haben die Schildvulkane. Sie entstanden, wenn dünnflüssige Lava sich beim Austritt aus dem eisbedeckten Krater auf allen Seiten des Berges verteilte. So ergab sich ein relativ flacher, gerundeter Gipfel. Viele Vulkane sind heute noch von Gletscher bedeckt, zum Beispiel der uns allen bekannte Eyjafjallajøkull.

Seit der Landnahme 986 trat also aus verschiedenen Vulkanen immer wieder glühende Lava aus. Deren Menge macht seit dieser Zeit ein Drittel der gesamten Lava auf der Erde aus. Doch aus den Schlünden schießt auch Asche und giftige Dämpfe steigen empor und verbreiten sich mit dem Wind übers Land und übers Meer. Für die Wikinger, die Vulkantätigkeit aus ihrer norwegischen Heimat nicht kannten, muss das erschreckend und furchteinflößend gewesen sein. Sind deshalb die nordischen Mythen von Eis- und Feuerriesen bevölkert, die Götter und Menschen bedrohen?

Einige besonders spektakuläre Ereignisse seit der Besiedlung Islands sollen hier berichtet werden:

Die Hekla im Süden Islands ist vor 7000 Jahren entstanden und seit der Landnahme mehr als dreißigmal ausgebrochen. Ihre Aktivitäten waren so heftig, dass im Mittelalter die Einwohner in seinem Krater das Tor zur Hölle vermuteten. In jedem Jahrhundert gab es Ausbrüche unterschiedlicher Gewalt, der letzte fand im Jahr 2000 statt. Heute ist der Krater 1491 m hoch. Einige Eruptionen schleuderten soviel Asche in die Luft, dass sie mit dem Wind zu den Britischen Inseln und sogar nach Helsinki getragen wurde. Da die Ascheteilchen, die giftiges Fluor enthalten, oft große Teile der Insel bedeckten, starben Schafe auf den Weiden und Fische in den Seen und Flüssen, und auch Menschen.

Ein unbekannter Beobachter hat die Eruption der Hekla 1845 beschrieben: *In der Nacht auf den 1. September waren die Bewohner der Gegend durch ein fürchterliches Grollen im Untergrund erschreckt worden, das bis zum Mittag des nächsten Tages anhielt. Dann, mit einem enormen Krachen, öffneten sich 2 große Löcher an den Seiten des Gipfels, aus denen sich Lavastöme ergossen, die über zwei Schluchten an den Seiten des Berges herabströmten. Der ganze Gipfel war umgeben von Wolken aus Dampf und Vulkanasche. Die angrenzenden*

Flüsse wurden so heiß, dass die Fische darin starben, und die Schafe flohen entsetzt von den nahegelegenen Hochebenen, einige verbrannten, bevor sie fliehen konnten.

1783 brach der Laki aus. Er hat Island mit Asche bedeckt und mit Schwefeldioxyd überzogen. Auch das ist ein tödliches Gift, das damals 50% aller Rinder, 80% der Schafe und 25% aller Isländer getötet hat,

Das Wetter auf der ganzen Nordhalbkugel wurde verändert – die Luft kühlte um 1,3 °C ab, was Missernten und Hungersnot z. B. auf den Britischen Inseln und in Norwegen verursachte.

1963 entstand durch einen unterseeischen Vulkanausbruch bei den Westmænnerinseln die Insel Surtsey. Ein gewaltiges Ereignis! Sie darf nicht betreten oder verändert werden und kann uns deshalb zeigen, wie sich allmählich Leben aus der Asche entwickeln wird.

Helgafell /Eldfell auf den Westmænnern brach 1973 aus. Der Fischerort Heimaey wurde dabei teilweise zerstört. Die Einwohner konnten jedoch alle gerettet werden, da genügend Fischerboote für 5000 Menschen zufällig - wegen Schlechtwetter - im Hafen lagen. Eine 3 km lange Spalte mit Lavafontänen war aufgeplatzt. Zunächst wurde vergeblich versucht, die Lava mit Planierraupen und Schneeräumern aufzuhalten. Erst die Kühlung mit dem Wasser des Nordatlantik, das durch Schläuche auf die glühenden Ströme geleitet wurde, brachte diese zum Stehen. Kurz vor der Ortsgrenze konnte die flüssige Lava gestoppt werden und erkaltete. Unheimlich sehen die schwarzen Steinwände aus, die nun gleich hinter den letzten Häusern von Heimæy empor ragen. Einige Einwohner haben begonnen, ihre verschütteten Häuser aus der schwarzen Asche auszugraben – eine Aktion, die sie augenzwinkernd als „Pompeij des Nordens" bezeichnen.

Die Isländer wären in den letzten 1200 Jahren nicht so erfolgreich im Überleben gewesen, hätten sie nicht die rauen Gegebenheiten ihres Landes auch zu ihrem Vorteil zu nutzen gewusst. Wasserkraft wird an den großen Flüssen gewonnen. Und fast überall werden die heißen Quellen als Energielieferanten zum Kochen und Heizen benutzt. Speziell in der Hauptstadt werden mit der geothermischen Energie im Winter die Straßen und Gehsteige erwärmt und fast alle Gebäude der Stadt beheizt.

Besondere Lebensqualität ziehen die Isländer aus den zahlreichen künstlich angelegten oder natürlichen Hot Pots im Lande. Bei einer permanenten Temperatur von 37 – 42 °C kann zu jeder Jahreszeit darin geschwommen, gebadet und geplanscht werden. Gesund ist das Thermalwasser außerdem, besonders für Menschen mit Psoriaris und anderen Hautleiden. Schon die Wikinger kannten die Vorteile des Thermalwassers und so hat sich das Warmbaden in Island zu einem kulturellen Phänomen entwickelt. Für die Nutzung des Spa gelten heute strengste Reinheitsregeln. Wer ins Wasser will, muss vorher und nachher ohne Kleidung duschen. Allein in der Hauptstadt gibt es sieben solcher Thermalbäder. Am bekanntesten ist die Blaue Lagune, ein Salzwassersee 39 km südöstlich von Reykjavík gelegen.

Wilde Kerle - Sagen- und Märchengestalten

Wir Deutschen haben Goethes Faust und Schillers Glocke, den Kölner Dom und – na ja, in einer anderen Liga - Schloss Neuschwanstein. Unsere Kultur ist mit der klassischen Bildung und mit der Geschichte unserer Kirchenfürsten, Könige und Kaiser verbunden, die seinerzeit in meist lateinischer Sprache aufgezeichnet wurde. Sie prägen unsere Identität als Deutsche, ihre Lebensgeschichten, Werke und Verdienste werden in Schule und Universität und durch Radio und Fernsehen vermittelt.

Die deutschen Märchen, Grimms Märchen - die alten Kindergeschichten von Rotkäppchen und Rumpelstilzchen, und unsere germanischen Heldensagen spielen dagegen in unserem nationalen Selbstbewusstsein eine weniger prominente Rolle.

Die Isländer und ihre Literatur

Die Inselbewohner in dem kargen, wilden Land nah am Polarkreis dagegen schätzen den Wert ihrer tradierten Sagen und Volksmärchen noch heute sehr hoch. Jahrhunderte lang musste die Bevölkerung Islands fast durchgehend ums nackte Überleben kämpfen. Als Gemeinschaft freier Menschen hatten sie ursprünglich keine und später nur fremde, ungeliebte Herrscher. Sie rühmen in ihrer Literatur deshalb die mutigen Männer und tapferen Frauen ihrer eigenen

Gesellschaftsschicht, die Bauern und Fischer (Isländersagas). Und das Leben ihrer Götter gleicht auffallend dem Alltag der streitbaren Siedler. Den Luxus klassischer Literatur und Kunst im Sinne des deutschen Bildungsbürgertums konnten oder wollten sie sich nicht leisten.

Für die Isländer sind deshalb die Gestalten aus den altnordischen Mythen, Sagen und Märchen nicht der Schnee von gestern. Nein, sie sind mehr als tausend Jahre lebendig geblieben und begleiten noch heute die modernen Isländerinnen und Isländer im Alltagsleben.

Kein Wunder, dass auch heute noch das Personal der alten Sagen und Märchen in Island lebendig ist. Denn wer durchs Land fährt oder wandert, trifft überall auf die Spuren und Zeugnisse der mythischen Gestalten. Versteinerte Riesen und Trolle tauchen unversehens aus dem Nebel auf und erschrecken die Reisenden. An vielen Stellen in Island kann man auf solche Felsfiguren treffen. Oft sind sie mit märchenhaften Geschichten verbunden. Sie erstarrten beim Kampf gegen Menschen, weil sie von der Morgensonne überrascht wurden. Zwerge spielen Streiche, Feen wehren sich mit magischen Kräften gegen den Bau von Straßen und Häusern, wenn sie in ihrem Terrain errichtet werden sollen. Um das zu vermeiden, gibt es in Island eine (halb-)amtliche Stelle, eine Feenbehörde, die prüfen soll, ob ein Bauplatz möglicherweise das „verborgene Volk", wie die Feen und Trolle genannt werden, stört.

Viele der mythischen Szenarien, deren Beschreibung wortreich verschlüsselt ist, sind mit einiger Fantasie in der realen, wilden Landschaft Islands wieder zu finden.

Asgard, die Burg der Götter, ragt in einer Wüste Zentralislands zum Himmel. Es ist eine mächtige, glänzende, hochragende Zitadelle. Diese Beschreibung in der Edda passt bis in die Einzelheiten zu dem Tafelvulkan Herdubreid. Das bedeutet der „Breitschultrige". Tausend Meter ragt er empor über der Missetäterwüste im Hochland Islands und wird auch als „König der Vulkane" bezeichnet. Seine Kegelspitze erhebt sich 150 m über die meist schneebedeckte Hochfläche. So muss man sich den Hochsitz Hlidskjalf, den Thron Odins vorstellen. In der Edda heißt es: „... und wenn Göttervater Odin auf diesem Hochsitz sitzt, übersieht er die ganze Welt."

Der Eingang zur Hölle liegt, gemäß der Interpretation von Texten der Edda, in der Nähe des Gletschers Myrdalsjökull an der Südküste

Islands. Es gibt dort eine tiefe Schlucht, die Eldgja, über die eine steinerne Naturbrücke führt, die Gjöll-Brücke, und einen Wasserfall, der in zwei Kaskaden in die dunkle Tiefe stürzt.

Und die Unterwelt selbst, das ist der nebelumwehte, feuerspeiende Vulkan Hekla, der schreckliche Höllenschlund. Diese Landschaft wird in der Edda beschrieben, zwar verklausuliert, aber eindeutig erkennbar. Auf dem Weg zur Hölle reitet dort der Götterbote Hermodr, um den ermordeten Sonnengott Baldur zu befreien.

Die Isländer wachsen mit ihrer altnordischen Literatur auf, identifizieren sich mit den Heldinnen und Helden darin und mit deren Erlebnissen im Kampf ums Überleben. Sie sind überzeugt, dass sich alle die wieder und wieder erzählten Geschehnisse vor langer Zeit in ihrem Heimatland, in Island zugetragen haben. Die altnordische Sprache ist über die Zeit relativ unverändert geblieben und ähnelt stark dem neuzeitlichen Isländisch. Sie kann deshalb heute noch von den Isländern gelesen und verstanden werden.

In den Familien erzählt man die Geschichten von Trollen und Feen. In der Schule lernen die Kinder die Edda, die Geschichten von der nordischen Götterwelt als wertvolles Kulturgut kennen. Die alten Schriften werden von der internationalen Buchwissenschaft als Weltliteratur anerkannt. In der Hauptstadt Reykjavík gibt es Bibliotheken und Museen, wo das, was davon übrig ist, bewahrt wird.

Die alten Schriften

Die Quellen dieser Geschichten sind ursprünglich die mündlichen Erzählungen der Wikinger, der Nordmänner, der ersten Siedler Islands. Sie haben sie aus ihrer Heimat vom skandinavischen Festland, von Norwegen, Dänemark und Schweden also, mitgebracht, den Kindern und Enkeln weiter gegeben und unter dem Eindruck der neuen Heimat verändert.

Die Göttersagen sowie die Geschichte der Besiedelung Islands wurden erstmals im 12./13. Jh. mit Federkielen und Tinte auf Kalbsleder aufgeschrieben. Einer der Autoren ist Snorre Sturluson (1178 – 1241), ein angesehener Mann zu seiner Zeit. (Sein Wohnort war Reykholt, wo heute noch die Grundrisse seines Hofes zu sehen sind.) Er wurde zweimal zum Sprecher des Althing gewählt, war Botschafter Islands in Norwegen und der reichste Mann der Insel. Handlanger des norwegischen Königs haben ihn umgebracht, weil er der Unterwerfung Islands im Weg stand.) Aber auch Mönche und andere schreibkundige Gelehrte schrieben die Erzählungen auf. Der Literaturschatz besteht aus mehreren Werken, zum Beispiel aus der Lieder- und Mythensammlung der älteren (Codex Regius) und jüngeren Edda, aus etlichen Sagenbüchern, wie den Isländersagas, der Heimskríngla - dem Buch der Könige, oder dem Landnámabók – der Auflistung aller 400 Siedlerfamilien der Landnahmezeit.

Spannend ist die Geschichte, wie diese alten Schriften dem Vergessen und der Zerstörung entrissen wurden. Mangels Papier hatten die Schreiber meist dünnes Kalbsleder für ihr Werk benutzt. Da es keine zentrale Stelle gab, um dieses aufzubewahren, waren die Häute im ganzen Land verstreut, lagen irgendwo herum und gingen verloren. Lange waren sie verschollen. Im 18. Jahrhundert jedoch begriff die dänische Regierung, dass die Armut im Lande bekämpft werden musste, sollte nicht das ganze Land unter gehen. Die Bevölkerung war damals, nach Naturkatastrophen, Krankheit und Armut, erschreckend dezimiert. Dänemark schickte nun einen Beamten, Arni Magnússon, mit dem Auftrag, zu notieren, wo überall geholfen werden könnte. Im Kontakt mit der Bevölkerung stieß Arni auch auf die alten Erzählungen, fand sie interessant und erhaltenswert, und fing an, auf allen Bauernhöfen des Landes nach den Schriften zu suchen. Viele Fundstücke waren beschädigt oder zerstört, weil die armen Leute das Leder anderweitig genutzt hatten - als Mehlsieb durchlöchert oder vernäht für Schuhe. Aber viele Exemplare wurden gerettet und so sind doch noch zahlreiche Geschichten erhalten geblieben.

Die Deutschen interessierten sich im 19. Jahrhundert sehr für diese altnordische Literatur – die damals jedoch als „altgermanisches" Kulturgut der eigenen Geschichte zugeordnet wurde. Der bekannteste von ihnen ist Richard Wagner. Er griff in seinem „Ring der Nibelungen" nicht nur auf das altdeutsche Nibelungenlied, sondern vor allem auf Motive der altisländischen Literatur zurück.

Die Niederschrift der isländischen Volkssagen dagegen, deren Ursprung vermutlich auch in die Wikingerzeit zurück geht, fand weitgehend erst im 19. Jahrhundert statt. Es war die Zeit, als die Isländer begannen, sich auf ihre Herkunft, ihre Geschichte, ihre Sprache – auf ihre Identität also zu besinnen. So war es kein Zufall, dass zwei isländische Literaturwissenschaftler anfingen, sie zu sammeln und in der nordischen Muttersprache aufzuschreiben. Genauso wie zur selben Zeit die Gebrüder Grimm, Ludwig Bechstein und Hans Christian Andersen im deutschen Sprachraum Volksmärchen suchten und dem Vergessen entrissen. Genauso wie in Norwegen Peter Christen Asbjörnsen und Jörgen Engebretsen Moe norwegische Märchen aufschrieben. Sie alle hatten verstanden, dass die Märchen Ausdruck einer wertvollen kulturellen Tradition sind.

Jon Árnason und Magnus Grimsson also veröffentlichten die Märchen ihrer isländischen Heimat in einem ersten Band 1852. Doch war Island damals noch nicht so weit wie heute in ihrem nationalen Bewusstsein. Wenige nur interessierten sich für die Arbeit. Erst als ein deutscher Sprachwissenschaftler, Konrad Maurer aus München, 1858 nach Island reiste, um das Altisländische zu erforschen, lernte er die beiden kennen und ermutigte sie, nicht aufzugeben. Sie blieben am Thema dran. Ihre Sammlung der Märchen ist einzigartig, bunt und authentisch – und wird heute hoch geschätzt. Maurer unterstützte die Unabhängigkeitsbewegung Islands und veröffentlichte 1860 erstmals isländische Märchen in deutscher Sprache.

Wer sind die wilden Kerle der Sagen und Märchen?

Am Beginn des Kapitels über Island war die Rede davon, dass es einen Zusammenhang zwischen der isländischen Mentalität, der isländischen Landschaft und Natur und der isländischen Literatur gibt. Zwei Geschichten von Sagen- und Märchengestalten und ihren Erlebnissen sollen nun diese These illustrieren.

Sagen

Die Götter- und Sagenwelt ist bevölkert von Haudegen, von wilden Kerlen eben, aber auch von mythischen Helden, starken Frauen und magischen Wesen. Die Geschichten handeln von blutrünstigen Trollen, mörderischen Wölfen und mächtigen Zauberern. Die Götterwelt ist von Machtkämpfen und Intrigen geprägt, vor allem aber vom Bemühen der Bewohner Asgards, das Weltende, „ragnarøk", die Götterdämmerung, abzuwenden. Mit ihren oft grausamen Erzählungen können die nordischen Märchen als rauer Gegenpol zu den Geschichten aus 1001 Nacht gesehen werden.

In Asgard leben Odin, der Göttervater, der auf Sleipnir, dem achtbeinigen Pferd reitet, sowie die anderen Göttinnen und Götter - Frigg, die Frau Odins und wichtigste Göttin, und Freya, die schöne, goldhaarige Liebesgöttin, Thor, der Gott des Wetters und der Seefahrt, Loki, der launische, promiske Sohn einer Göttin und eines Riesen und Vater von Sleipnir, und wie sie alle heißen - wie eine ganz normale Großfamilie. Sie streiten und versöhnen sich, sie kämpfen mit Riesen und Zwergen und feiern Feste mit reichlich Essen und Trinken.

Eines Tages vermisst Thor, der Haudrauf und Riesenverdrescher, seinen Hammer Mjøllnir. Der Verlust bedeutet eine Gefahr für die ganze Götterwelt. Nach dem ersten Schreck (Thors rote Barthaare sträuben sich) stellt sich heraus, dass nicht der listige Loki, sondern der Riese Thrymr ihn gestohlen hat. Loki leiht sich Freyas Federgewandt und fliegt ins Riesland, um sich davon zu überzeugen und über die Rückgabe zu verhandeln. Thrymr wünscht eine Gegenleistung dafür. Er fordert Freya zur Frau. Als die das hört, wehrt sie sich heftig gegen diese Zumutung. Einen Riesen will sie nicht heiraten, auch wenn sie sonst mit Männern nicht sehr wählerisch ist. So entsteht der Plan, dass sich Thor als Freya verkleiden soll, mit Kleid, Schleier und Halsreif , um den Riesen zu überlisten. Auch Loki zieht Frauenkleider an. Beide fahren mit Thors Ziegengespann los. Als sie ins Riesland kommen, hat Thrymr schon das Brautmahl bereitet. Die dicht verschleierte falsche Braut verschlingt Unmengen Fleisch und Fisch. Thrymr schöpft Verdacht. So muss Loki den Riesen mit faulen Ausreden beruhigen – sie habe solange nichts gegessen auf der langen Reise. Schließlich wird der Hammer gebracht, um den Ehebund zu segnen. Da ergreift Thor seine Waffe, schlägt um sich und massakriert Thrymr und alle Hochzeitsgäste. Mjøllnir wird wieder nach Asgard gebracht – die Götterwelt ist vorerst gerettet.

Volkssagen und Märchen
Ganz anders ist das Personal in den Märchen. Elfen und Zwerge sind unsichtbar und friedlich. Sie leben in Steinen und wehren sich nur manchmal heftig, wenn ihr Reich durch den Neubau einer Straße oder einer Brücke gefährdet ist. Trolle dagegen sind übermenschlich groß und mit ihren großen Nasen und struppigen Haaren un-

heimlich hässlich. Sie haben manchmal zwei oder drei Köpfe, sind am ganzen Körper behaart und leben in Höhlen. Sie werden zu Stein verwandelt, wenn das Sonnenlicht sie trifft. Darum stehen auf Island allenthalben steinerne Figuren in der Landschaft, die einmal als Trolle ihr Unwesen getrieben haben.

Meist handeln die Trollmärchen davon, dass schlaue Menschenkinder die dummen Trolle überlisten und dabei reiche Schätze finden. Die Handlung im Allgemeinen ist ziemlich brutal, Gliedmaßen werden mit der Axt abgeschlagen, Augen mit spitzen Stöcken ausgestochen oder gleich eine ganze Sippe abgeschlachtet. Für mitteleuropäische Kinder ist das harte Kost, wurden doch in unseren deutschen Märchen schon früh solch brutale Einzelheiten abgemildert.

Soviel über den Umgang der Isländer mit dem sogenannten „verborgenen Volk". Wer durch dieses wilde Land reisen will, sollte also gut aufpassen und vorsichtig und wach sein, wenn magische Wesen, steinerne Figuren oder echte „nordmenn", die isländischen Nordmänner und –frauen, den Weg kreuzen.

Reisetipps

Hier noch ein paar Ideen dazu, was nicht nur für Kreuzfahrer interessant sein könnte. Ganz besondere Hinweise darüber hinaus bietet das lesenswerte Buch „99 x Island, wie Sie es noch nicht kennen" (Berit Glanz, Olaf Krüger).

Reykjavík

Meist legen die Schiffe etwas außerhalb der Stadt im Kreuzfahrthafen Skarfabakki an. Von dort kann man mit dem Shuttlebus oder einem Taxi ins Zentrum gelangen.

Reykjavík (ca. 135 700 Einwohner 2022), das politische und kulturelle Zentrum Islands, hat sich erst seit dem letzten Jahrhundert zu einer blühenden, modernen Stadt entwickelt. Es gibt viel Verkehr auf den Stadtautobahnen. Ein Inlandflughafen befindet sich ganz in der Nähe – für Flüge auch nach Grönland und zu den Færøern, während die Auslandsflüge im 50 km entfernten Flughafen Keflavík stattfinden. Das öffentliche Busnetz ist nutzerfreundlich ausgebaut. Aber einen Bahnhof gibt es nicht. Island hat keine Bahnlinie.

Es macht Spaß, durch die Straßen im Zentrum und am alten Hafen zu schlendern – zum Beispiel durch die Straße 101 - und irgendwo einen Kaffee zu trinken, um zu rasten und Einheimische zu treffen. Die Einwohner Reykjavíks sind, wie alle Isländer, Fans davon, oft und viel Kaffee zu trinken. Es gehört zu den isländischen Besonderheiten. Die Isländer auf der ganzen Welt treffen sich gern spontan und ungezwungen bei einem Becher Kaffee. Viele junge Leute sind im Zentrum der Stadt unterwegs, Tag und Nacht, denn Reykjavík ist auch Universitätsstadt.

Die Anzahl der Sehenswürdigkeiten ist überschaubar. Doch ein paar Highlights sollte man nicht versäumen. Zum Beispiel die Hallgrimskirkja, die größte Kirche Islands. Sie ist das Wahrzeichen der Stadt. Ihre Baugeschichte dauerte von 1937 – 1986, fast 50 Jahre. Der Architekt Guðjón Samúelsson hat sich bei der Gestaltung der Fassade von den Lavapfeilern der Vulkanlandschaften Islands inspirieren lassen. Die Kirchenfenster sind farblos, sodass man vom Altarraum aus direkt in den Himmel schauen kann. Die Lage der Kirche auf einem Hügel, zusammen mit dem 73 m hohen Kirchturm, ermöglicht einen eindrucksvollen Blick von oben über die Stadt, den Fjord und die gegenüberliegenden Berge. Auf dem Platz vor der Kirche steht eine Statue von Leif Eriksson, zur Erinnerung an seine abenteuerliche Entdeckungsfahrt nach Nordamerika im Jahr 1000.

Ein rundes Gebäude am Stadtrand, auf dem Hügel Öskjuhlíð gelegen, fällt besonders auf – Perlan. Es enthält riesige Heißwasserspeicher, deren Tanks die ganze Stadt mit Warmwasser versorgen, sogar die Gehsteige und Straßen. Die werden nämlich im Winter beheizt, was den Winterdienst sehr erleichtert. Unter einer Glaskuppel befinden sich ein Restaurant und Geschäfte. Vom Aussichtsbalkon aus hat man eine gute Aussicht auf Reykjavík und Umgebung. In der Nähe des Perlan befindet sich ein künstlicher Geysir mit Illustrationen zur Funktionsweise von Geysiren.

Am Ufer der Bucht fällt ein moderner Bau aus Glas und Metall ins Auge. Je nach Sonnenlicht und Tageszeit funkelt es und erstrahlt in verschiedenen Farben. Das ist Harpa, das Opern- und Konzerthaus. Seit 2011 fertig gestellt ist es der ganze Stolz der Isländer. Auch hier hat sich der Architekt, Olafur Eliasson, von der speziellen Landschaft Islands inspirieren lassen. Die sechseckigen Glasformationen der Front erinnern an vulkanische Gesteinsformen. Kein Feld ist wie das andere.

Reykjavík hat einige sehenswerte Museen im Angebot – unter anderem das Nationalmuseum mit Zeugnissen der isländischen Geschichte seit den Wikingern, die Nationalgalerie und ein Freilichtmuseum (Asbæjarsafn) mit begehbaren Torfhütten und Bürgerhäusern.

Noch ein Hinweis für Feinschmecker: Die isländische Küche umfasst einige Spezialitäten, die vor allem zu Feiertagen gegessen und getrunken werden. Dazu gehören zum Beispiel schwarz geräucherter Schafskopf, fermentierter Hai oder in Molke eingelegte Hammelhoden.

Isafjørdur

Der Eisfjord auf deutsch, ist eine kleine Stadt ganz im Nordwesten Islands. Sie liegt in einer Bucht am Rande einer Halbinsel und wird von schroffen Bergen eingerahmt. 2017 hatte sie etwas mehr als 2500 Einwohner. Besiedelt von Wikingern während der Landnahmezeit war sie durch ihre Lage als Handelshafen gut geeignet und deshalb auch unter der dänischen Herrschaft ein wichtiger Hafen. Aus dieser Epoche gibt es einige malerische alte Häuser und ein Heimatmuseum zu sehen. Beachtlich ist auch die kulturelle Entwicklung des Orts – außer einer Grundschule gibt es ein Gymnasium und eine Außenstelle der Universität. Von Isafjørdur aus kann sich der Reisende das Gebiet der Westfjorde erschließen. Wenn tausende von Kreuzfahrern in den kleinen Ort einfallen, kommen die Einheimischen manchmal an die Grenzen ihres Wohlbefindens. Aber das Touristengeschäft hat eben überall seine zwei Seiten.

Akuréyri

Das ist die viertgrößte Stadt Islands und liegt im Norden des Landes am Eyjafjørdur. Von da sind es nur noch 50 km zum Polarkreis. Als Exporthafen und Standort für die größte Werft, die größte Konservenfabrik Islands und eine Universität, ist sie die zweitwichtigste Stadt der Insel. Akuréyri strahlt eine freundliche Atmosphäre aus. Das liegt nicht nur an den Menschen, die dort leben, sondern auch an den roten Herzen, die überall im Stadtgebiet strahlen. Nach dem

Finanzcrash von 2008 wurden sie installiert, um die allgemein niedergeschlagene Stimmung etwas aufzuhellen. Sie sollen auch heute noch daran erinnern, was im Leben wirklich zählt. Sie leuchten an Verkehrsampeln und aus etlichen Fenstern.

Man spaziert gern durch die Straßen, betritt die kleinen Geschäfte und trifft auf die eine oder andere Sehenswürdigkeit. Die Akuréyrarkirkje zum Beispiel ist einen Besuch wert – sie wurde 1940 vom gleichen Architekten erbaut wie die Hallgrimskirkja in Reykjavík. Auch hier sind die Mauern den sechseckigen Pfeilern des Vulkangesteins nachgebildet. Die Glasfenster zeigen Szenen aus der Kirchengeschichte. Das Nonni-Haus aus dem 18. Jahrhundert ist als ältestes Wohnhaus der Stadt interessant. Im alten Stadtteil kommt man an Villen und hundertjährigen Gärten vorbei. Und der botanische Garten ist wegen seiner Vielfalt an einheimischen und ausländischen Pflanzen ein beliebtes Ziel. Mehrere Museen laden dazu ein, sich mit Kunst, Industriegeschichte oder Technik zu befassen.

Die bekanntesten Ausflüge von dieser Stadt im Norden Islands aus sind die Fahrten zum Fluss Skjálfandafljót mit dem eindrucksvollen, halbrunden Godafoss, dem Götterwasserfall – Sie erinnern sich an dessen Rolle im Jahr 1000! - und zum Myvatn-See. Dieser viertgrößte See Islands ist ziemlich flach, 2 – 4 m tief nur, und bekannt für die malerischen Pseudokrater am Ufer (entstanden nicht durch Vulkanausbruch, sondern durch Explosion von heißem Wasser unter der Lavakruste – eine Blase, die spektakulär platzte und einen runden Krater hinterließ.) und seinen Reichtum an Vögeln und Mücken.

Lesetipps

https://de.wikipedia.org/wiki/Reykjav%C3%ADk
https://de.wikipedia.org/wiki/Geographie_Islands
https://no.wikipedia.org/wiki/Islands_historie
https://de.wikipedia.org/wiki/Geschichte_Islands
https://www.trekkingguide.de/wandern/island_mythologie.htm

Altenkirch, Birte: „Lachs comme il faut" und „verteufelt schönes Berlin". Ein Überblick über die deutsch-isländischen Beziehungen von den Anfängen bis zur Gegenwart. o. J.
Als pdf veröffentlicht – Link: https://www.iceland.is/iceland-abroad/de/files/die-deutsch-islaendischen-beziehungen.pdf
Eine wissenschaftlich fundierte literatur- und kulturgeschichtliche Abhandlung in 13 Kapiteln. Sehr interessant für diejenigen, die mehr über das Thema erfahren wollen.

Glanz, Berit, Krüger, Olaf: 99x Island, wie Sie es noch nicht kennen. Bruckmann Verlag 2018

Hansen, Walter: ASGARD Eine Reise in die Götterwelt der Germanen. Anaconda Verlag Köln 2009 (ursprünglich Lübbe-Verlag Erstdruck 1985) Der deutsche Ethnologe Walter Hansen hat in den Sechziger-Jahren des letzten Jahrhunderts nach diesen Zusammenhängen gesucht und sie in seinem Buch beschrieben. Er versteht die altisländische und altnordische Literatur noch als Teil der germanischen Kultur.

Larrington, Carolyne: Fit für Walhalla. Nordische Mythen für Einsteiger. Theiss Verlag 2018
Eine literaturwissenschaftliche Abhandlung über die mythischen Sagengestalten und ihre Geschichten. Sehr informativ für alle, die es genauer wissen wollen.

Kárason, Einar: Die Sturlungen. Die große Isländer-Saga. Roman
Aus dem Isländischen von Kristof Magnusson. Btb-Verlag 2017
Der Autor hat die Sagensammlung aus dem 13. Jh. in einen spannenden Zusammenhang gebracht, indem er die handelnden Personen psychologisch überzeugend zu Wort kommen lässt.

Skulptur von Jason Roberts

SPITZBERGEN – AN DER SCHWELLE ZUM NORD-POL

Warum bedeutet es ein besonderes Glück, mit dem Schiff nach Spitzbergen zu fahren? Ganz einfach – dieses Ziel bietet einmalige Erlebnisse und unglaublich schöne Eindrücke, die eine Fahrt in den hohen Norden unvergesslich machen. Allein die Farben des Himmels und des Meeres! Je nach Wetter changieren sie zwischen blau, grün, türkis, grau, schwarz. Die auch im Sommer schneebedeckten Felsen und Bergzacken, die steil abstürzenden oder sanft geneigten Gletscher, die karge, braungrüne Tundra, die schwarzen Strände – sie ergeben ein faszinierendes Zusammenspiel und prägen den Charakter der arktischen Landschaft.
Die Inselgruppe zwischen dem 74. und 81. Breitengrad ist sowohl geografisch, als auch landschaftlich, geschichtlich und politisch inte-

ressant. Als Land, wo Jäger, Walfänger, Polarforscher, Bergleute, Wissenschaftler und Lebenskünstler ihr Glück suchten und nicht immer fanden, bietet der Archipel, von den Norwegern Svalbard genannt, dem Besucher interessante Einblicke und unvergessliche Eindrücke.

Im Jahre 2016 habe ich an einem 16-tägigen Schiffstörn rund um die Inselgruppe teilgenommen, in unterschiedlichen Teilen des Archipels Wanderungen erlebt, Tiere beobachtet und mich von der Schönheit der Gletscher, Berge und Fjorde überwältigen lassen. Diese Erlebnisse habe ich im Hinterkopf, wenn ich hier von Spitzbergen berichte und dabei versuche, meine Leserinnen und Leser darauf einzustimmen, was sie im hohen Norden erwartet. Eine besondere Rolle wird bei dieser Schilderung die Sonne spielen, die im Jahreslauf einen faszinierenden Einfluss auf das Leben in der Arktis hat.

Wo ist das eigentlich – Spitzbergen?

Wenn ich meinen Bekannten erzähle, dass ich eine Wanderreise in Spitzbergen erlebt habe, stellen sich die meisten nicht vor, wie nah ich dabei dem Nordpol war, sozusagen an dessen Schwelle. Wer die Karte der nördlichen Hemisphäre nicht so genau kennt, ist meist überrascht davon, dass Spitzbergen nichts mit den Lofoten zu tun hat und nicht gleich hinter Hammerfest kommt, dem allseits bekannten nördlichsten Touristenmagnet Europas.

Nein, Spitzbergen liegt viel weiter oben auf dem Globus als gedacht. Es ist ungefähr tausend Kilometer vom nördlichsten Punkt Europas gelegen und tausend Kilometer südlich vom Nordpol. Mit anderen Worten: Spitzbergen ist eine arktische Gegend, als nördlichstes Land der Erde nur 12 Breitengrade vom Pol entfernt.

Das bedeutet, dass das Leben dort von Mitternachtssonne und Polarnacht bestimmt ist. In den Sommermonaten von Mitte April bis Mitte August ist es 24 Stunden am Tag hell. Die Sonne kreist, vom Beobachter aus gesehen, in flacher Kurve an der Grenze zwischen Land/Meer und Himmel entlang. Und Ende Oktober geht sie zum letzten Mal über dem Horizont auf, um erst am 8. März wieder mit ersten Strahlen zurück zu kehren. Das ist jedesmal ein Festtag in der Hauptstadt Longyearbyen. Die Einwohner feiern dieses Ereignis

jedes Jahr eine Woche lang in der „Solfestuka", der Sonnenfestwoche, mit Konzerten und anderen kulturellen Veranstaltungen.
In den ersten und letzten Wochen der Dunkelzeit dazwischen herrscht fortwährende Dämmerung, sozusagen eine – gefühlt - ewige blaue Stunde. Und von Mitte November bis Ende Januar ist es sogar total Nacht. Stockdunkel. Polarnacht. 24 Stunden pro „Tag" befindet sich die Sonne mindestens 6 Grad unter dem Horizont. Das einzige natürliche Licht in diesen Wochen kommt bei klarem Wetter vom Mond, von den Sternen und – natürlich – vom Nordlicht. Die Menschen, die hier in der Arktis leben, machen das Beste daraus – sie treffen sich in ihrer Freizeit beim Kaffee trinken, beim gemeinsamen Essen, bei Konzert- und Theaterfestivals und bei Sportveranstaltungen.
Abgesehen davon befindet sich Spitzbergen ziemlich abseits der Zivilisation und besteht vor allem aus nahezu unberührter Natur. Zwei Drittel des Landes sind von Gletschereis bedeckt und die restlichen Flächen sind Tundra und Steinwüsten.
Svalbard ist mit 61 020 km² fast so groß wie Bayern (70 550 km²). Es besteht aus einer Reihe von großen und kleinen Inseln. Die größte von ihnen heißt Spitzbergen. Auf ihr befinden sich die Siedlungen des Archipels: die Hauptstadt Longyearbyen, das Wissenschaftszentrum Ny Ålesund und die von Russen bewohnte Bergarbeiterstadt Barentsburg. Insgesamt wohnen 2504 Menschen auf Spitzbergen (Stand 1. Halbjahr 2022 siehe ssb.no). Der höchste Berg, im Nordosten der Hauptinsel, heißt Newtontoppen und ist 1.713 m hoch. Der größte Gletscher ist der Austfonna auf der Insel Nordaustland. Er bildet mit mehr als 8 500 m² Fläche und 530 m Dicke den drittgrößten Gletscherschild der Welt mit einer Abbruchkante von 160 km Länge und bis zu 70 m Höhe. Der Permafrostboden reicht im Inland bis in eine Tiefe von 200 – 500 m und taut im Sommer nur oberflächlich auf.

Pflanzen und Tiere auf Spitzbergen

Wer zum ersten Mal nach Spitzbergen kommt, fragt wohl zu Recht, ob hier oben überhaupt Leben möglich ist. Doch trotz der nördlichen Lage herrscht auf der Westseite Spitzbergens ein vergleichsweise mildes Klima. Hier wirken sich die letzten Ausläufer des warmen Golfstrom aus. Das Gebiet im Norden und Südosten dagegen wird von einer kalten Polarströmung beeinflusst und wird deshalb als hocharktische Region eingestuft. Trotzdem gibt es auch hier noch eine überraschend große Pflanzen- und Tiervielfalt.

Die Durchschnittstemperatur des gesamten Archipels beträgt im Sommer +6 °C , im Winter -9 °C bis -16 °C. Allerdings kann die Temperatur lokal innerhalb weniger Stunden auf -20 bis -30 °C sinken. Das Wetter wechselt häufig, im Sommer gibt es viel Nebel, der bei Windstille tagelang überm Land liegen kann und die Sicht auf Berge und Gletscher behindert. Für Touristen ist der Anblick dann zwar weniger spektakulär als bei Sonnenschein, doch nichtsdestoweniger auch sehr stimmungsvoll.

Obwohl das Klima hier im hohen Norden also nicht sehr einladend ist, überrascht doch der Reichtum an Flora und Fauna. Es gibt in den eisfreien Bereichen über 170 verschiedene Pflanzenarten (die nicht höher als 20 cm wachsen), hunderte Vogelarten und verschiedene Säugetiere.

Die Vegetation Spitzbergens - Moose, Flechten, Pilze, Blumen und Bäume – ist von den Jahreszeiten, von Temperatur, Wind und Niederschlag und – wenig verwunderlich – vom Stand der Sonne geprägt. Beeindruckend ist die Anpassung der Pflanzen an das harte Klima. Deutlich wird das am Beispiel der arktischen Holzpflanzen. Fünf verschiedene Baumarten gibt es, doch sie sind als solche für den Laien nicht erkennbar. „Bäume" wie zum Beispiel die Polarweide und die Zwergbirke strecken sich nämlich nicht in die Höhe, sondern kriechen am Boden entlang, um sich vor dem Wind zu schützen, und wachsen nur wenige Millimeter im Jahr. Mehr als 20 cm erreichen sie nicht.

Auch die Blumen sind Überlebenskünstler, obwohl ihre Wachstumszeit meist erst beginnt, wenn der Schnee im Sommer geschmolzen ist. Da kann es Juni werden, bis es soweit ist. So bleiben oft nur wenige Dutzend Tage pro Jahr, um sich zu entfalten. Einige schaffen es deshalb nur alle zwei bis drei Jahre, Früchte hervor zu bringen. Andere haben klimabedingt eine besondere Gestalt angenommen. Das stengellose Leimkraut zum Beispiel gedeiht in Form eines dichten Polsters, das vor Austrocknung schützt. Und seine rosa Blüten blühen zuerst da, wo die Sonne am kräftigsten scheint.

Die ersten entfalten sich deshalb auf der Südseite des Polsters und können als natürlicher Kompass genutzt werden. Die Pflanze wird bis zu 100 Jahre alt, vermutlich, weil sie den Rentieren nicht schmeckt.

Wer mit offenen Augen in der hellen Jahreszeit durch die Natur Spitzbergens wandert, kann geradezu spüren, wie hart das Leben der Pflanzen ist. Auch wenn man deren Lebenskampf nicht unbedingt mit menschlichem Maßstab messen sollte, so wirkt in den hocharktischen Steinwüsten des Nordostens doch der kleine Polarmohn, wenn er seine Blüte der wärmenden Sonne zuwendet, geradezu rührend schutzlos – und ist doch so stark.

Es gibt natürlich auf Spitzbergen nur solche Tiere, die an die arktischen Verhältnisse angepasst sind: Vögel vielfältiger Art, Polarfuchs, Walross, Robbe, Rentier, Wal, Eisbär. Mit dem Wechsel der Jahreszeiten geht jede Art unterschiedlich um.

Die Vögel zum Beispiel verlassen in der dunklen Zeit den Norden in Richtung wärmere Gebiete – nach Afrika oder Südamerika. Die Küstenseeschwalbe, dieses kleine, angriffslustige Tier, das jeden, der ihrem Gelege zu nahe kommt, mit Sturzflügen und lautem Geschrei bedroht, fliegt sogar jedes Jahr zwischen der Arktis und der Antarktis hin und her, immer der Sonne nach. Im Sommer brüten Vögel mit so malerischen Namen wie Trottellummen, Papageientaucher oder Gryllteisten auf steilen Felsen ihre Eier aus und ziehen ihre Jungen auf. Einen Vogelfelsen zu besuchen ist für Besucher Spitzbergens immer ein Highlight. Man sieht viel Bewegung in einer Kolonie von hunderttausenden von Vögeln, ein ständiger Wechsel zwischen fliegen, füttern, den Nachwuchs wärmen. Die Luft ist erfüllt vom Geschrei der Vogeleltern und Jungen. Und strenger Geruch steigt in die Nase. Wer nicht aufpasst, spürt vielleicht plötzlich einen feuchten Klecks auf der Stirn. So ein Vogelparadies ist also ein Erlebnis für alle Sinne.

Das Svalbard-Rentier kann man auf Wanderungen fast überall treffen. Es ist eine kleine, kurzbeinige Ausgabe des skandinavischen Rens. Die scheuen Tiere leben allein oder in kleinen Gruppen und ernähren sich von Flechten und Moosen. Gegen Kälte, Wind und Schnee schmiegen sie sich in Bodenvertiefungen. Doch wenn die Sonne scheint, wandern sie weit umher auf der Suche nach Nahrung. Sie fressen fast alles, was in der Tundra wächst. Nur das stengellose Leimkraut verschmähen sie. Im Winter tragen nur die Weibchen ein Geweih, im Sommer stolzieren auch die Böcke mit prächtigem Geweih im Sonnenschein umher. Gerne wandern einzelne Tiere auch durch den Ort Longyearbyen.

Der Polarfuchs trägt im Winter ein weißes Winterfell, Kreuzfahrtreisende werden das nicht sehr scheue Tier vielleicht bei einem sommerlichen Ausflug antreffen, im braunen Sommerfell, auf der Jagd nach jungen Weißwangengänsen oder anderen Vögeln.

Wenn man mit einem Schiff im Kongsfjord oder im Magdalenenfjord unterwegs ist, kann der Reisende nicht nur das Kalben der Gletscher beobachten, sondern trifft mit etwas Glück auf Robben, sogar auf die wunderschönen Bartrobben. Sie scheinen sich in der Sonne wohl zu fühlen, bleiben auf ihrer Eisscholle liegen, solange kein Geräusch sie aufschreckt. Unser Schiff hat sich geradezu heranschleichen müssen, um ihnen nahe zu kommen. Und unser Stillhalten wurde mit tollen Fotos belohnt.

Obwohl in früheren Jahrhunderten der Grönlandwal, der Blauwal, der Buckel- und Finnwal wegen intensiver Bejagung beinahe ausgestorben waren, kann man heute wieder auf einige dieser beeindruckenden Säugetiere treffen. In den Gewässern rund um Sval-bard sind sie unterwegs. Wer es nicht selbst erlebt hat, kann kaum nachvollziehen, wie spannend, aufregend und wunderbar es ist, sie beim Schwimmen und Tauchen zu beobachten und ihren Atem, den „Blas" zu hören und zu sehen. Besonders eindrucksvoll und ein beliebtes Fotomotiv ist die Fluke des Buckelwals, die in den Himmel ragt, kurz bevor er in der Tiefe verschwindet.

An einigen Stränden des arktischen Meeres kann man auf Walrosse treffen. Sie leben in Herden und lieben es, ganz dicht beisammen zu liegen. Beeindruckend sind ihre dicke, faltige Haut, ihre kräftigen Barthaare, ihre Stoßzähne aus Elfenbein und überhaupt ihre mächtige Gestalt. Mitten unter den schwergewichtigen Erwachsenen liegen die Jungtiere geschützt und warm. Wer Gelegenheit zur Tierbeobachtung hat und sich Zeit nimmt, wie uns das auf der Wanderkreuzfahrt möglich war, kann erleben, dass einzelne Tiere, vor allem jüngere, sich neugierig nähern, um zu sehen, wer da außer ihnen noch unterwegs ist. Aufregung entsteht in der Kolonie nur, wenn sich der Feind nähert - ein hungriger Eisbär. Es bleibt dann immer spannend, wie die Geschichte einer solchen Begegnung aus-geht.

Und damit sind wir im Rahmen der Vorstellung der wichtigsten Tiere Spitzbergens beim König der arktischen Tierwelt, dem Eisbären, angekommen. Bis zu zwei Meter hoch und 300 - 700 kg schwer kann ein männliches Tier werden. Es greift seine Beute überraschend an. Mit seinem dicken Winterfell fühlen sich Bär und Bärin in der Kälte wohl. Auf dem Meereis und Packeis finden sie ihr Hauptnahrungsmittel, die Robben. Im Sommer ist die Futtersuche schwieriger, besonders dann wenn die Packeisgrenze weit in den Norden zurück gewichen ist. Die hungrigen Tiere sind dann froh über die Reste eines angeschwemmten Walkadavers, über ein junges Walross oder manchmal sogar über ein paar Vogeleier. Polarbären sind intelligent und kreativ bei der Nahrungssuche und können bis zu 8 Monate lang ohne Futter überleben. Fett setzen sie dabei jedoch nicht an.

Die Umwelt ist unsere Mitwelt

Magere oder sterbende Eisbären nehmen die Medien häufig zum Anlass, den Überlebenskampf der arktischen Tierwelt im Sommer mitleidserregend heraus zu stellen. Viele Fernsehzuschauer kennen inzwischen die Fotos von abgemagerten Tieren, die kilometerweit zum Packeis schwimmen, oder entkräftet am Meeresufer nieder sinken. So ist der Eisbär inzwischen geradezu zum Symbol für die vom Klimawandel bedrohte arktische Natur geworden. Das ist einerseits gut, um den Zeitgenossen die Gefahren der von Menschen verursachten Erderwärmung deutlich zu machen.

Andererseits zeigt aber genaueres Hinsehen, dass mit diesen Bildern vor allem auf die Tränendrüse gedrückt werden soll. Speziell der Eisbär ist auf Spitzbergen nämlich nicht der Hauptleidtragende. Hier, auf den Inseln, leben die Tiere nicht schlecht und sind in ihrem Bestand seit Einführung eines strengen Jagdgesetzes nicht mehr bedroht. Als oberstes Glied der Nahrungskette und wegen des Jagdverbots sterben die Tiere auf natürliche Weise – an Altersschwäche eben, weil sie nicht mehr erfolgreich bei der Jagd sind und deshalb verhungern. Es gibt derzeit ungefähr 3000 Exemplare auf Svalbard. Man kann sie überall unvermutet antreffen und darf deshalb außerhalb der Siedlungen nicht ohne Waffe oder bewaffnete Begleitung unterwegs sein.

Dass aber der Eisbär nicht unmittelbar gefährdet ist, soll uns nicht grundsätzlich beruhigen. Leider ist es unbestreitbar, dass der Klimawandel in der Arktis besonders schnell voran schreitet. Die Durchschnittstemperatur steigt schneller als in den mittleren Breiten und die Gletscher und das Packeis schmelzen jeden Sommer mehr. Das hängt mit der Wärmestrahlung und anderen physikalischen Prozessen zusammen und ist Anlass für die Wissenschaft, besonders besorgt auf die Arktis zu schauen. Wer die wilde Schönheit des hohen Nordens selbst erlebt hat, die Landschaft, die Tiere, die Pflanzen, wer Freude darüber empfunden, aber auch die Verletzlichkeit der Natur erfahren hat, wird sensibel für die aktuelle Gefährdung dieser unserer Mitwelt werden. Und wer die Zusammenhänge und Ursachen verstanden hat, wird mir zustimmen, dass nicht nur der Einzelne, sondern auch die Politik aufgefordert ist, mehr als bisher dafür zu tun, dass die Erwärmung unseres blauen Planeten gestoppt wird – nicht morgen, sondern besser schon gestern.

Bedroht vom Klimawandel, aber auch von Krieg und Katastrophen ist bekanntlich die Artenvielfalt. Zwei Beispiele auf Svalbard zeigen, wie vorbildlich die norwegische Politik das Thema angeht. Ein Projekt in Longyearbyen leistet einen wertvollen Beitrag zur Erhaltung von Nutzpflanzen: Gleich in der Nähe des Flughafens sieht man oben am Berghang einen Eingang in einen Stollen. Er führt ins Innere des Berges, des Platåberget. Darin befindet sich der „Weltweite Saatgut-Tresor Svalbard", auf norwegisch „Global Frøhvelv". In den drei riesigen Hallen im Inneren, die in den Permafrostboden des Platåberget gebohrt wurden, befinden sich Kisten mit bisher über einer Million Samen von Nutzpflanzen (und deren vielfältigen Sorten) wie Weizen, Reis, Kartoffeln, Nüsse, Sonnenblumen. Die sollen hier, in der Kälte, für die Ewigkeit aufbewahrt werden für den Fall, dass durch unheilvolle Ereignisse lebenswichtige Pflanzen ausgerottet werden. Für Syrien hat sich das bereits bewährt – das Land erhielt neue Samen für gefährdete Grundnahrungsmittel.

Die dreieinhalb Grad kalte Luft in der Permafrosthöhle wird durch ein kleines Kraftwerk in der Nähe auf -18 °C gekühlt. Damit bleiben die Samen lange haltbar. Da das Lebensalter des Saatguts unterschiedlich lang ist (Sonnenblumen 55 Jahre, Erbsen 10 000 Jahre), werden veraltete Samen gegen neue ausgetauscht.

Der Welttreuhandfond für Kulturpflanzenvielfalt, ein internationaler Verband, hat das Projekt angeregt und betreut es. Norwegen hat den Bau, der im Jahr 2008 eröffnet wurde, finanziert und kümmert sich um den Erhalt der Gemäuer. Die Länder, die Saatgut zur Aufbewahrung im Tresor liefern, müssen für diese Dienstleistung nichts bezahlen. Leider ist die Anlage nicht öffentlich zur Besichtigung zugänglich.

Im Rahmen des Umweltschutzes und um die einzigartige Vielfalt von Pflanzen und Tieren auf Svalbard zu bewahren, hat die Regierung fünfzehn Vogelschutzgebiete, zwei Naturreservate und sieben Nationalparks eingerichtet, die über das ganze Gebiet verteilt sind und es fast vollständig bedecken.

Mit einer langen Liste von Regeln wird dafür gesorgt, dass die empfindlichen Regionen durch die Menschen, die hierher kommen, keinen Schaden erleiden. Schiffe dürfen nicht ohne Filter fahren. Blumen pflücken ist genauso verboten wie die Mitnahme von Fossilien und das Hinterlassen von Abfall. Gern gesehen wird hingegen, wenn Touristen an den Ufern der Fjorde den Abfall sammeln, der von der Strömung angespült wurde. Wir haben auf der Wanderkreuzfahrt mehrere hundert Kilo Müll zusammengetragen, zum größten Teil Hinterlassenschaften der industriellen Fischerei - Plastikkanister, Bojen, Taue, Reste von Fischernetzen. Die sind besonders gefährlich für Vögel, Robben, Rentiere und Eisbären, weil sich die Tiere darin verheddern können und dadurch oft nicht mehr fähig sind, sich richtig zu bewegen und zu fressen. Sie verenden jämmerlich.

Hier auf Svalbard, in der empfindlich auf Störungen reagierenden Arktis, kann man unmittelbar erfahren, wie wichtig für den Erhalt der wilden Natur ökologisches Denken und Handeln sind. Experten finden es bedenklich, wie sich der rasante Zuwachs an Kreuzfahrtschiffen im arktischen Meer auf das sensible Gebiet auswirken könnte. Angefangen mit der Luftverschmutzung (vgl. Kapitel 1 *Kreuzfahrtreisen*) bis hin zu möglichen Ölkatastrophen bei Unfällen. Die Sorge ist nicht unbegründet – aber es fällt mir schwer, deshalb den Verzicht auf eine Reise in dieses wunderschöne Land zu fordern. Man kann nur hoffen, dass die norwegischen Naturschutzmaßnahmen den Tourismus auf ein verträgliches Maß einschränken. Und vielleicht werden die Touristen angesichts der Schönheit und Wildheit, denen sie begegnen dürfen, fortan aufmerksamer auf ihren eigenen ökologischen Fußabdruck achten.

Rückblick in die Geschichte Spitzbergens

Das Archipel Svalbard ist nicht erst heute ein wirtschaftlich, wissenschaftlich und landschaftlich interessanter Ort. Jahrhundertelang wurden die Inseln und das Meer dort, trotz der großen Entfernung vom Festland, von Menschen besucht, ausgebeutet und besiedelt.

Jäger

Die ersten Menschen, die Spuren auf den Inseln hinterlassen haben, waren Jäger und Fischer aus Russland, die Pomoren. Schon im 16. Jahrhundert errichteten sie Stationen, in denen sie den Sommer über wohnten. Sie machten Jagd auf Eisbären, Robben und Walrosse. Nur manchmal hat wohl auch der eine oder andere überwintert, was aber oft mit dem Leben bezahlt wurde. Die russischen Abenteurer widerstanden zwar der Kälte, starben aber am Skorbut. Bis in die Mitte des 19. Jahrhunderts besuchten sie Svalbard. Gräber aus Steinbrocken, Holzreste der Häuser und Ziegel von ihren Kaminöfen zeugen heute noch von ihrer Anwesenheit.

Entdecker

Als der Niederländer Willem Barentsz im Jahr 1596 den Weg nach China durchs Nordmeer suchte, kam er an einer Insel vorbei, auf der er einen Eisbären traf und tötete – er nannte das Eiland Bäreninsel. Weiter nördlich erreichte er ein Land, das ihn durch seine schroffen, zackigen Berggipfel beeindruckte. Diesem Land gab er deshalb den Namen Spitzbergen, hielt sich aber nicht dort auf, sondern segelte weiter nach Osten. Auf Novaja Semlja schließlich, der sibirischen Insel im arktischen Meer, überwinterte er mit seiner Mannschaft und seinem Team. Die meisten von ihnen, auch Barentz selbst, starben an Skorbut. Die Überlebenden berichteten zuhause von ihren Entdeckungen im hohen Norden, von Robben, Walrossen und den reichen Fischgründen dort. Insbesondere der Reichtum an Walen war eine Sensation für die Zeitgenossen. Nach meinen Recherchen gab es damals mehrere hunderttausend Wale verschiedener Art in den arktischen Gewässern. Man kann sich heute kaum vorstellen, welch ein Gewimmel das damals gewesen sein muss. Die Hoffnung auf reichen Ertrag war der Anlass, dass wenig später der Walfang im Umkreis Spitzbergens ein gewinnträchtiges Geschäft wurde. Geografische Namen erinnern an den Entdecker: Barentssee, Barentsburg, Barentsøya.

Walfang

Ein paar Jahre später kamen sie also, die Walfänger. Engländer, Holländer, Deutsche. Sie gründeten etliche Siedlungen an den flachen Küsten im Nordwesten Spitzbergens, wo sie den kurzen Sommer verbrachten, um Tran zu gewinnen. Dieser wurde in ganz Europa zur Seifenherstellung, für Schmiermittel und als Lampenöl gebraucht, insbesondere auch in großen Städten wie Paris und London. Auch die drei bis vier Meter langen Barten der Wale, mit denen diese Riesenmengen von Plankton aus dem Wasser fischen, waren wertvoll. Aus ihnen wurden Regenschirme für die Stadtmenschen und Korsetts für die Frauen der feinen Gesellschaft angefertigt.
Der Beruf des Walfängers war damals gefährlich. Mit kleinen Booten nur gingen die Männer auf Jagd – an Bord 4 Ruderer, ein Steuermann und ein Harpunist. Vor allem Grönlandwale waren eine begehrte Beute. Da diese wegen ihres Körpergewichts sehr langsam schwimmen, konnte man sie leicht treffen, ohne sich vor einem Gegenangriff fürchten zu müssen. Und wenn sie tot waren, schwammen ihre Körper wegen des vielen Fetts oben, ohne unter zu gehen. Das alles machte es für die damals recht bescheiden ausgerüsteten Waljäger leicht, sie zu erbeuten. Nachdem die Tiere getötet waren, wurden sie an Land gezogen. Hier, in Küstennähe, wurde der Walspeck von Knochen und Fleisch gelöst und in Tranöfen ausgekocht. Nur aus dem Speck wurde damals Tran gewonnen! Die Reste der Tierkadaver blieben an der Küste liegen und vergammelten. Man kann sich vorstellen, wie das im Sommer gestunken hat. Viele der Männer, die meist nicht älter waren als 30 Jahre, starben bei der Arbeit, durch Unglücksfälle, durch die Anstrengung oder am Vitaminmangel, an Skorbut. Sie wurden unter schweren Steinen in fla-

chen Vertiefungen begraben, weil die Erde zu hart gefroren war, um tiefe Gräber zu schaufeln. Die Steinhaufen kann man heute an vielen Stellen in Svalbard finden. Die größte der Walfängersiedlungen, Smeerenburg, ist heute noch an den Resten der eisernen Öfen, an den Grundmauern der Unterkünfte und an den Grabstätten zu erkennen.

Diese erste Phase des Walfangs dauerte nicht lange, von Anfang 1600 bis Mitte des Jahrhunderts. Dann waren fast alle der zigtausend Grönlandwale ausgerottet. Der Walfang endete zunächst. Aus heutiger Sicht und mit unserem Verständnis von Artenschutz und Ökologie finden wir das schade. Insbesondere angesichts der Tatsache, dass diese majestätischen Tiere bis zu 500 Jahre alt werden können. Doch vor 400 Jahren – der Zeit des 30-jährigen Krieges und der Zeit der gnadenlosen Ausbeutung des amerikanischen Kontinents - hatten die Europäer keinen Sinn für solche Überlegungen. Sie nahmen sich, was sie brauchten für das eigene Überleben und für den wachsenden Luxus ihrer Zivilisation. Heute gibt es im arktischen Ozean wieder einige wenige Exemplare dieser beeindruckenden Tiere.

Im 18. und 19. Jahrhundert kamen Walfänger mit größeren Schiffen ins Nordmeer. Sie verfügten nun über effektivere Fangmethoden und verbesserte technische Möglichkeiten, um die Tiere gleich auf Deck zu verarbeiten. Diesmal war vor allem der schneller schwimmende Blauwal begehrt, der größte unter den Walen. Die Ausbeute war hoch, denn inzwischen konnte man das Öl aus allen Körperteilen gewinnen. Bis in die zweite Hälfte des 20. Jahrhunderts wurden die Bestände bis zur Erschöpfung ausgebeutet. Erst danach trat ein internationales Schutzprogramm in Kraft. In unserer Zeit erholt sich die Population der Blauwale ein wenig. Sie erfreuen den tierlieben Touristen mit ihren Tauchkünsten und ihrem bis 12 Meter hohen Blas. Auf der Fahrt von Island nach Spitzbergen und von dort nach Europa haben Seefahrer große Chancen, diese faszinierenden Tiere zu sichten.

Expeditionen zum Nordpol

Im 19. Jh. wurde das Polargebiet und damit auch Spitzbergen für die skandinavischen und mitteleuropäischen Länder wichtig. Wirtschaftliche, wissenschaftliche sowie politische Interessen verursachten geradezu einen Boom arktischer Unternehmungen. Viele Nationen schickten Schiffe in den hohen Norden, um die Durchfahrt nach China – die Nord-Ost-Passage, und nach Alaska – die Nord-West-Passage, zu erkunden. Man hoffte, sich damit den langen Weg um die Spitze Afrikas beziehungsweise Südamerikas ersparen zu können. So zum Beispiel der Geophysiker, Marineoffizier, Polarforscher Karl Weyprecht und sein Freund, der Bergführer und Kartograph Julius von Payer. Sie begaben sich im Jahr 1872 mit dem Schiff *Admiral Tegetthoff* im Rahmen eines deutsch-ungarisch-österreichischen Forschungsprojekts in den Norden. Eine Seefahrt, die nach zwei Jahren im Packeis bei Novaja Semlja endete. Ihre Abenteuer können plastisch und sehr realitätsnah in dem Roman „Die Schrecken des Eises und der Finsternis" von Christoph Ransmayr nachgelesen werden. Der Weyprecht-Gletscher auf Jan Mayen erinnert an die Leistungen des Expeditionsleiters. Auch der Schwede Adolf Erik Nordenskjøld suchte 1878 mit seinem Segelschiff *Vega* einen Weg entlang der Küste Sibiriens und Asiens durchs Nordmeer nach China. Er kam tatsächlich nach zwei Jahren – bei einer Überwinterung im Packeis – dort an.

Ein anderes Motiv für Projekte in der Arktis war die Erforschung dieses, im wahrsten Sinn des Wortes weißen Flecks auf der Landkarte. Keiner wusste damals, was sich hinter der Barriere des Packeises verbarg. Ein Gebirge, eine Insel, offenes Meer – alles schien möglich. Die Polarforschung nahm deshalb Ende des Jahrhunderts einen beachtlichen Aufschwung. Den Pol als erster zu erreichen war zudem ein stolzes Ziel mutiger Männer, um sich und der eigenen Nation zu Ruhm und Ehre zu verhelfen.

Über die Expeditionen, die von Spitzbergen aus gestartet wurden, erzähle ich im Kapitel „Auf zum Pol" Genaueres. Hier nur ein paar der wichtigsten Namen:

Fridtjof Nansen, der Norweger, ließ sich mit der *Fram* bei den nordsibirischen Inseln einfrieren um mit der Drift zum Pol zu gelangen. Salomon August Andrée, ein Schwede, startete mit einem Wasserstoffballon vom Nordwesten Spitzbergens aus zum Pol. Er und seine zwei Kameraden kamen nie dort an. Schließlich überflog der Italiener Umberto Nobile zusammen mit Roald Amundsen und später noch einmal allein den Nordpol mit einem Luftschiff. Spuren dieser

Unternehmungen finden sich an verschiedenen Stellen Spitzbergens: Reste des Hangars von Andrées Ballon und der Anlagen für die Herstellung des Treibstoffs liegen in Danksøya offen umher – als Kulturgut streng geschützt vom Sysselman, dem norwegischen Verwaltungschef Svalbards. Am Rande von Ny Ålesund ist heute noch der Mast für die Luftschiffe „Norge" und „Italia" zu sehen. Bilder, Dokumente und Gegenstände zu den Polarexpeditionen sind im Museum für Polarforschung in Longyearbyen und im Museum in Ny Alesund zu besichtigen.

Kohle aus der Arktis

Spitzbergen war ab dem 20. Jahrhundert vor allem wegen seiner Kohlevorkommen ein begehrtes Terrain. Der Ort Longyearbyen wurde 1906 vom größten Eigner der amerikanischen Grubengesellschaft Arctic Coal Company, John Longyear, gegründet. Er nahm die ersten Gruben in Betrieb und ließ Unterkünfte für die Bergleute bauen. Unter diesen gab es viele Deutsche, deren Erfahrung aus deutschen Kohlebergwerken, insbesondere aus dem Ruhrgebiet, geschätzt wurde.

Die Gruben und die Gebäude der Stadt wurden 1916 von der Store Norske Spitzbergen Kulkompani, von den Norwegern also, übernommen. Im 2. Weltkrieg, am 8. September 1943, wurde Longyearbyen, von den deutschen Streitkräften niedergebrannt und die Gruben zerstört. Mit dieser Aktion sollten die Kohlelieferungen an die Alliierten unterbunden werden.

Der Bergbau ist in unserer Zeit wirtschaftlich nicht mehr lohnend. Kohle wird nur mehr zum Eigenbedarf gefördert: In Barentsburg nutzen die Russen ihre Kohlegruben noch heute. Und Longyearbyen deckt seinen Energiebedarf für das einzige Kohlekraftwert Norwegens noch aus der Grube 7 - im Adventsdal, 10 km außerhalb des Ortes gelegen. Eine Umstellung auf Öl oder Flüssiggas ist geplant.

Spitzbergen im Fokus der Politik

Bis zum Beginn des 20. Jahrhunderts war Spitzbergen ein politisches Niemandsland. Kein Land bemühte sich darum, die Hoheit über die Inselgruppe zu erhalten, denn dafür hätte es im Konkurrenzkampf mit anderen Nationen an anderer Stelle Zugeständnisse machen müssen, deren langfristige Konsequenzen nicht abzusehen waren.

Nach dem 1. Weltkrieg, als Europa neu unter den Siegermächten aufgeteilt wurde, erhielt Norwegen im Juni 1920 die „volle und uneingeschränkte Souveränität" über Spitzbergen. Als der Vertrag 1925 unterzeichnet wurde, wurde die Inselgruppe darin als Teil Norwegens bezeichnet. Der Vertrag schreibt vor, dass Spitzbergen militärisch nicht genutzt werden darf und berechtigt alle Nationen, die ihn unterzeichnet haben, in diesem Gebiet zu wohnen, zu arbeiten, zu forschen und Geschäfte zu betreiben.

Wie das realisiert und koordiniert wird regelt der Sysselmann. Das ist einerseits die Behörde, die für die Verwaltung des Archipels zuständig ist. Sie organisiert beispielsweise Rettungsaktionen für verunfallte Touristen oder untersucht polizeilich die Ursache, wenn ein Eisbär erschossen werden musste. Der Sysselmann ist aber auch eine Person: Der Chef der Behörde, oberster Vertreter der norwegischen Regierung auf Svalbard.

Der Spitzbergenvertrag führte dazu, dass zum Beispiel in Ny Ålesund mehr als zwanzig Nationen eine Forschungsstation betreiben und dass Russland bei Barentsburg heute noch Kohle fördert. Junge Leute aus den Mitgliedsstaaten können an der Universität in Longyearbyen studieren. Deutsche, Niederländer und andere dürfen ein Restaurant betreiben. Die norwegische Mehrwertsteuer wird hier nicht erhoben, einige norwegische Gesetze gelten hier nicht und Svalbard gehört, im Gegensatz zu Norwegen, nicht zum Schengenraum. Die ungefähr 2500 Einwohner der Inselgruppe kommen aus 40 Nationen. Über die Hälfte leben nur für zwei Jahre als Singles hier, aber es gibt durchaus auch Familien mit Kindern. Für die stehen ein Kindergarten und eine Schule zur Verfügung.

In der Krankenstation können kleinere Beschwerden behandelt werden, das nächste Krankenhaus ist in Tromsø, Nordnorwegen, in mehr als tausend Kilometer Entfernung. Wer sich also ernsthaft verletzt oder eine Operation braucht, muss mit einigen Stunden Flug rechnen, bis er Hilfe findet.

Erwähnenswert sind auch zahlreiche hübsche, bunte Holzhäuser und Hausteile in verschiedenen Teilen der Stadt. Sie fallen ins Auge, weil sie in unterschiedlichen, hellen und dunklen Farben gestaltet sind, die das Stadtbild angenehm aufheitern. Sie sind das Ergebnis einer Kunstaktion, die seit 2001 in Longyearbyen realisiert wird. Die Konzeption dafür stammt von der Innenarchitektin und Designerin Grete Smedal. Gerade im Winter, wenn alles hier weiß und grau und nur von elektrischem Licht erhellt ist, vermitteln diese Häuser einen fröhlichen Eindruck.

Spitzbergens Wirtschaft beruht heute auf Tourismus, Dienstleistung, Forschung, und Kohlebergbau – in dieser Reihenfolge. Besonders der Fremdenverkehr ist in den letzten Jahren deutlich gewachsen. Die Gäste suchen das Nordlicht, wollen Wandern und Skitouren gehen, mit Hundeschlitten und Snowmobil übers Land fahren oder einfach mal erleben, wie das Dasein hier im Norden so ist.

Longyearbyen und Umgebung

Die nördlichste Hauptstadt der Welt hat ungefähr 2000 Einwohner, die meisten kommen aus Norwegen, die anderen aus vielen verschiedenen Nationen. Nur wenige bleiben mehr als zwei Jahre hier. Ein Rundgang durch die Stadt führt an den wichtigsten Sehenswürdigkeiten vorbei. Vorsicht ist allerdings geboten – allein darf man die Stadtgrenze, wegen der Gefahr, einem Eisbären zu begegnen, nicht unbewaffnet verlassen.

Zu empfehlen ist die Route vom Stadtzentrum aus zunächst etwas bergauf Richtung Longyeardalen. Man geht flussaufwärts, sieht mit etwas Glück ein grasendes Rentier und weiß strahlendes Wollgras, kommt an zwei Hotels (links) vorbei und dann zum Kindergarten. Den erkennt man leicht, weil das Gebäude und der Spielplatz von einem hohen Eisenzaun umgeben sind – zum Schutz der Kinder vor den Eisbären, die sich manchmal auf Nahrungssuche in den Ort wagen. Bald erreicht man Nybyen, die Neustadt, wo die Bergleute wohnten, deren Unterkünfte noch erhalten sind. Sie befinden sich direkt unterhalb der Grube 2b, der Weihnachtsmanngrube. Im Dezember brennen hier Lichter, um den Kindern zu zeigen, wo der „Julnisse" wohnt. Die Grube kann im Sommer besichtigt werden. Ehemalige Bergleute führen die Touristen drei Stunden durch die eiskalten Gänge im Berg. Einige der Häuser in Nybyen gehören heute zu einem Hotel namens „Coalminers Cabins", in einem anderen befindet sich eine Gemäldegalerie.

Talwärts der Siedlung überquert man auf einer kleinen Brücke den Fluss Longyearelva und sieht schon von weitem den alten Friedhof mit seinen weißen, hölzernen Grabkreuzen. Dort ruhen Bergbauarbeiter, die die Spanische Grippe nicht lebend überstanden haben oder bei dem Grubenunglück 1920 umkamen. Hier finden keine Begräbnisse mehr statt. Verstorbene werden aufs Festland gebracht. (Das kommt jedoch selten vor, denn auf Spitzbergen gibt es kein Altersheim. Nur 43 Einwohner sind älter als 67 Jahre.)

Weiter am Fluss entlang, Richtung Altstadt, sieht man oben wieder einen Grubeneingang, den zur Amerikanergrube, der ältesten Mine hier. Und schon hat man die kleine Kirche erreicht. Sie besteht seit 1920, wurde jedoch nach dem 2. Weltkrieg neu erbaut. Das Gotteshaus steht allen Besuchern offen. Es ist für keine besondere Konfession bestimmt, sondern bietet allen Gläubigen auf Spitzbergen die Möglichkeit für einen Gottesdienst – den evangelisch-lutherischen ebenso wie den Katholiken oder den Angehörigen der russisch-orthodoxen Kirche aus Barentsburg. Nach der Besichtigung und einem weiten Blick von oben über die Stadt, kann man am Hang entlang gehen, bis zu einem blechverkleideten Gebäudekomplex, der, wie andere Gebäude auch, wegen des Permafrosts auf Stelzen steht.

Hier, an der „Seilbahnzentrale", trafen die Gondeln, mit denen früher Kohle transportiert wurde, zusammen. Die Masten der Seilbahn ziehen sich über die Höhen rund um die Stadt und prägen den Charakter des Orts als Bergbaustadt bis heute.

Weiter führt unser Rundgang Richtung Ortsmitte talwärts – allerdings nicht auf glatter Straße sondern eher weglos durchs Gelände. Wer sich so ins Tal begibt, vorbei am Kohlekraftwerk, das ganz Longyearbyen mit Energie versorgt, am neuen Haus des Sysselmann, wo man interessante Broschüren über Svalbard kaufen kann, und am Gebäude der norwegischen Telefongesellschaft. Wer weiter Richtung alter Hafen geht, und hier der Straße nach rechts folgt, erreicht schließlich ein großes, braunes Gebäude mit Flachdach. Hier sind die Universität, der Forschungspark des norwegischen Polarinstituts, das Touristeninformationsbüro und das Svalbardmuseum untergebracht.

Den Besuch dort sollte man nicht versäumen. Das modern gestaltete Museum bietet einen Überblick über die Geschichte der Gegend, zeigt Zeugnisse aus Walfang-, Jäger- und Expeditionszeiten und lässt die Besucher den wichtigsten Tieren der arktischen Natur hautnah begegnen. Nach altem Bergmannsbrauch müssen hier die Schuhe ausgezogen werden, um keinen Schmutz in die Räume zu tragen.

Nach dem Museumsbesuch wird es Zeit für eine Kaffeepause oder einen Imbiss. Vielleicht auch für einen Einkaufsbummel. All dies findet der Spaziergänger entlang der Straße, die hinter dem Museumsgebäude bergauf führt. Bald ist man mitten in der Fußgängerzone von Longyearbyen – rechts das „Lompencenter" (das Einkaufszentrum mit diversen Läden, Bibliothek, Kino, Cafés und Restaurant) und einige Sportgeschäfte, Kleiderboutiquen und Souvenirläden. Da kann, wer will, auch ein Eisbärenfell käuflich erwerben. Der Name „Lompencenter" verweist auf die Geschichte des Hauses. Zur Blütezeit der Kohleförderung konnten sich die Bergleute hier, im Keller, nach der Arbeit duschen und umziehen – ihre Arbeitskleidung, die „lompen" also, ablegen.

Auf der linken Straßenseite befindet sich die „Svalbardbutikke". der Supermarkt. Hier kaufen die Einwohner ein, bei Bedarf auch Alkohol im „Vinmonopol", dessen Öffnungszeiten von den strengen Regeln des norwegischen Rechts bestimmt sind. Auch Touristen finden dort ziemlich alles, was man so im Laufe einer Reise braucht. Die Statue des Bergmanns mitten auf der Straße erinnert an die Menschen, die hier vor mehr als hundert Jahren lebten und arbeiteten.

Am Rückweg vom Zentrum zum Schiff kommt man an einem der beliebtesten Fotomotive der Stadt vorbei, der silber glänzenden, inzwischen etwas angerosteten Eisbärenskulptur von Jason Roberts. Es ist eine Kunst, mit der Kamera das mächtige Tier vor dem malerischen Hintergrund der Berge richtig zu „erwischen" – ohne Auto dahinter und mit dem richtigen Ausschnitt.

Wenn Kreuzfahrer diesen Spaziergang unternehmen, den man übrigens auch mit dem Ausflugsbus des Schiffes oder mit einem Maxi Taxi ganz bequem gestalten kann, dann ist es Sommer. Man merkt es daran, dass Schneescooter in großer Zahl nutzlos auf dem Gelände herum stehen und auf ihren Einsatz warten. Longyearbyener parken nicht ihr Auto sondern ihren Motorschlitten. Man merkt den Sommer aber auch daran, dass in der kleinen Stadt ungewöhnlich viele Menschen unterwegs sind und dass die Gäste der Restaurants und Cafés draußen sitzen, wenn es nicht gerade regnet und stürmt. Dass Sommer ist, merken die Besucher schließlich vor allem daran, dass die Sonne nicht untergeht. Es ist rund um die Uhr hell – und Abend ist dann, wenn die Museen und Geschäfte geschlossen haben. Dann kann sich der Reisende ganz auf Farben, Landschaft und Licht konzentrieren.

Genießen Sie die Mitternachtssonne mit allen Sinnen!

Lesetipps

https://www.svalbardblues.com eine Website, die von Einwohnern Longyearbyens betrieben wird, insbesondere vom Kulturbeauftragten des Sysselmanns. Deshalb findet man hier nicht nur Hinweise auf aktuelle Veranstaltungen in der „Dunkelzeit", sondern auch Informationen über Spitzbergen, die weit über das hinaus gehen, was die einschlägige Seite bei Wikipedia.de zu bieten hat.

www.wikipedia.de und

www.wikipedia.no : Unter dem Stichwort Svalbard, Spitzbergen und Longyearbyen findet man viele interessante und sogar aktuelle Informationen.

https://www.spitzbergen.de Website von Rolf Stange mit vielen aktuellen Informationen, Fotos, Reiseberichten und attraktiven Reiseangeboten.

Stange, Rolf: Spitzbergen Svalbard. Reiseführer.

Arktische Naturkunde und Geschichte in Wort und Bild. Hintergründe/Routen und Regionen. Praktisches.

Polarbücher 2. Aufl. 2018

Svalbard posten

Die nördlichste Zeitung der Welt.

Wochenzeitung aus Longyearbyen. Kann man als Paper und/oder als e-paper abonnieren.

INTERESSANTE LINKS

In diesem Kapitel habe ich einige Internetadressen gesammelt, wo Leserinnen und Leser noch mehr Informationen über Norwegen und Island finden können.

https://www.visitnorway.de Das offizielle Reiseportal für Norwegen. Hier findet man Informationen zu Land und Leuten, interessante Berichte über Ereignisse und Sehenswürdigkeiten, Reisempfehlungen, wichtige Adressen, Links und vieles mehr. Die Beiträge sind stets auf neuestem Stand. Deshalb und auch, weil es viele tolle Bilder gibt, es die Seite empfehlenswert für alle, die einen ersten Eindruck von Land und Leuten gewinnen wollen und eine Reise in den Norden planen.

https://www.nasjonaleturistveger.no/de/routen 18 der schönsten Routen durch norwegische Landschaften werden hier vorgestellt. Z. B. der Lofotenweg, der Trollstigsveien, der Weg durch Rondane oder die Hardangervidda. Mit Routenbeschreibung, Hinweisen auf Sehenswürdigkeiten – Wasserfälle, historisch interessante Orte, Erlebnismöglichkeiten, Hotels.
Mit Karten. Verantwortlich „statens vegvesen" (staatliches Straßenbauamt?) In deutscher Sprache lesbar.

https://www.yr.no Norwegens bester Wetterbericht. Das Wetter für drei Tage an allen wichtigen Orten ist auf einen Blick zu sehen. Beliebige andere Orte sind per Suchfunktion anklickbar. Ergänzt wird die Vorhersage mit interessanten Berichten zur Wetterkunde und Wetterlage.

https://thornews.com ThorNews – Supplier of Norwegian Culture Hier findet man Beiträge zu verschiedenen Themen aus Natur, Geschichte, Kunst, Kultur, Essen und Trinken, Sprache und Sport. Wer für die Inhalte verantwortlich ist, wird nicht recht deutlich. Auch die Aktualität der Beiträge ist nicht top. Doch trotzdem kann man einige interessante Informationen entdecken.

http://www.nsd.uib.no/nsd/english/index.html
Norwegisches Zentrum für Forschungsergebnisse (NSD). Auf dieser website werden zahlreiche Daten aus unterschiedlichen Forschungseinrichtungen und –projekten gesammelt und übersichtlich

dargestellt. Das politisch neutrale Institut hat seinen Sitz im Zentrum von Oslo. Im Archiv befinden sich wissenschaftliche, insbesondere sozialwissenschaftliche, politische und naturwissenschaftliche Daten aus den letzten drei Jahrhunderten bis heute. Sie sollen Politiker, Forscher, Studenten und Institutionen bei ihrer Arbeit unterstützen. Jedes Jahr wird ein Tätigkeitsbericht veröffentlicht.

https://www.ssb.no Statistisk sentralbyrå/ Statistics Norway. Da sich Norweger sich ganz besonders für statistische Daten interessieren – angefangen bei der Entwicklung der Einwohnerzahlen in Stadt und Land, der Arbeitslosigkeit, der Einwanderer und der durchschnittlichen Höhe des Einkommens, über Produktionszahlen der Wirtschaft (Wald, Fischerei, Schiffsbau) bis hin zur Häufigkeit von Vornamen – erforscht und sammelt das norwegische statistische Zentralbüro solche Zahlen und veröffentlicht sie. Die Seiten sind auch auf Englisch abrufbar.

http://www.histoarktis.de/histoarktis_press Eine Sammlung aller (!) Polarexpeditionen seit 330 v. Chr. (Pytheas von Massilia) über 1599 (Willem Barents), Nordenskjøld und Nansen (19. Jh.) bis Rune Gjeldens und Torry Larsen, Norwegen (2000 mit Schlitten 2100km über den Nordpol), dargestellt in Zeittafeln. Im Einzelnen mit Angabe der beteiligten Personen, der Schiffe, der Route und Dauer und des Erfolgs. Verantwortliche Thomas Herrmann aus Leiferde, Deutschland.

https://www.iceland.de/startseite/?no_cache=1 Virtueller Reiseführer durch Island mit Infos über Geschichte, Kultur und interessante Orte. Wunderschöne Videos mit Wasserfällen, Gletschern, Nordlicht.

https://www.cruisetricks.de Interessante, aktuelle, oft auch kritische Beiträge rund um Kreuzfahrtschiffe und –reisen.

https://de.visiticeland.com Ein sehr interessantes Portal (Deutsch) mit Karten und vielen Informationen zu Reisen durch acht verschiedene Regionen Islands, mit vielen tollen Fotos, mit Hinweisen auf Aktivitäten und Attraktionen, Infos zur Anreise und zum Unterwegssein mit PKW und mit Beiträgen zum speziellen Themen wie Essen und Trinken, Vulkane und Nordlicht.

http://futurevolc.vedur.is Ein Katalog und Karten mit allen 32 Vulkansystemen Islands mit Namen, geografischer Lage, Informationen zur Geschichte ihrer Ausbrüche und mit vielen Fotos.

https://www.heyiceland.is Ein isländisches Reiseunternehmen, bei dem man Rund-um- Pakete buchen kann für Touren durchs Land. Zertifiziert durch ein ...

https://en.vedur.is Der isländische Wetterdienst. Bietet außer Wettervorhersagen mit entsprechenden Wetterkarten auch Infos zur Schneelage, Lawinengefahr und Erdbeben.

www.cruisetricks.de von Franz Neumeier enthält viele aktuelle Informationen und Berichte. Newsletter kann abonniert werden. Es gibt auch ein Buch des Betreibers:

Franz Neumeier: Der cruisetricks.de Kreuzfahrt-Ratgeber: Tipps, Tricks und Details für Kreuzfahrt-Urlauber Taschenbuch – Kindle Edition 2015Ein informatives, sehr unterhaltliches Buch für Kreuzfahrer und alle, die es werden wollen. Sowie auch für solche, die meinen, es niemals werden zu wollen.

http://www.road.is Der Straßenbericht und Küstenbericht für Island. Mit links zu allen Straßen-webcams im Lande

www.eldey.de Interessante aktuelle Nachrichten über Island.

Ein Reiseportal mit Links zu Landeskunde (Geologie, Flora und Fauna, Wikinger usw.), Reisebeschreibungen und vielen Fotos